全国中学生物理竞赛专辑
2022

全国中学生物理竞赛委员会 编

图书在版编目 (CIP) 数据

全国中学生物理竞赛专辑 . 2022 / 全国中学生物理竞赛委员会编 . —北京： 北京大学出版社，2022. 8

ISBN 978-7-301-33247-4

Ⅰ. ①全…　Ⅱ. ①全…　Ⅲ. ①中学物理课—竞赛题　Ⅳ. ① G634.75

中国版本图书馆 CIP 数据核字 (2022) 第 143068 号

书　　名	全国中学生物理竞赛专辑 2022 QUANGUO ZHONGXUESHENG WULI JINGSAI ZHUANJI 2022
著作责任者	全国中学生物理竞赛委员会　编
责任编辑	王剑飞　顾卫宇
标准书号	ISBN 978-7-301-33247-4
出版发行	北京大学出版社
地　　址	北京市海淀区成府路 205 号　100871
网　　址	http://www.pup.cn　新浪微博：@ 北京大学出版社
电子信箱	zpup@pup.cn
电　　话	邮购部 010-62752015　发行部 010-62750672　编辑部 010-62765014
印 刷 者	北京飞达印刷有限责任公司
经 销 者	新华书店
	787 毫米 × 1092 毫米　16 开本　10 印张　259 千字
	2022 年 8 月第 1 版　2022 年 8 月第 1 次印刷
定　　价	36.00 元

目　录

第一部分　全国中学生物理竞赛章程和内容提要

第二部分　第 38 届全国中学生物理竞赛专题

第一部分

全国中学生物理竞赛
章程和内容提要

全国中学生物理竞赛章程

中国物理学会常务理事会

（1991 年 2 月 12 日制定，2004 年 11 月 30 日修订，
2014 年 12 月 26 日第二次修订，
2021 年 5 月 23 日第三次修订）

第一章　总则

全国中学生物理竞赛（对外称中国物理奥林匹克，英文名为 Chinese Physics Olympiad，缩写为 CPhO）是群众性的课外学科竞赛活动. 这项活动由中国科学技术协会主管，中国物理学会主办.

全国中学生物理竞赛的目的是激发学生学习物理的兴趣和主动性，促使他们改进学习方法，增强学习能力；帮助学校开展多样化的物理课外活动，提高青少年的科学素养.

全国中学生物理竞赛内容可以比中学物理教学大纲和教材更具有深度和广度.

参加全国中学生物理竞赛者是对物理学习有兴趣并学有余力的在校普通高中学生. 竞赛应坚持学生自愿参加的原则. 竞赛活动主要应在课余时间进行，不应影响学校正常的教学秩序.

第二章　组织领导

全国中学生物理竞赛由中国物理学会委托物理教学委员会（简称“中国物理学会教学委员会”）负责，全国中学生物理竞赛委员会（简称“全国竞委会”）具体组织与实施.

全国竞委会由全国中学生物理竞赛委员会常务委员会（简称“竞委常委会”）和全国各省（自治区、直辖市）竞赛委员（简称“竞赛委员”）组成.

竞委常委会由主任 1 人、副主任 1 人、常务委员若干人组成. 主任、副主任和常委由中国物理学会教学委员会提名推荐，中国物理学会常务理事会聘任. 主任、副主任、常委每届任期 4 年，在同一位置的连续任期一般不超过两届，在新一届上任时的年龄一般不超过 75 周岁，常委会成员的平均年龄不超过 70 周岁. 全国中学生物理竞赛委员会可设名誉主任，由中国物理学会常务理事会聘任.

全国竞委会竞赛委员产生办法如下：

1. 每省（自治区、直辖市，以下简称省）物理学会各委派委员 1 人，其任期由委派单位确定.
2. 承办本届和下届决赛的省物理学会各委派 3 人，任期 1 年.
3. 由竞委常委会根据需要聘请若干人任特邀委员，任期 1 年.

全国竞委会在决赛期间召开全体会议，研究和讨论竞赛有关事宜，交流组织竞赛活动的经验，提出意见和建议，审议通过决赛获奖学生名单.

全国竞委会在各省的竞赛委员在任期内负责所在省的竞赛委员会的工作.

竞委常委会在全国竞委会闭会期间行使全国竞委会的职责，负责全国中学生物理竞赛事

宜，聘请有关专家分别组成命题Ⅰ组和竞赛专家组，并负责其他相关工作. 中国物理教学委员会负责组建命题Ⅱ组和巡视组. 命题Ⅱ组负责提供备选竞赛题目；命题Ⅰ组负责在备选题目中选出竞赛题目，与命题Ⅱ组成员讨论修改，并确定最终的竞赛试题. 巡视组负责对竞赛工作进行监督.

每年承办决赛的省物理学会与有关方面协商组成该届全国中学生物理竞赛组织委员会(简称"组委会")，组委会负责决赛期间各项活动的筹备与组织工作以及命题会议的会务工作.

组委会的工作接受全国竞委会的指导.

各省物理学会与各有关方面协商组成省中学生物理竞赛委员会(简称"省竞委会"). 省竞委会按照《全国中学生物理竞赛章程》和全国竞委会制定的有关竞赛工作的各项实施细则，负责组织和领导本省有关竞赛的各项活动. 省竞委会的工作受全国竞委会的指导和监督.

第三章　竞赛程序

全国中学生物理竞赛每年举行 1 次，竞赛包括预赛、复赛和决赛. 竞赛之前，中国物理学会教学委员会应向教育部完成竞赛的年度申报工作.

中国物理学会教学委员会在举办年度物理竞赛前将年度竞赛工作方案(包含时间、地点、承办单位、参赛学生和领队总人数、各省学生名额分配等)报中国科协青少年科技中心，物理竞赛的通知抄送各省级科协.

全国竞委会向各省竞委会发送当年全国中学生物理竞赛的通知. 全国中学生物理竞赛考试时间由全国竞委会确定. 各省不得自行变更考试时间，否则视为弃权.

各省竞委会负责组织本省学生的报名参赛工作. 参赛对象为在校普通高中学生. 考生资格的认定以当年所属省份教育部门普通高等学校招生的相关规定为准.

各省竞委会负责组织本省的预赛和复赛的监考、阅卷工作.

各省竞委会负责组建省队参加全国中学生物理竞赛决赛，在规定时间内报送参赛名单及材料. 各省竞委会在组织选拔及组建省队过程中必须以公开、公正、公平为基本原则，将选拔方案(包括选拔形式、时间和范围等情况)报全国竞委会备案.

各省的复赛承办单位和全国决赛的承办单位的竞赛工作除了对主办单位负责外，还需接受省级科协监督，赛后向主办单位和属地省级科协提交工作报告.

参加全国中学生物理竞赛预赛、复赛和决赛的学生答卷均不对外公开. 竞赛试题及其解答的版权归全国竞委会所有. 对于以任何形式侵犯此版权的单位和个人，全国竞委会有权提请有关部门追究其法律责任.

全国中学生物理竞赛决赛一等奖中成绩居前的学生获得参加国家集训队的资格(同时获得国际物理奥赛中国代表队和亚洲物理奥赛中国代表队成员的选拔资格). 参加国家集训队的学生人数由教育部的相关文件规定. 每名学生在高中学习期间最多有一次进入国家集训队的资格.

全国中学生物理竞赛复赛赛区一等奖和全国中学生物理竞赛决赛一、二、三等奖获奖学生名单(包括姓名、性别、所在省份、毕业中学、获奖名称)由中国物理学会教学委员会在本部门指定网站进行公布，接受社会的监督. 上述奖项获奖学生名单在全国决赛结束后报中国科协青少年科技中心备案.

第四章　决赛申办

全国中学生物理竞赛决赛阶段的比赛，原则上由某省的一所（或数所）大学和一所（或数所）中学共同承办. 大学主要参加与考务有关的工作，中学主要承担接待、后勤等会务工作.

各省有参加全国中学生物理竞赛的权利，也有承办赛事的义务. 拟承办全国中学生物理竞赛决赛的省可提前一至两年向全国竞委会递交承办书面申请和承办方案，并向全国竞委会会议做口头报告. 竞委常委会在对申办单位进行实地考察后，召开竞委常委会会议讨论并确定一至两年后的全国中学生物理竞赛决赛承办单位，报中国科协备案.

在条件相同的情况下，近期获得国际物理奥赛奖牌和近期未承办过全国中学生物理竞赛的省享有优先承办权.

第五章　命题原则

全国竞委会负责组织编写《全国中学生物理竞赛内容提要》（简称“竞赛大纲”）. 竞赛大纲的内容要从我国目前高中学生的高中物理教学实际情况出发，但不拘泥于现行的教学大纲和教材.

预赛、复赛和决赛的命题均以竞赛大纲为依据. 竞赛题目应重点考查参赛学生对物理学基础知识和基本原理的掌握情况、应用知识的能力、基本物理实验技能和创造性地解决实际问题的能力.

第六章　奖励和惩处

全国中学生物理竞赛只评选个人奖.

对于在复赛中成绩优秀的学生，全国竞委会设立赛区一等奖、二等奖和三等奖. 一等奖人数由全国竞委会核准，按复赛总成绩评定. 二、三等奖由省竞委会按成绩评定，并向全国竞委会报备. 赛区一、二、三等奖均在中国物理学会全国中学生物理竞赛网站上向全国进行公示，并由全国竞委会颁发相应的获奖证书.

根据决赛成绩和参加决赛人数，每届评选出决赛一等奖、二等奖和三等奖. 若一（或二）等奖截止分数线有两名或两名以上学生时，可以扩大相应奖项名额，给予相同分数的学生同等奖励. 获奖学生由全国竞委会署名给予奖励，颁发全国中学生物理竞赛获奖证书和奖牌.

对参赛学生及与之相关的人员的违规行为，以及考试地点工作人员、省级竞赛负责人、省竞委会和全国竞赛委员会成员的违规或失职行为，按中国科协《全国中学生五项学科竞赛管理条例》的规定给予惩处.

第七章　经费

各省竞委会在组织本省中学生物理竞赛预赛和复赛时，以及全国竞委会在组织全国中学生物理竞赛时，均应坚持零收费原则，执行中国科协《全国中学生五项学科竞赛管理条例》的有关规定.

第八章　附则

本章程由中国物理学会制定,并根据情况变化适时修改.

本章程报中国科学技术协会青少年科技中心备案.

本章程的解释权归中国物理学会常务理事会.

全国中学生物理竞赛内容提要

（2015 年 4 月修订，2016 年开始实行）

说明　按照中国物理学会全国中学生物理竞赛委员会第 9 次全体会议（1990 年）的建议，由中国物理学会全国中学生物理竞赛委员会常务委员会根据《全国中学生物理竞赛章程》中关于命题原则的规定，结合我国中学生的实际情况，制定了《全国中学生物理竞赛内容提要》，作为今后物理竞赛预赛、复赛和决赛命题的依据.它包括理论基础、实验、其他方面等部分.1991 年 2 月 20 日经全国中学生物理竞赛委员会常务委员会扩大会议讨论通过并开始试行.1991 年 9 月 11 日在南宁经全国中学生物理竞赛委员会第 10 次全体会议通过，开始实施.

经 2000 年全国中学生物理竞赛委员会第 19 次全体会议原则同意，对《全国中学生物理竞赛内容提要》做适当的调整和补充.考虑到适当控制预赛试题难度的精神，《全国中学生物理竞赛内容提要》中新补充的内容用“※”符号标出，作为复赛题和决赛题增补的内容，预赛试题仍沿用原规定的《全国中学生物理竞赛内容提要》，不增加修改补充后的内容.

2004 年，中国物理学会常务理事会对《全国中学生物理竞赛章程》进行了修订.依据修订后的《全国中学生物理竞赛章程》，决定由全国中学生物理竞赛委员会常务委员会组织编写《全国中学生物理竞赛实验指导书》，作为复赛实验考试题目的命题范围.

2011 年对《全国中学生物理竞赛内容提要》进行了修订，修订稿经全国中学生物理竞赛委员会第 30 次全体会议通过，并决定从 2013 年开始实行.修订后的《全国中学生物理竞赛内容提要》中，凡用“※”号标出的内容，仅限于复赛和决赛.

2015 年再次对《全国中学生物理竞赛内容提要》进行了修订，其中标“☆”仅为决赛内容，标“※”为复赛和决赛内容；如不说明，一般要求考查定量分析能力.

一、理 论 基 础

力　　学

1. 运动学：

参考系；

坐标系，直角坐标系；

※平面极坐标，※自然坐标系；

矢量和标量；

质点运动的位移和路程、速度、加速度；

匀速和匀变速直线运动及其图像；

运动的合成与分解，抛体运动，圆周运动；

圆周运动中的切向加速度和法向加速度；

曲率半径，角速度和※角加速度；

相对运动，伽利略速度变换.

2. 动力学：

重力，弹性力，摩擦力；

惯性参考系；

牛顿第一、二、三运动定律，胡克定律，万有引力定律；

均匀球壳对壳内和壳外质点的引力公式（不要求导出）；

※非惯性参考系，※平动加速参考系中的惯性力；

※匀速转动参考系中的惯性离心力，视重；

☆科里奥利力.

3. 物体的平衡：

共点力作用下物体的平衡；

力矩，刚体的平衡条件；

☆虚功原理.

4. 动量：

冲量，动量，质点与质点组的动量定理，动量守恒定律；

※质心，※质心运动定理；

※质心参考系；

反冲运动；

※变质量体系的运动.

5. 机械能：

功和功率；

动能和动能定理，※质心动能定理；

重力势能，引力势能；

质点及均匀球壳壳内和壳外的引力势能公式（不要求导出）；

弹簧的弹性势能；

功能原理，机械能守恒定律；

碰撞；

弹性碰撞与非弹性碰撞，恢复系数.

6. ※角动量：

冲量矩，角动量；

质点和质点组的角动量定理及转动定理；

角动量守恒定律.

7. 有心运动：

在万有引力和库仑力作用下物体的运动；

开普勒定律；

行星和人造天体的圆轨道和椭圆轨道运动.

8. ※刚体：

刚体的平动，刚体的定轴转动；

刚体绕轴的转动惯量；

平行轴定理，正交轴定理；

刚体定轴转动的角动量定理，刚体的平面平行运动.
9. 流体力学：
静止流体中的压强；
浮力；
☆连续性方程，☆伯努利方程.
10. 振动：
简谐振动，振幅，频率和周期，相位；
振动的图像；
参考圆，简谐振动的速度；
(线性)恢复力，由动力学方程确定简谐振动的频率；
简谐振动的能量；
同方向同频率简谐振动的合成；
阻尼振动，受迫振动和共振(定性).
11. 波动：
横波和纵波；
波长，频率和波速的关系；
波的图像；
※平面简谐波的表示式；
波的干涉，※驻波，波的衍射(定性)；
声波，声音的响度和音调，声音的音品(定性)；
声音的共鸣，乐音和噪声(定性)；
※多普勒效应.

热　　学

1. 分子动理论：
原子和分子大小的数量级；
分子的热运动和碰撞，布朗运动；
※压强的统计解释；
☆麦克斯韦速率分布的定量计算；
※分子热运动自由度，※能均分定理；
温度的微观意义；
分子热运动的动能；
※气体分子的平均平动动能；
分子力，分子间的势能；
物体的内能.
2. 气体的性质：
温标，热力学温标；
气体实验定律，理想气体状态方程；
道尔顿分压定律；

混合理想气体状态方程；
理想气体状态方程的微观解释(定性).
3. 热力学第一定律：
热力学第一定律；
理想气体的内能；
热力学第一定律在理想气体等容、等压、等温和绝热过程中的应用；
※多方过程及应用；
※定容热容量和定压热容量；
※绝热过程方程；
※等温、绝热过程中的功；
※热机及其效率，※卡诺定理.
4. 热力学第二定律：
※热力学第二定律的开尔文表述和克劳修斯表述；
※可逆过程与不可逆过程；
※宏观热力学过程的不可逆性；
※理想气体的自由膨胀；
※热力学第二定律的统计意义；
☆热力学第二定律的数学表达式；
☆熵、熵增.
5. 液体的性质：
液体分子运动的特点；
表面张力系数；
※球形液面两边的压强差；
浸润现象和毛细现象(定性).
6. 固体的性质：
晶体和非晶体，空间点阵；
固体分子运动的特点.
7. 物态变化：
熔化和凝固，熔点，熔化热；
蒸发和凝结，饱和气压，沸腾和沸点；
汽化热，临界温度；
固体的升华；
空气的湿度和湿度计，露点.
8. 热传递的方式：
传导，※导热系数；
对流；
辐射，※黑体辐射的概念，※斯特藩定律；
※维恩位移定律.

9. 热膨胀：
热膨胀和膨胀系数.

电 磁 学

1. 静电场：
电荷守恒定律；
库仑定律；
电场强度，电场线；
点电荷的场强，场强叠加原理；
匀强电场；
均匀带电球壳内、外的场强公式(不要求导出)；
※高斯定理及其在对称带电体系中的应用；
电势和电势差，等势面；
点电荷电场的电势；
电势叠加原理；
均匀带电球壳内、外的电势公式；
电场中的导体，静电屏蔽；
※静电镜像法；
电容，平行板电容器的电容公式；
※球形、圆柱形电容器的电容；
电容器的连接；
※电荷体系的静电能，※电场的能量密度；
电容器充电后的电能；
☆电偶极矩；
☆电偶极子的电场和电势；
电介质的概念；
☆电介质的极化与极化电荷；
☆电位移矢量.
2. 稳恒电流：
欧姆定律，电阻率和温度的关系；
电功和电功率；
电阻的串、并联；
电动势，闭合电路的欧姆定律；
一段含源电路的欧姆定律，※基尔霍夫定律；
电流表，电压表，欧姆表；
惠斯通电桥；
补偿电路.
3. 物质的导电性：
金属中的电流，欧姆定律的微观解释；

※液体中的电流,※法拉第电解定律;
※气体中的电流,※被激放电和自激放电(定性);
真空中的电流,示波器;
半导体的导电特性,p 型半导体和 n 型半导体,※pn 结;
晶体二极管的单向导电性及其※微观解释(定性);
三极管的放大作用(不要求掌握机理);
超导现象,☆超导体的基本性质.
4. 磁场:
电流的磁场,※毕奥-萨伐尔定律;
磁场叠加原理;
磁感应强度,磁感线;
匀强磁场;
长直导线、圆线圈、螺线管中的电流的磁场分布(定性);
※安培环路定理及在对称电流体系中的应用;
※圆线圈中的电流在轴线上和环面上的磁场;
☆磁矩;
安培力,洛伦兹力,带电粒子荷质比的测定;
质谱仪,回旋加速器,霍尔效应.
5. 电磁感应:
法拉第电磁感应定律;
楞次定律;
※感应电场(涡旋电场);
自感和互感,自感系数;
※通电线圈的自感磁能(不要求推导).
6. 交流电:
交流发电机原理,交流电的最大值和有效值;
☆交流电的矢量和复数表述;
纯电阻、纯电感、纯电容电路,感抗和容抗;
※电流和电压的相位差;
整流,滤波和稳压;
☆谐振电路,☆交流电的功率;
☆三相交流电及其连接法;
☆感应电动机原理;
理想变压器;
远距离输电.
7. 电磁振荡和电磁波:
电磁振荡,振荡电路及振荡频率,赫兹实验;
电磁场和电磁波;
☆电磁场能量密度、能流密度;

电磁波的波速，电磁波谱；
电磁波的发射和调制，电磁波的接收、调谐、检波.

光　学

1. 几何光学：
※费马原理；
光的传播，反射，折射，全反射；
光的色散，折射率与光速的关系；
平面镜成像、球面镜成像公式及作图法；
※球面折射成像公式，※焦距与折射率、球面半径的关系；
薄透镜成像公式及作图法；
眼睛，放大镜，显微镜，望远镜；
※其他常用光学仪器.
2. 波动光学：
光程；
※惠更斯原理（定性）；
光的干涉现象，双缝干涉；
光的衍射现象；
※夫琅禾费衍射；
※光栅，※布拉格公式；
※分辨本领（不要求导出）；
光谱和光谱分析（定性）；
※光的偏振，※自然光与偏振光；
※马吕斯定律，※布儒斯特定律.

近代物理

1. 光的本性：
光电效应，※康普顿散射；
光的波粒二象性，光子的能量与动量.
2. 原子结构：
卢瑟福实验，原子的核式结构；
玻尔模型；
用玻尔模型解释氢光谱；
※用玻尔模型解释类氢光谱；
原子的受激辐射，激光的产生（定性）和特性.
3. 原子核：
原子核的尺度数量级；
天然放射性现象，原子核的衰变，半衰期；
放射线的探测；

质子的发现,中子的发现,原子核的组成;

核反应方程;

质能关系式,裂变和聚变,质量亏损.

4. 粒子:

"基本粒子",轻子与夸克(简单知识);

四种基本相互作用;

实物粒子具有波粒二象性;

※物质波;

※德布罗意关系;

※不确定关系 $\Delta p \Delta x \geqslant \frac{h}{4\pi}$.

5. ※狭义相对论:

爱因斯坦假设;

洛伦兹变换;

时间和长度的相对论效应,多普勒效应;

☆速度变换;

相对论动量,相对论能量,相对论动能;

相对论动量和能量关系.

6. ※太阳系,银河系,宇宙和黑洞的初步知识.

单 位 制

国际单位制与量纲分析.

数 学 基 础

1. 中学阶段全部初等数学(包括解析几何).

2. 矢量的合成和分解,矢量的运算,极限、无限大和无限小的初步概念.

3. ※微积分初步及其应用:

含一元微积分的简单规则;

微分(包括多项式、三角函数、指数函数、对数函数的导数,函数乘积和商的导数,复合函数的导数);

积分(包括多项式、三角函数、指数函数、对数函数的简单积分).

二、实 验

全国中学生物理竞赛委员会常务委员会组织编写的《全国中学生物理竞赛实验指导书》中的 34 个实验是全国中学生物理竞赛复赛实验考试内容的范围.这 34 个实验的名称是:

实验一 实验误差;

实验二 气轨上研究瞬时速度;

实验三 杨氏模量;

实验四　用单摆测重力加速度；
实验五　气轨上研究碰撞过程中动量和能量变化；
实验六　测量声速；
实验七　弦线上的驻波实验；
实验八　冰的熔化热；
实验九　线膨胀率；
实验十　液体比热容；
实验十一　数字万用电表的使用；
实验十二　制流和分压电路；
实验十三　测定直流电源的参数并研究其输出特性；
实验十四　磁电式直流电表的改装；
实验十五　用量程为 200 mV 的数字电压表组成多量程的电压表和电流表；
实验十六　测量非线性元件的伏安特性；
实验十七　平衡电桥测电阻；
实验十八　示波器的使用；
实验十九　观测电容特性；
实验二十　检测黑盒子中的电学元件(电阻,电容,电池,二极管)；
实验二十一　测量温度传感器的温度特性；
实验二十二　测量热敏电阻的温度特性；
实验二十三　用霍尔效应测量磁场；
实验二十四　测量光敏电阻的光电特性(有、无光照时的伏安特性,光电特性)；
实验二十五　研究光电池的光电特性；
实验二十六　测量发光二极管的光电特性(用 $eU_{阈}=hc/\lambda$ 估算发光波长)；
实验二十七　研究亥姆霍兹线圈轴线磁场的分布；
实验二十八　测定玻璃的折射率；
实验二十九　测量薄透镜的焦距；
实验三十　望远镜和显微镜；
实验三十一　光的干涉现象；
实验三十二　光的夫琅禾费衍射；
实验三十三　分光计的使用与极限法测折射率；
实验三十四　光谱的观测.

各省(自治区、直辖市)竞赛委员会根据本省(自治区、直辖市)的实际情况从《全国中学生物理竞赛实验指导书》的 34 个实验中确定并公布不少于 20 个实验作为本省(自治区、直辖市)物理竞赛复赛实验考试的内容范围,复赛实验的试题从公布的实验中选定,具体做法见《关于全国中学生物理竞赛实验考试、命题的若干规定》.

全国中学生物理竞赛决赛实验以《全国中学生物理竞赛内容提要》中的“理论基础”和《全国中学生物理竞赛实验指导书》作为命题的基础.

三、其 他 方 面

物理竞赛的内容有一部分有较大的开阔性，主要包括以下三方面：

1. 物理知识在各方面的应用；对自然界、生产和日常生活中一些物理现象的解释.
2. 近代物理的一些重大成果和现代的一些重大信息.
3. 一些有重要贡献的物理学家的姓名和他们的主要贡献.

附：关于全国中学生物理竞赛实验考试、命题的若干规定

（2005 年）

为了使更多的地区、更多的优秀学生的物理实验水平和素养有较大的提高，为了让更多的优秀学生有机会参加实验培训，为了使复赛实验考试更加公正、公平，增加透明度，特制定以下规定. 各省（自治区、直辖市）竞赛委员会必须严格按照本规定组织本省（自治区、直辖市）有关复赛实验的活动.

一、全国中学生物理竞赛委员会常务委员会（以下简称常委会）组织编写的《全国中学生物理竞赛实验指导书》（以下简称《实验指导书》）中的 34 个实验是全国中学生物理竞赛复赛实验考试的内容范围. 各省（自治区、直辖市）竞赛委员会要会同本省（自治区、直辖市）有关专家和高等学校结合本省（自治区、直辖市）实际情况，从这 34 个实验中确定全部或一部分实验，作为本省（自治区、直辖市）复赛实验考试的范围. 确定的实验数不得少于 20 个，其中必须包括实验一“实验误差”、实验十一“数字万用电表的使用”、实验十二“制流和分压电路”、实验十八“示波器的使用”这 4 个基本实验. 有的实验中含有“设计实验”，这部分实验要求属于决赛的实验考试要求，复赛实验考试不涉及这部分实验. 本省（自治区、直辖市）确定的复赛实验考试内容范围必须向本省（自治区、直辖市）准备参加物理竞赛的全体考生公布，公布的时间不得晚于复赛考试前 6 个月. 各省（自治区、直辖市）的复赛实验试题必须从本省（自治区、直辖市）公布的实验中选定.

二、各省（自治区、直辖市）的竞赛委员会要在省（自治区、直辖市）物理学会的领导下与本省（自治区、直辖市）有关高校协商设立物理竞赛实验培训点和组织本省（自治区、直辖市）的实验培训工作. 培训点可设在省（自治区、直辖市）、市两级的高等学校. 培训点要根据《实验指导书》的要求对学生进行培训，着眼于提高学生的实验水平和实验素养.

三、各省（自治区、直辖市）要建立本省（自治区、直辖市）物理竞赛复赛实验命题小组. 命题小组由 2～4 位物理实验业务水平较高、教学经验比较丰富、作风正派的高校教师组成. 命题小组的成员在当年不得参加复赛前的任何物理竞赛实验的辅导和培训工作，并且他们的身份是保密的. 省（自治区、直辖市）竞赛委员会要与命题小组一起研究确定本省（自治区、直辖市）复赛实验考场所在的高校. 确定为实验考场的高校，应具有能提供本省（自治区、直辖市）公布的所有实验所需的器材和实验室条件. 为了有利于考试的公平性，被指定为实验考场的高校在复赛实验考试前最好不安排与物理竞赛有关的实验培训任务. 如果省（自治区、直辖市）竞赛委员会因这种或那种原因难以做到上述要求，而对考场所在的高校，在复赛实验考试

前也安排了物理竞赛实验培训任务，则应做出相应的细致规定，防止因考场和培训设在同一所高校而可能带来的某些不良影响，以确保实验考试的公正与公平. 请各省（自治区、直辖市）竞赛委员会结合本省（自治区、直辖市）的实际情况自己决定. 各省（自治区、直辖市）公布的复赛实验考试内容的范围、确定为复赛实验考场的高校，都要报全国中学生物理竞赛办公室备案.

四、复赛实验命题小组的主要任务

1. 从本省（自治区、直辖市）公布的“复赛实验考试内容范围”中选定两个实验作为本省（自治区、直辖市）复赛实验考题的内容. 各省（自治区、直辖市）都必须公布的 4 个基本实验不单独作为实验考试题目，这 4 个基本实验内容的考查将体现在其他有关实验之中.

2. 根据选定作为试题内容的两个实验和《实验指导书》对这两个实验的要求，编制本省（自治区、直辖市）复赛实验考试的试卷，试卷一般应包括以下内容：

(1) 实验名称. 作为考题的实验名称可以与《实验指导书》中的该实验名称相同，也可在行文上做些修改，使之符合试题的语气.

(2) 实验要求和实验内容.

(3) 实验所用的器材名称和必要的仪器描述.

复赛实验考试的要求、实验原理、实验内容及所用的器材都不得超出《实验指导书》中关于该实验的规定.

3. 制定复赛实验考试评分标准.

复赛实验根据考生的书面答卷进行评分，要求考生写在卷面的内容应在“实验要求”和“考试内容”中向考生交代清楚.

4. 准备实验器材、保证器材的完好性能.

5. 组织阅卷、评分、查分工作.

全国中学生物理竞赛委员会常务委员会

2005 年 12 月 22 日

指定参考书

1. 全国中学生物理竞赛委员会办公室.全国中学生物理竞赛参考资料.北京：北京师范学院出版社，1985—1988.

2. 全国中学生物理竞赛委员会办公室.全国中学生物理竞赛参考资料.北京：教育科学出版社，1989.

3. 全国中学生物理竞赛委员会办公室.全国中学生物理竞赛参考资料.北京：中国青年出版社，1990.

4. 全国中学生物理竞赛委员会办公室.全国中学生物理竞赛参考资料.南宁：广西教育出版社，1991—1992.

5. 全国中学生物理竞赛委员会办公室.全国中学生物理竞赛参考资料.北京：开明出版社，1993—1995.

6. 全国中学生物理竞赛委员会办公室.全国中学生物理竞赛参考资料.北京：北京教育出

版社，1996—2002.

7. 全国中学生物理竞赛委员会办公室. 全国中学生物理竞赛专辑.北京：北京教育出版社，2003—2007.

8. 全国中学生物理竞赛委员会. 全国中学生物理竞赛专辑. 北京：北京大学出版社，2008—2022.

9. 沈克琦.高中物理学 1. 合肥：中国科学技术大学出版社，1997；高中物理学 2. 合肥：中国科学技术大学出版社，1998；高中物理学 3. 合肥：中国科学技术大学出版社，1998；高中物理学 4. 合肥：中国科学技术大学出版社，1999.

10. 全国中学生物理竞赛常委会.全国中学生物理竞赛实验指导书.北京：北京大学出版社，2006.

参考资料

1. 全国中学生物理竞赛委员会常委会.全国中学生物理竞赛第 1～20 届试题解析：力学分册.北京：清华大学出版社，2005.

2. 全国中学生物理竞赛委员会常委会.全国中学生物理竞赛第 1～20 届试题解析：电学分册.北京：清华大学出版社，2005.

3. 全国中学生物理竞赛委员会常委会.全国中学生物理竞赛第 1～20 届试题解析：热学、光学与近代物理分册.北京：清华大学出版社，2006.

4. 全国中学生物理竞赛委员会常委会.全国中学生物理竞赛第 1～20 届试题解析：实验分册.北京：清华大学出版社，2008.

第二部分

第 38 届全国中学生物理竞赛专题

在第 38 届全国中学生物理竞赛颁奖大会暨闭幕式上的讲话(一)

葛军[①]

(2021 年 12 月 16 日)

尊敬的各位领导、各位专家、老师们、同学们:

下午好!

在这美好的仲冬时节,受新冠疫情等因素的影响,第 38 届全国中学生物理竞赛闭幕式改在南京师大附中举行. 首先,我受江苏省苏州中学卫新校长的委托,代表苏州中学和南京师范大学附属中学,向出席本次闭幕式的各位嘉宾、各位专家、同学们表示热烈的欢迎.

今天,这场中国最顶级的中学生物理竞赛活动将圆满闭幕. 在此,向全体获奖同学表示热烈祝贺,向关怀、培养学生成长的教练员们表示崇高的敬意! 在江苏省物理学会的带领下,苏州中学与南京师范大学附属中学非常荣幸获得本次赛事的承办任务,值此,我们对中国物理学会、全国中学生物理竞赛委员会、江苏省物理学会、南京大学的信任与大力支持表示衷心的感谢,对苏州市教育局、南京市教育局的高度重视和强有力的经费保障表示诚挚的谢意!

在江苏省物理学会的具体指导下,我们两校在前期准备工作中,秉承“全局意识、规则意识、创新意识、质量意识”的指导思想,从会标、纪念品、队服的创意设计到网站建设、食宿车辆安排等方面,组建了多个项目团队,大家密切沟通,发挥合力,倾注了极大的热情,做到“不辱使命、不负重托”,办好大赛.

在努力探索拔尖创新后备人才培养的路上,千年学府苏州中学和百年名校南京师范大学附属中学携手行进. 竞赛类项目是两校拔尖人才后备培养的重要抓手,经过多年的探索已逐步形成了制度完善、体系严谨、考评合理的课程体系,为一批批学有余力、具有创新潜质的学子拓宽了成长平台. 自 20 世纪 80 年代末至今,两校在国际物理奥林匹克竞赛、全国中学生物理竞赛等重大赛事中都有多名学子取得卓越成绩. 新时代,我们将赓续百年初心,担当育人使命,与全国各地的同人们一道共同努力,“以赛促课”进一步推进学科核心素养落地,切实培养学生的创新实践能力,争取在后续的学科竞赛中取得更加优异的成绩.

此刻,我非常高兴看到有这么多同学,在中学时代就在物理学这条路上走了这么高、这么远. 我更加期待着,在将来国内、国际更高层次的科学舞台上,能看到你们的身影. 当然,学业的真正成功不在于一时之得失,而在于一辈子孜孜不倦的追求,期望所有参赛同学都能不忘奥林匹克精神,继续热爱物理,脚踏实地,学以致用,为科技进步、国家强盛做出不懈的努力与贡献.

最后,预祝华中师范大学第一附属中学承办的 2022 年第 39 届全国中学生物理竞赛取得圆满成功. 祝各位嘉宾身体健康、事业辉煌,祝同学们学习进步、青春吉祥! 谢谢!

---

① 葛军,南京师范大学附属中学校长.

在第38届全国中学生物理竞赛颁奖大会暨闭幕式上的讲话(二)

方胜昔[①]

(2021年12月16日)

尊敬的高原宁院士、各位嘉宾、老师们、同学们：

下午好！

值此第38届全国中学生物理竞赛即将降下帷幕之际，我在六朝古都南京代表江苏省科协向全国各地的各位同行、各位老师和同学们问好！向长期以来关心支持江苏中学生物理竞赛的中国物理学会、全国中学生物理竞赛委员会的各位专家表示衷心的感谢！对即将上台领奖的各位获奖选手表示诚挚的祝贺！

本届物理竞赛能够顺利举办，值得特别庆贺. 今年适逢中国共产党百年华诞，神舟十三号载人航天飞船发射成功，这是我国伟大工程建设中浓墨重彩的一笔. 同学们，回首共和国的科技创新历程，物理学在各个领域都有很大的影响，对人类生活中的科技创新有很好的推动作用. "善学者尽其理，善行者究其难."物理学需要大家在前进的路上，勇于攀越每一座高峰，这也是它能吸引大家的魅力所在. 物理竞赛是你们攀登的第一座高峰，在今后的学习中，你们应该要继续保持敢为人先、追求卓越的劲头，努力探索科学前沿，发现和解决新的科学问题，提出新的概念、理论、方法，在新的领域攀越一座又一座的高峰.

今年也是中国科协五项学科联赛各项管理机制改革的第一年，江苏省中学生五项学科竞赛管理委员会认真贯彻落实中国科协文件精神，坚持政治引领，强化顶层设计，重点做好赛区竞赛工作的协调、监督及保障，层层厘清办赛职责，压实各方责任，统筹推进五项学科竞赛健康有序发展. 同时，依托省教育厅在学科发展创新中心(基地)的学校，承担起本地区学科竞赛组织工作及教练员队伍建设任务，以点带面，兼顾普及与提高，有针对性地发掘、选拔一批在各学科领域有兴趣、有潜质的中学生加以重点培养，及早发现学科特长学生，尽早对接国家赛乃至国际赛培养选拔标准，力争学科特长生培养取得新的突破，为国家、为江苏争光. 2018年以来，江苏选手连续三年登上国际学科竞赛的领奖台，共获得4块金牌、1块银牌，为祖国争得了荣誉，为江苏增添了光彩.

长期以来，江苏省物理学科竞赛和课程发展得到了教育界以及社会各界的高度重视和大力支持. 各位专家学者、一线教学人员和科学工作者坚决贯彻立德树人的根本任务，积极工作，鼎力相助，在发现和培养创新人才，持续推进创新工程等方面取得了突出成绩，为青少年基础教育阶段培育造就了一片丰沃的土壤. 今年，江苏"物理人"团结一致，同心协力，克服种种困难，确保了比赛的顺利进行. 江苏省物理学会、南京大学、南京师范大学附属中学和苏州中学积极承办此次活动，团结一致，同心协力，克服了种种困难，最终首次采用线上线下相结合的办赛模式，利用腾讯会议将全国33个考场分成6组，对所有考场进行全程网络监督，同时也

---

① 方胜昔，江苏省科协党组成员、副主席.

得到了全国各地的大力配合，确保了大赛组织过程规范有序，公平、公正、公开.

习近平总书记在两院院士大会暨中国科协第十次全国代表大会上指出："要更加重视青年人才培养，努力造就一批具有世界影响力的顶尖科技人才，稳定支持一批创新团队，培养更多高素质技术技能人才、能工巧匠、大国工匠."全国中学生物理竞赛对于激发青少年的物理学习兴趣，提升物理创新能力具有极大的推动作用，对于发现和培养在物理学领域具有突出才能的青少年具有重要意义.希望参赛学生从党的百年光辉岁月中汲取奋发上进的力量，不忘初心、砥砺前行，早日成为国家科技创新的栋梁.

最后，再次祝贺本次竞赛圆满成功！祝愿全国中学生物理竞赛越办越好！祝各位来宾工作顺利！祝各位同学鹏程万里！

谢谢大家！

在第38届全国中学生物理竞赛颁奖大会暨闭幕式上的讲话(三)

高原宁[①]

(2021年12月16日)

尊敬的领导们,亲爱的老师们、同学们:

首先,我代表中国物理学会物理教学委员会向在本次竞赛中获得优异成绩的同学们、老师们表示热烈祝贺!

我们学物理的人都知道,探索自然是人类的乐趣,这种乐趣是如此的古老,也许从我们的祖先在敲碎的石头里面挑选和打磨一件工具的时候就开始了. 我们很多人做学生的时候是从上课读书、做题考试中开始系统地理解和探索自然的; 我们很多人做老师的时候是把自然界的现象和规律化成考试题目呈现给学生. 所以,我心中的物理竞赛应该是同学们用心灵与自然界的一次深层次的对话,对话话题就是老师们设计的一道道考题. 今年的物理竞赛持续了好几个月,参赛人数超过了88万,是一场真正的盛会. 无论是参赛的同学们还是组织赛事的老师们,我希望大家都享受了竞赛的全过程.

今年的竞赛在疫情中举办,遇到了很多无法预料的困难. 我感谢同学们和他们的老师、家长的热情参与;感谢全国竞委会对竞赛的领导和组织;感谢江苏省物理学会、南京大学、南京师范大学附属中学和苏州中学为承办竞赛所做的努力和支持;感谢各地科协、学会和竞委会同行们组织分考场的辛苦和付出;感谢中国科协自始至终的指导和帮助. 谢谢大家! 相信我们会长久地记住这次盛会.

竞赛就要结束了,但我们的生活还将继续. 又到年底了,又是期末,老师们还得去继续出题,同学们还要参加更多的考试. 在此我提前给大家拜年,祝老师和同学们在新的一年取得更大的成绩. 谢谢!

---

① 高原宁,中国科学院院士,中国物理学会教学委员会主任.

在第38届全国中学生物理竞赛颁奖大会暨闭幕式上的讲话(四)

陈晓林[①]

(2021 年 12 月 16 日)

各位领导、来宾,各位竞赛委员和老师,亲爱的同学们和学生的亲友们:

第 38 届全国中学生物理竞赛的各项活动到今天将全部结束,共有 880 365 名学生参加今年的预赛,26 576 名学生参加复赛的理论考试,6470 名学生参加复赛实验考试,483 名学生参加了设在 33 个考场的全国决赛. 本届是竞赛章程进行重大调整后的第一次竞赛. 根据新章程,参加决赛的选手增加了约 1/3;命题方式进行了重要改革;决赛实验考试由原来的实验操作改为笔试. 竞赛改革的效果将由实践来检验.

在决赛中,由评奖组建议评选,经全国中学生物理竞赛委员会讨论确定,评出一等奖 144 名,二等奖 168 名,三等奖 168 名,单项奖 4 人次. 我代表全国中学生物理竞赛委员会向所有获奖的同学表示衷心的祝贺,向培育参赛学生的老师们致以崇高的敬意,向养育学生们的父母、长辈们表示美好的祝愿.

全国中学生物理竞赛是由中国科协主管,中国物理学会领导主办的赛事. 本届竞赛的决赛由江苏省物理学会、南京大学、南京师范大学附属中学和苏州中学承办.

全国中学生物理竞赛自 1984 年首次举办以来,到今年已进行 38 届. 几十年来,于中学生中开展的这项竞赛在促进青年学生学习科学知识、培养科学素养、提高综合素质,以及在选拔优秀人才等方面发挥了重要作用.

今年的物理竞赛是在新冠肺炎出现较为严重传播的困难情况下进行的. 10 月中旬,因疫情有暴发的趋势,导致原定于 10 月下旬全国选手集中在南京和苏州现场进行的决赛被迫推迟;直到 11 月下旬,疫情稍有好转,全国竞委会、组委会与多方面协商后决定本届物理竞赛决赛考试于 2021 年 12 月 12 日在各省选定的考场同时进行.

为成功举办这次史无前例的竞赛,江苏省物理学会、南京大学、南京师范大学附属中学和苏州中学做了精心规划、精心准备、精心组织,克服了大量的困难,制定了周密的竞赛方案;各省竞委会为竞赛辛勤付出,中国物理学会和物理教学委员会以及各省选派的监考人员在疫情未能控制的情况下奔赴各地的考场,各赛区学生特别是哈尔滨、大庆、大连和镇海四个考场的学生克服疫情的干扰,在极为困难的情况下圆满地参加了这场竞赛.

在整个竞赛过程中,我们始终都得到了中国科协、中国物理学会、中国物理学会物理教学委员会、江苏省科协、南京市教育局和苏州市教育局的精心指导和大力支持. 卡西欧公司为全体同学提供了计算器.

在此,请允许我代表全国中学生物理竞赛委员会向本次竞赛的组委会全体成员、各省考场组织工作人员、监考人员、阅卷人员、领导机构和主管单位的领导们、合作单位的朋友们和工作

---

① 陈晓林,中国物理学会全国中学生物理竞赛委员会副主任.

人员表示诚挚的谢意和衷心的感谢!

全国中学生物理竞赛委员会已决定,2022 年第 39 届全国中学生物理竞赛将于 10 月 15 日开始在武汉市举行,由湖北省物理学会、武汉大学和华中师范大学第一附属中学联合承办. 他们已在进行各项准备工作. 全国中学生物理竞赛委员会向他们表示感谢,并祝他们的各项准备工作顺利进行.

最后,祝老师们、同学们和朋友们身体健康,返校、回家一路平安. 谢谢大家!

第38届全国中学生物理竞赛全国竞赛委员会、组织委员会、评奖组及获奖学生名单

全国竞赛委员会成员

名誉主任

林纯镇

主任

刘觉平

副主任

陈晓林

常委

刘玉鑫　徐　湛　尹　民　应和平　刘玉斌

委员（各地区以地区的汉语拼音为序，同地区人名以汉语拼音为序）

范淑兰（兼办公室主任）	叶　柳（安徽）	陈溢宁（澳门）	李子恒（北京）
杨晓红（重庆）	陆培民（福建）	陈宏善（甘肃）	孙国耀（广东）
马树元（广西）	周　勋（贵州）	彭鸿雁（海南）	张书敏（河北）
赵维娟（河南）	张　宇（黑龙江）	黄致新（湖北）	乔豪学（湖北）
周鹏程（湖北）	唐东升（湖南）	王彦超（吉林）	葛　军（江苏）
万建国（江苏）	王　骏（江苏）	朱　浩（江苏）	韩道福（江西）
李　林（辽宁）	宫　箭（内蒙古）	高永伟（宁夏）	唐心科（青海）
张承琚（山东）	李秀平（山西）	白晋涛（陕西）	陈树德（上海）
王　磊（四川）	孔勇发（天津）	袁爱芳（西藏）	王　一（香港）
赵丰军（新疆）	郑永刚（云南）	潘正权（浙江）	

组织委员会

主办

中国物理学会、全国中学生物理竞赛委员会

承办

江苏省物理学会、南京大学、南京师范大学附属中学、江苏省苏州中学

指导

江苏省科学技术协会、江苏省教育厅、南京市教育局、苏州市教育局

名誉主任

祝世宁　方胜昔　顾月华

主任

李建新

副主任

徐　俊　葛　军　卫　新　龚一钦　陈岳新

委员

李　浩　王伯根　吴小山　张利明　朱向峰　叶　兵
陈致平　周　进　万建国

秘书长

蒋桂林　李　丹

副秘书长

王　俊　杨　军　朱　浩

评奖组成员

林纯镇　刘觉平　陈晓林　徐　湛　蒋最敏　安　宇　王树峰　蒋　硕
安海鹏　杨　硕　张朝晖　荀　坤　李　智　杨　景　郭旭波　张留碗
唐　涛

决赛获奖学生名单

一等奖(144 人)

刘子睿(北京)　姬　周(湖南)　刘承林(湖北)　宋卓洋(陕西)
杨明轩(江苏)　胡宸源(浙江)　李一德(湖南,女)　熊晓宇(上海)
汤展硕(浙江)　邢昊天(安徽)　黎千诚(河北)　朱信霖(重庆)
杨汝嘉(辽宁)　陈浩楠(四川)　蔡一在(浙江)　李忆唐(浙江,女)
王梓人(浙江)　陆金浩(浙江)　黄文杰(浙江)　蒋弘杰(浙江)
陈　一(浙江)　冯　豆(湖北)　朱　捷(浙江)　孟飞扬(浙江)
田济维(江苏)　唐成曜(陕西)　罗晔祎(江西)　郭锐冰(浙江)
甄林睿(浙江)　王冠淇(陕西)　李子恺(广东)　苏嘉稀(湖北)
罗民睿(湖北)　冯逸韬(上海)　严志豪(湖北)　黎天盟(湖南)
宋高兴(湖北)　彭奥翔(湖南)　张涵科(浙江)　许锦程(江苏)
徐嘉珺(上海)　杨淏天(北京)　任雨奇(湖南)　徐国玮(江苏)
侯宗岳(河南)　贺韵畅(湖南)　蒋笑语(重庆,女)　李何其(浙江)
王宇琛(湖南)　石睿洋(湖南)　丁卓立(安徽)　吴致远(重庆)
郎程超(浙江)　张政亮(广东)　别俊廷(江苏)　董　遇(上海)
郑锐哲(湖南)　吴哲亨(浙江)　周诗昊(湖北)　陶泓锟(辽宁)
杨　旸(湖南)　庄博皓(上海)　王艺霖(河南)　刘崧岳(四川)
陈博远(浙江)　尹佳宁(辽宁)　余博文(湖北)　宋　阳(重庆)
陈浏屹(辽宁)　焦楚原(北京)　舒正勤(上海)　樊子颉(上海)

何宇翾(湖南)　李沐恒(广东)　罗梓津(四川)　蒋金辰(重庆)
肖严浩(江西)　刘沛然(湖南)　侯翰飞(北京)　张志立(湖北)
秦子衡(江苏)　杨天宇(河北)　钱坤笑(上海)　吴岱霖(上海)
吕政秀(山东)　吴卓阳(湖南)　代佳乐(四川)　项天歌(浙江)
郑以哲(福建)　程一哲(江西)　杨载文(上海)　胡远哲(江西)
梁　舟(广东)　孟令时(北京)　周亦帆(江苏)　张贺云(河北)
李天尧(四川)　付华钰(湖北)　庄天启(北京)　谯　楚(上海)
李燃亮(湖南)　李向志(河北)　刘　浩(浙江)　李知远(四川)
李泽一(河北)　程　阳(重庆)　周锦翔(四川)　张鹏滨(四川)
黄昱烁(江西)　罗睿琨(北京)　洪　晨(浙江)　殷富杰(陕西)
余昊东(四川)　梁俊杰(广东)　万其委(江苏)　黄阳瑞(浙江)
应昊良(辽宁)　毕雨辰(湖北)　陈嘉雷(北京)　高天羽(河北)
杨卓熹(湖南)　蔡朋臻(浙江)　肖子幂(湖南)　田春迅(安徽)
李灿辉(云南)　喻中扬(江西)　宁嘉豪(陕西)　李坤昊(辽宁)
周　浒(湖南)　周宇亮(上海)　文锦轩(湖南)　杨夏聪(上海)
王雨灏(河北)　唐国峰(重庆)　吕安祺(安徽)　马潇翔(河南)
刘华君(广东)　孙子奇(陕西)　石璨玮(湖南)　李聚贤(河北)
金　磊(浙江)　唐晨成(广东)　彭彦哲(湖北)　曲正博(河北)

二等奖(168人)

李金臻(四川)　胡城玮(湖南)　刘泊岩(湖南)　宾　宸(上海)
吴安民(湖北)　肖亦铖(四川)　丁俊杰(湖南)　黄碧紫(广东)
迟析昂(河北)　胡明宇(湖南)　于舸畅(江西)　张智堃(山东)
严涵宇(福建)　陈文瀚(安徽)　牛弘毅(河北)　刘凡旭(湖北)
钟沐阳(北京)　李佳琪(河南)　蒋岱兵(广西)　杨昊昆(河北)
蹇小鹏(湖北)　刘冀哲(四川)　张家铭(河北)　李成东(浙江)
吕晨轩(江苏)　汪子恒(江苏)　杨嘉昊(陕西)　王昱坤(江苏)
梁博凯(山西)　孔辰光(山东)　陈长风(安徽)　李傲挺(湖北)
傅嘉玺(广东)　刘　展(吉林)　张博睿(陕西)　白宇轩(陕西)
孙炜程(黑龙江)　刘亦钒(上海)　宁骋昊(四川)　王冠杰(浙江)
王鹤松(湖北)　范天舒(北京)　金俊琪(湖南)　宋敬哲(江苏)
王鸿辉(江西)　屈蔚翔(陕西)　鲁祚汀(浙江)　张峻瑞(重庆)
马梓瑞(河北)　李昱麒(陕西)　卞知彰(江苏)　曾罗熙(重庆)
龙萌烨(湖南)　苏钰乐(陕西)　贾证弘(山东)　林瑞生(浙江)
马靖杰(山西)　唐泽宇(湖南)　朱骊安(天津)　杨广宇(山东)
林雨轩(四川)　李贝尔(重庆)　冯知己(广东)　张天奕(江苏)
于圣琳(天津)　唐雨轩(吉林)　王品力(四川)　秦　淼(四川)
黄德民(广东)　曹三省(辽宁)　陶心悦(江苏,女)　黄逸轩(重庆)
颜世恒(山东)　刘子渊(湖南)　王宇轩(广东)　史　延(江苏)
詹辅晟(江苏)　王天齐(北京)　曹斯元(山西)　王泽木(四川)

赵佳奇(河北) 罗逸涵(重庆) 鄢佳宇(福建) 王胤杰(山西)
时乐祺(黑龙江,女) 王明月(河北) 胡棣钦(湖南) 孙逸畅(上海)
雷佑宁(山西) 王韵博(河南) 杨海东(重庆) 高恺阳(湖北)
佟昱锦(吉林) 罗翔文(重庆) 李 正(江苏) 蒋欣飏(上海)
刘 洋(河南) 乔奕锟(山东) 彭仁轩(江西) 杨远青(江西)
邱翔宇(江西) 林子翔(浙江) 蔡一凡(四川) 李浩然(天津)
彭博翔(重庆) 彭 睿(北京) 张奕博(江苏) 林志浩(陕西)
罗 骏(江苏) 黄一浩(湖南) 刘浩然(广东) 陈颜忻(福建)
禹坤煜(山西) 王涵章(江西) 郭 图(河北) 李昶玮(安徽)
赵俞舒(辽宁) 李炳良(山西) 丘哲远(福建) 胡 磊(安徽)
张亦鑫(北京) 邢宇琪(上海,女) 吴道宁(北京,女) 郭旭飞(山东)
李根辉(广西) 李中烜(山东) 林成锴(福建) 彭哲樊(江西)
任昱彬(湖南) 焦子轩(河南) 门誉宽(黑龙江) 张颢洋(湖北)
樊隽涵(辽宁) 田浩天(四川) 杨驭州(江苏) 秦禹潮(湖北)
张博远(河北) 彭江山(上海) 刘力维(湖南) 孙知非(河北)
高 源(山东) 施睿扬(福建) 孟城科(浙江) 王希呈(江苏)
马 晋(湖北) 许 诺(江苏) 田源坤(江苏) 李易铭(北京)
佟笑宇(内蒙古) 张天昊(河北) 王弈航(天津) 王安昊(北京,女)
李 宇(河北) 罗泽宇(山西) 宋海博(吉林) 王 峥(黑龙江)
李沅钊(陕西) 卞 焕(河南,女) 曾宪燊(山东) 李宸烨(广东)
娄 涵(浙江) 付丰硕(河南) 陈炳翱(辽宁) 于腾波(吉林)
黄昊宇(四川) 黄兴宇(安徽) 王子涵(北京) 陈思源(上海)

三等奖(168 人)

张子阳(江西) 张博涵(福建) 汤俊杰(广西) 刘蔚贤(广东)
刘冠侨(辽宁) 梁清尧(广东) 詹成哲(吉林) 张九匀(江苏)
樊九端(宁夏) 莫云鹤(广西) 赵欣曈(江西) 施昊哲(安徽)
陈柏杰(四川) 方子锴(湖北) 曾 望(广西) 刘一尘(吉林)
易 翔(山东) 李 昂(山东) 陈逸恺(福建) 张 石(吉林)
张浩宇(山西) 窦浩溥(河南) 李俊威(吉林) 陈嘉琦(山西)
董郑涛(河南) 肖添天(江苏) 易江奕(河南) 常 响(天津)
黄健一(辽宁) 周万垚(山东) 宋文润(吉林) 张闻峻(辽宁)
张云皓(黑龙江) 徐启凡(陕西) 陈乐健(重庆) 陈语诺(天津)
李睿成(福建) 荆熙麟(辽宁) 程健桥(云南) 张扬扬(天津)
马一宝(吉林) 邓建政(广东) 郭鸿博(山西) 沈航正(山东)
杨玉栋(广西) 吴 晗(安徽) 黄骏坤(福建) 刘显光(河南)
郝卓迪(河北) 杨文滨(福建) 李若邻(河南) 周路童(河南)
张凯瑞(安徽) 杨岱霖(山东) 庄易诚(新疆) 马梓洲(甘肃)
王春森(河南) 廖子婧(贵州,女) 刘子睿(黑龙江) 罗长盛(广西)
王理乐(天津) 赵健成(山东) 万桃林(安徽) 张苡宁(山西)

王鹤茗(吉林)	于善飞(山东)	范昊能(广西)	张凌岳(河南)
褚乐一(广西)	郭新宇(新疆)	朱　辰(天津)	王思涵(黑龙江)
李梓丰(安徽)	王柄蕲(内蒙古)	周照东(贵州)	黄嘉铎(天津)
郑皓玮(天津)	杨善赟(黑龙江)	欧　赛(贵州)	易沁韬(广西)
程靖雄(贵州)	黄俊然(甘肃)	邓开文(广西)	郭希瑞(山东)
冷龙康(山西)	吉　翔(黑龙江)	薛砚云(云南,女)	何欣原(天津)
罗昌桢(海南)	李沂桉(新疆)	张靖伟(新疆)	李　昂(黑龙江)
唐柯凡(广西)	何秉儒(新疆)	周海天(云南)	张鸣轩(黑龙江)
李科毅(云南)	陈语晗(福建,女)	张博中(甘肃)	窦为嘉(甘肃)
于凡晋(云南)	张永康(新疆)	朱豪屹(山东)	赵泽旭(内蒙古)
王博煦(辽宁)	黄翌翀(云南)	王若鹏(甘肃)	邓竣牛(贵州)
王冠泽(黑龙江)	唐康家(贵州)	徐浩原(云南)	李子琦(新疆)
商邑飞(海南)	杨仲铉(云南)	史锦胜(内蒙古)	姚俞舟(云南)
毛柯翔(广西)	李执一(新疆)	田一阳(新疆)	吕嘉鑫(甘肃)
刘煜达(内蒙古)	吴　桐(内蒙古)	王巍棋(新疆)	林诣钧(黑龙江)
赵家瑞(海南)	黄俣升(内蒙古)	李睿奇(甘肃)	吴骏逸(云南)
蒋明阳(广西)	陈泽繄(内蒙古)	陈秋宇(云南)	许叶阳(海南)
洪天祥(宁夏)	冯钰泰(宁夏)	王硕霆(海南)	段益豪(宁夏)
李展俊(澳门)	宋　朴(甘肃)	徐睿康(甘肃)	韩　皓(甘肃)
周铭申(贵州)	锡文卓(贵州)	邱景轩(新疆)	钟承宏(海南)
袁中原(澳门)	李唯思(海南)	谭明轩(海南)	王相宇(内蒙古)
余立业(海南)	梁立言(澳门)	孔维上(宁夏)	吕凯国(内蒙古)
张嘉硕(西藏)	吴　金(贵州)	马　赫(内蒙古)	钟宇飞(贵州)
徐宝龙(西藏)	王家城(贵州)	谢博研(西藏)	蒋润九(宁夏)
谢经源(海南)	林轩熠(西藏)	罗　翔(宁夏)	翟润彤(西藏,女)
陈彦君(西藏,女)	王嘉华(澳门)	梁庆昊(甘肃)	王　璐(西藏,女)

单项奖

总成绩最佳奖:刘子睿(北京)

理论成绩最佳奖:刘子睿(北京)

实验成绩最佳奖:刘子睿(北京)

女学生成绩最佳奖:李一德(湖南)

第 38 届全国中学生物理竞赛试题及参考解答

预赛试题及参考解答

试　　题

一、选择题

1. 如图所示，一轻弹簧左端固定，右端连接一物块. 弹簧的劲度系数为 k，物块质量为 m，物块与桌面之间的滑动摩擦系数为 μ. 重力加速度大小为 g. 现以恒力 $F(F>\mu mg)$ 将物块自平衡位置开始向右拉动，则系统的最大势能为[　].

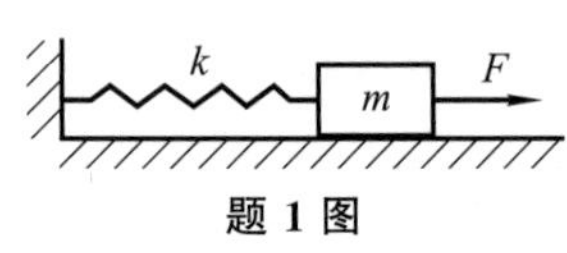

题 1 图

A. $\frac{1}{2k}F^2$　　B. $\frac{2}{k}F^2$　　C. $\frac{1}{2k}(F-\mu mg)^2$　　D. $\frac{2}{k}(F-\mu mg)^2$

2. L 形的细铜棒在磁感应强度为 B 的均匀磁场中运动，已知 L 形棒两边相互垂直，长度均为 l，运动速度大小均为 v，则铜棒两端电势差的最大值为[　].

A. $\frac{1}{2}Blv$　　B. Blv　　C. $\sqrt{2}Blv$　　D. $2Blv$

3. 氢原子的基态能量为 -13.6 eV. 由一个电子和一个正电子结合成的束缚态（即所谓电子偶素）的基态能量近似为 [　].

A. -1.2 eV　　B. -3.4 eV　　C. -6.8 eV　　D. -27.2 eV

4. 关于放射性元素的半衰期，下列说法正确的是[　].

A. 某种放射性元素的半衰期为 T，那么经过时间 T 该放射性元素的原子核个数一定下降为原来的一半

B. 不同种的放射性元素的半衰期长短差别很大，因此同种放射性元素在不同状态下也可能具有不同的半衰期

C. 半衰期是表征放射性元素衰变快慢的物理量，故可通过放射性同位素的衰变来测定时间

D. 若有某种放射性元素的原子 100 个，经过一个半衰期，该种放射性元素的原子个数可能还是 100 个，只是概率很小

5. 在图示的电路中，电源电动势为 5 V，内阻不计，$R_1=2\ \Omega$，$R_2=8\ \Omega$，$R_3=4\ \Omega$，$R_4=6\ \Omega$，电容器的电容 $C=10\ \mu$F. 先将开关 S 闭合，待电路稳定后断开 S，则断开 S 后流经 R_4 的电荷量为 [　].

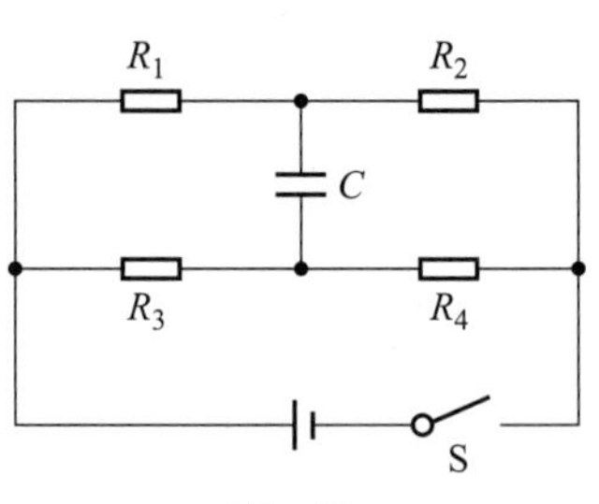

题 5 图

A. 2 μC　　B. 3 μC

C. 4 μC　　D. 5 μC

二、填空题

6. 2020 年 11 月 24 日,“嫦娥五号”发射升空,这是我国首个将从月球采样返回的航天器.已知月球质量为 7.4×10^{22} kg,月球半径为 1.7×10^{3} km,引力常量为 6.67×10^{-11} N·m²/kg²,该探测器从月球起飞的第一宇宙速度为________,第二宇宙速度为________(结果保留两位有效数字).

7. 一粒水银珠竖直地掉在光滑的水平玻璃板上,分成三粒小水银珠 1,2,3,以相等的速率沿三个方向在玻璃板上运动,如图所示.图中,小水银珠 1,2,3 运动方向之间的夹角分别为 90°,150°,120°.小水银珠 1,2 的质量之比 $m_1:m_2$ 为________,小水银珠 2,3 的质量之比 $m_2:m_3$ 为________.

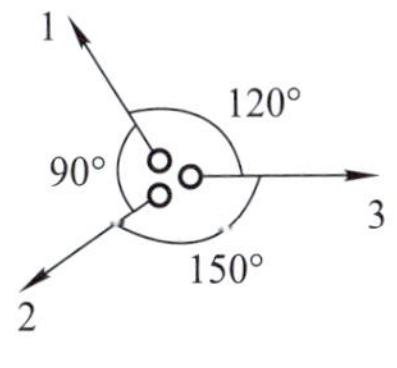

题 7 图

8. 一质量为 m、半径为 R 的均质小球静止在水平桌面上,小球和桌面之间的动摩擦系数为 μ,最大静摩擦力等于滑动摩擦力,重力加速度大小为 g.用一根水平轻杆击打小球,击打位置位于球心所在的水平面上,击打方向正对球心,击打时间极短,小球获得的水平冲量为 P.从击打结束开始经________时间后小球开始纯滚动,小球开始纯滚动时的速度为________.已知小球绕球心的转动惯量为 $\frac{2}{5}mR^2$.

9. 气温为 25℃时,在体积为 V 的导热容器中装有湿度为 80%、压强为 p(干燥空气与水蒸气的分压之和)的空气.保持温度不变,当容器体积缓慢压缩为________时开始有水蒸气液化;此时固定容器体积,将温度降低到 0℃后,容器内的压强为__________.设 25℃和 0℃时水的饱和蒸气压分别为 p_1 和 p_2,液化后生成的水的体积可忽略.

10. 等厚干涉常被用来检测工件的表面平整度.如图所示,在经过加工的工件表面放一块薄光学平板玻璃,平板玻璃和工件表面的夹角为 θ(θ 很小).用波长为 λ 的单色光垂直照射工件,垂直于工件表面观测时干涉条纹的间距为________;若观测到如图所示的干涉条纹畸变,则说明工件表面是________(填“下凹”或“上凸”)的.

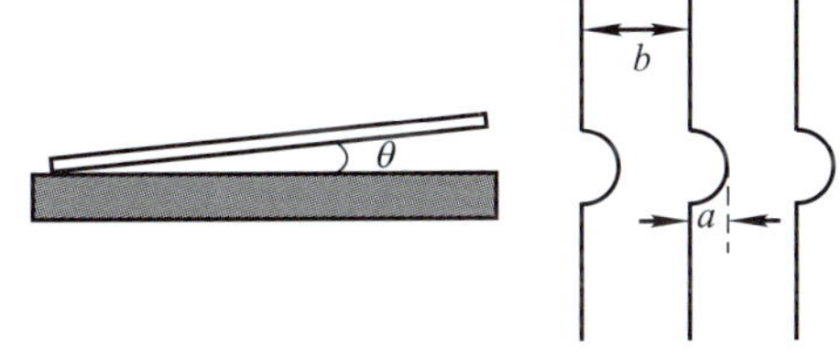

题 10 图

三、计算题

11. 如图所示,物块 a,b 叠放在一倾角为 θ 的物块 c 的斜面上,物块 c 置于水平地面上.已知物块 a,b,c 的质量均为 m,物块 b 的上表面水平且足够宽,重力加速度大小为 g.不计所有接触面的摩擦.开始时,用外力使物块 a,b,c 均处于静止状态.求撤除该外力后,在物块 b 到达物块 c 斜面的底端之前,各物块运动的加速度以及物块 a,b 之间以及物块 b,c 之间的正压力大小.

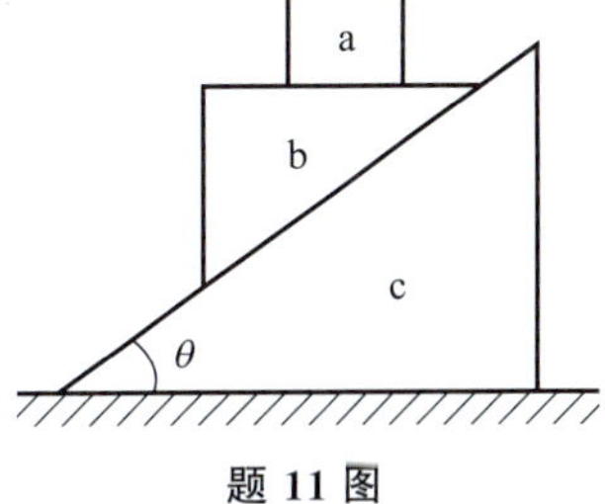

题 11 图

12. 如图所示,长度为 L、质量为 m 的均匀金属杆两端靠在直角绝缘导轨的两臂上,导轨的两臂分别沿水平与竖直方向.初始时刻金属杆静止,与竖直导轨成 30°角.不计一切摩擦.

(1) 试求当杆下滑到与竖直导轨成 60°角时杆的质心的速度;

(2) 假设存在垂直于导轨所在平面(纸面)向里的均匀磁场,磁感应强度大小为 B,求当杆下滑到与竖直导轨成 60°角时杆两端的感应电

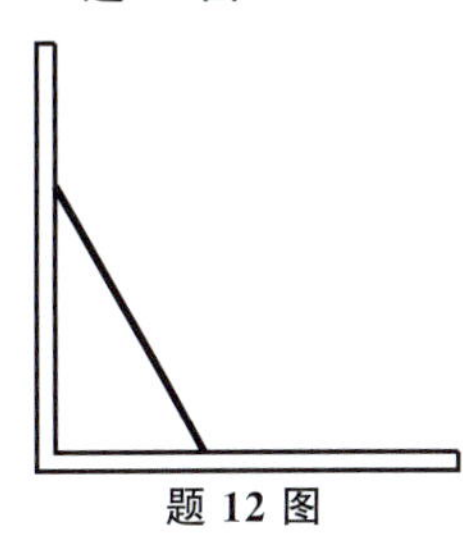

题 12 图

动势.

13. 6 个小朋友在操场上玩追逐游戏.开始时,6 个小朋友两两间距离相等,构成一正六边形.然后每个小朋友均以不变的速率 v 追赶前面的小朋友(即小朋友 1 追 2,2 追 3,3 追 4,4 追 5,5 追 6,6 追 1),在此过程中,每个小朋友的运动方向总是指向其前方的小朋友.已知某一时刻 $t_0=0$,相邻两个小朋友的距离为 l,如图所示.试问:

题 13 图

(1) 从 t_0 时刻开始,又经过多长时间后面的小朋友可追到前面的小朋友?

(2) 从 t_0 时刻开始,直至追上前面的小朋友,每个小朋友又跑了多少路程?

(3) 在 t_0 时刻,每个小朋友的加速度大小是多少?

14. 如图所示,一薄凹透镜焦距为 −20.00 cm,一点光源 S 位于该透镜左边并在透镜主轴的正上方,S 在该透镜主轴上的投影距透镜中心 O 点 32.00 cm,S 离光轴距离为 0.30 cm.透镜的右边 40.00 cm 处有一曲率半径为 10.00 cm 的凹面镜 M,其反射面对着透镜并垂直于主轴放置.试在傍轴近似条件下,求最终点光源 S 所成的像点 S′相对于 S 的位置;说明此像是实像还是虚像.

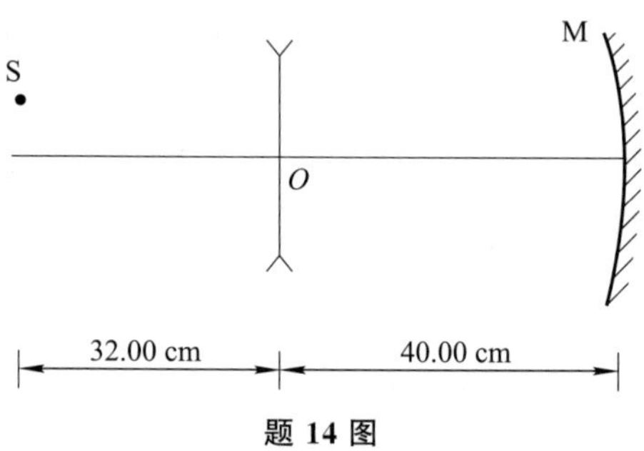

题 14 图

15. 如图所示,横截面积为 S 的密闭容器直立在桌面上,容器中有一质量为 M 的活塞将容器分为 A,B 两室,A 室容积为 V_1,活塞与器壁之间的摩擦可忽略.A 室中有质量为 m 的氦气,B 室中有水蒸气和少量液态水.保持温度不变,将容器缓慢水平放置,B 室中仍有液态水.已知当前温度下水蒸气饱和蒸气压为 p,水的汽化热为 L,氦气和水蒸气的摩尔质量分别为 μ_1 和 μ_2.重力加速度大小为 g.水的体积可忽略.求容器从竖直放置到水平放置的过程中,

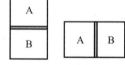

题 15 图

(1) A 室体积的改变;

(2) B 室从外界吸收的热量.

16. 运算放大器是模拟信号处理的重要元件,其电路元件符号如图(a)所示,理想的运算放大器有两个输入端(正向+、反向−)和一个输出端.在工作时,运算放大器两个输入端的电势相等,但是并没有电流流入或流出运算放大器.

(1) 若正向输入端接地,试给出如图(b)所示的连接电路的输出电压 U_{out} 和输入电压 U_{in} 之间的关系.

(2) 如图(c)所示,运算放大器正向和反向输入端均有信号输入.试给出输出电压 U_{out} 与输入信号 U_{in1} 和 U_{in2} 之间的关系;并指出当 R_1,R_2,R_3 和 R_f 之间满足何种关系时有 $U_{out}=U_{in2}-U_{in1}$.

(3) 若将(1)问图(b)中的 R_f 换成电容 C,并输入如图(d)所示的方波电压,试画出输出电压 U_{out} 的波形.

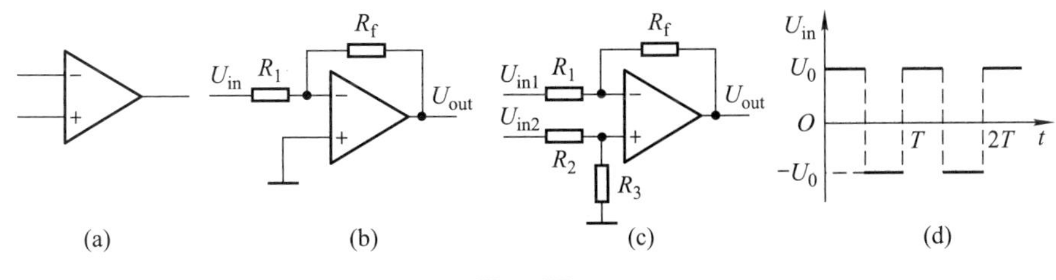

题 16 图

参考解答

一、选择题

1\. D　　2. C　　3. C　　4. C D　　5. B

二、填空题

6\. 1.7 km/s，2.4 km/s

7\. $1:\sqrt{3}$，$\sqrt{3}:2$

8\. $\dfrac{2P}{7\mu mg}$，$\dfrac{5P}{7m}$

9\. $\dfrac{4}{5}V$，$\dfrac{273}{298}\left(\dfrac{5}{4}p-p_1\right)+p_2$

10\. $\dfrac{\lambda}{2\sin\theta}$或$\dfrac{\lambda}{2\theta}$或$\dfrac{\theta}{2\tan\theta}$，上凸

三、计算题

11\. 设物块 a，b 之间的正压力大小为 N_1，物块 b，c 之间的正压力大小为 N_2，物块 a 的加速度方向向下，大小为 a_a；物块 c 的加速度方向向右，大小为 a_c；物块 b 加速度大小为 a_b，与水平方向夹角为 θ，沿竖直向下的加速度大小为 $a_{b竖直}$，沿水平向左的加速度大小为 $a_{b水平}$. 三个物块的质量均为 m. 由牛顿第二定律有

$$mg-N_1=ma_a, \tag{①}$$

$$mg+N_1-N_2\cos\theta=ma_{b竖直}, \tag{②}$$

$$N_2\sin\theta=ma_{b水平}, \tag{③}$$

$$N_2\sin\theta=ma_c. \tag{④}$$

物块运动的加速度大小满足约束条件

$$a_a=a_{b竖直}, \tag{⑤}$$

$$\tan\theta=\frac{a_{b竖直}}{a_{b水平}+a_c}. \tag{⑥}$$

联立以上各式得

$$a_a=a_{b竖直}=\frac{4}{4+\cot^2\theta}g, \tag{⑦}$$

$$a_c=a_{b水平}=\frac{2}{4\tan\theta+\cot\theta}g. \tag{⑧}$$

物块 b 的加速度大小为

$$a_{\mathrm{b}}=\sqrt{a_{\mathrm{b竖直}}^{2}+a_{\mathrm{b水平}}^{2}}=\frac{2g\tan\theta}{\sqrt{1+4\tan^{2}\theta}}, \tag{9}$$

其方向与水平方向的夹角为

$$\alpha=\arctan(2\tan\theta). \tag{10}$$

$$N_{1}=\frac{\cot^{2}\theta}{4+\cot^{2}\theta}mg, \tag{11}$$

$$N_{2}=\frac{2\cos\theta}{3\sin^{2}\theta+1}mg. \tag{12}$$

12. (1) 由能量守恒得

$$mg\frac{L}{2}\sin60^{\circ}=mg\frac{L}{2}\sin30^{\circ}+\frac{1}{2}mv_{\mathrm{C}}^{2}+\frac{1}{2}I\omega^{2}, \tag{1}$$

式中 I 为杆绕其质心的转动惯量，

$$I=\frac{1}{12}mL^{2}, \tag{2}$$

v_{C} 为杆的质心 C 的速度，ω 为杆的转动角速度，

$$v_{\mathrm{C}}=\omega\frac{L}{2}. \tag{3}$$

联立以上各式，解得

$$v_{\mathrm{C}}=\sqrt{\frac{3(\sqrt{3}-1)}{8}gL}. \tag{4}$$

(2) 整个杆在均匀磁场的横截面内运动，且可视为整个杆以其质心 C 的速度 v_{C} 平动与以角速度 ω 绕其质心 C 的转动，后者对感应电动势的贡献相互抵消.因此仅考虑杆的平动即可.取直角绝缘导轨的交点为原点，水平与竖直方向的导轨分别为 x 轴和 y 轴.杆的质心的坐标为

$$x_{\mathrm{C}}=\frac{L}{2}\sin\theta, \tag{5}$$

$$y_{\mathrm{C}}=\frac{L}{2}\cos\theta, \tag{6}$$

式中 θ 为杆在时刻 t 与竖直导轨所成的角度.于是有

$$v_{\mathrm{C}x}=\omega\frac{L}{2}\cos\theta, \tag{7}$$

$$v_{\mathrm{C}y}=-\omega\frac{L}{2}\sin\theta, \tag{8}$$

故杆的质心 C 的速度方向由

$$\tan\alpha\equiv\frac{v_{\mathrm{C}y}}{v_{\mathrm{C}x}}=-\tan\theta \tag{9}$$

确定，即杆的质心 C 的速度方向斜向下，且与水平方向夹角为 θ，对于本题有 $\theta=60^{\circ}$.于是杆两端的感应电动势为

$$\xi=BLv_{\mathrm{C}}\cos60^{\circ}=\frac{BLv_{\mathrm{C}}}{2}=\frac{BL}{4}\sqrt{\frac{3(\sqrt{3}-1)}{2}gL}, \tag{10}$$

电动势的方向从杆的上端指向下端(即下端为正极).

13. 由对称性知,每个小朋友运动情况是一样的,以小朋友1为例.

(1) 在从小朋友1到小朋友2的连线方向上,小朋友1相对于小朋友2的速度分量为

$$v_r = v - v\cos 60° = \frac{v}{2}. \quad ①$$

小朋友1追上小朋友2的时间为

$$t = \frac{l}{v_r} = \frac{2l}{v}. \quad ②$$

(2) 从 t_0 时刻开始,直至追上前面的小朋友,每个小朋友所跑的路程为

$$s = vt = 2l. \quad ③$$

(3) 取小朋友1的运动轨迹为自然坐标系,其切向加速度为

$$a_\tau = \frac{dv}{dt} = 0. \quad ④$$

如解题13图所示,设经 dt 时间小朋友1运动到 $1'$ 点,小朋友2运动到 $2'$ 点,小朋友1的速度方向变为从 $1'$ 点指向 $2'$ 点,转过的角度为 $d\theta$.由余弦定理得

$$\begin{aligned} l_{1'2'} &= \sqrt{l_{1'2}^2 + (v dt)^2 - 2l_{1'2} v dt \cos 120°} \\ &= \sqrt{(l - v dt)^2 + (v dt)^2 - 2(l - v dt) v dt \cos 120°} \\ &= \sqrt{(l - v dt)^2 + (v dt)^2 + (l - v dt) v dt} \\ &= \sqrt{l^2 - 2lv dt + 2(v dt)^2 + lv dt - (v dt)^2} \\ &= \sqrt{l^2 - lv dt + (v dt)^2} \\ &\approx l - \frac{1}{2} v dt, \end{aligned} \quad ⑤$$

解题13图

由正弦定理得

$$\frac{l_{1'2'}}{\sin 120°} = \frac{v dt}{\sin(d\theta)} = \frac{v dt}{d\theta}, \quad ⑥$$

式中 $d\theta$ 为△$1'22'$ 中边 $l_{1'2}$ 与 $l_{1'2'}$ 之间的夹角.小朋友1运动的角速度为

$$\omega = \frac{d\theta}{dt} = \frac{v \sin 120°}{l_{1'2'}} = \frac{\sqrt{3} v}{2\left(l - \frac{1}{2} v dt\right)} \approx \frac{\sqrt{3} v}{2l}, \quad ⑦$$

小朋友1运动的法向加速度为

$$a_n = \frac{v^2}{\rho} = \omega v = \frac{\sqrt{3} v^2}{2l}, \quad ⑧$$

则小朋友1的加速度大小为

$$a = \sqrt{a_\tau^2 + a_n^2} = \frac{\sqrt{3} v^2}{2l}. \quad ⑨$$

14. 点光源S到主光轴的距离为 $h = 0.30$ cm.S经凹透镜成像 S_2,物距(即S到主光轴的投影 S_1 到 O 点的距离) $s_1 = -32.00$ cm,像方焦距 $f_1' = -20.00$ cm,设像距为 s_1',由成像公式有

$$\frac{1}{s_1'} - \frac{1}{s_1} = \frac{1}{f_1'}, \quad ①$$

可得

$$s_1'=-12.31\ \text{cm},\tag{②}$$

横向放大率

$$\beta_1=\frac{s_1'}{s_1}=0.3847.\tag{③}$$

S_2 经凹面镜成像 S_3，物距 $s_2=s_1'-40.00\ \text{cm}=-52.31\ \text{cm}$，曲率半径 $r=-10.00\ \text{cm}$，物距设为 s_2'，由成像公式有

$$\frac{1}{s_2'}+\frac{1}{s_2}=\frac{2}{r},\tag{④}$$

可得

$$s_2'=-5.53\ \text{cm},\tag{⑤}$$

横向放大率

$$\beta_2=-\frac{s_2'}{s_2}=-0.1057.\tag{⑥}$$

如解题 14 图，S_3 经凹透镜成像 S'，物距

$$s_3=s_2'+40.00\ \text{cm}=34.47\ \text{cm},$$

像方焦距 $f_3'=20.00\ \text{cm}$，像距设为 s_3'，由成像公式有

$$\frac{1}{s_3'}-\frac{1}{s_3}=\frac{1}{f_3'},\tag{⑦}$$

可得

$$s_3'=12.66\ \text{cm},\tag{⑧}$$

解题 14 图

横向放大率

$$\beta_3=\frac{s_3'}{s_3}=0.3673.\tag{⑨}$$

S'到主光轴的距离为

$$h'=h\beta_1\beta_2\beta_3=-0.0045\ \text{cm},\tag{⑩}$$

即像点 S'在 S 右方 44.66 cm，光轴下方 0.0045 cm 处，所成像为虚像.

15.（1）考虑 A 室.在竖直状态下，由状态方程得

$$p_A V_1=\frac{m}{\mu_1}RT,\tag{①}$$

式中 R 为普适气体常量.由力学平衡条件得

$$p_A+\frac{Mg}{S}=p,\tag{②}$$

根据题意，这里的 p 实际上是水蒸气在温度 T 下的饱和蒸气压.

在水平状态下，由状态方程得

$$p_A'V_1'=\frac{m}{\mu_1}RT,\tag{③}$$

式中 p_A'和 V_1'分别为 A 室在水平状态下的压强和容积.由力学平衡条件得

$$p_A'=p.\tag{④}$$

由以上各式得,A 室容积减少了

$$\Delta V \equiv V_1 - V_1' = V_1 - \frac{mRT}{\mu_1 p} = V_1 - \frac{p_A}{p}V_1 = \frac{Mg}{pS}V_1. \quad ⑤$$

(2) 考虑 B 室.在竖直情况下,由状态方程得

$$pV_2 = \frac{m_1}{\mu_2}RT, \quad ⑥$$

式中 m_1 为水蒸气的质量.在水平情况下,由状态方程得

$$p(V_2 + \Delta V) = \frac{m_2}{\mu_2}RT, \quad ⑦$$

式中 m_2 为水蒸气的质量.联立⑤,⑥,⑦式得

$$m_1 = \frac{\mu_2 p V_2}{RT}, \quad ⑧$$

$$m_2 = \frac{\mu_2 p(V_2 + \Delta V)}{RT} = \frac{\mu_2 p\left(V_2 + \dfrac{Mg}{pS}V_1\right)}{RT}. \quad ⑨$$

由能量守恒得,B 室从外界吸收的热量(汽化热)为

$$Q = L(m_2 - m_1), \quad ⑩$$

将⑧,⑨式代入⑩式得

$$Q = \frac{\mu_2 L}{RT}\frac{MgV_1}{S}. \quad ⑪$$

由①,②式得

$$T = \frac{\mu_1 V_1}{mR}\left(p - \frac{Mg}{S}\right), \quad ⑫$$

由⑪,⑫式得

$$Q = \frac{\mu_2}{\mu_1}\frac{Mg}{pS - Mg}mL. \quad ⑬$$

16. (1) 考虑题 16 图(b).由运算放大器两个输入端的电势相等以及正向输入端接地,有

$$U_+ = U_- = 0. \quad ①$$

由于没有电流流入或流出运算放大器,通过 R_1 和 R_f 的电流应相等

$$\frac{U_{in} - U_-}{R_1} = \frac{U_- - U_{out}}{R_f}. \quad ②$$

由①,②式得

$$U_{out} = -\frac{R_f}{R_1}U_{in}. \quad ③$$

(2) 考虑题 16 图(c).U_+ 和 U_- 分别满足

$$U_+ = \frac{R_3}{R_2 + R_3}U_{in2}, \quad ④$$

$$U_- = \frac{U_{in1} - U_{out}}{R_1 + R_f}R_f + U_{out} = \frac{R_f}{R_1 + R_f}U_{in1} + \frac{R_1}{R_1 + R_f}U_{out}. \quad ⑤$$

由④,⑤式和 $U_+ = U_-$ 得,输出电压 U_{out} 与输入信号 U_{in1} 和 U_{in2} 之间的关系为

$$\frac{R_1}{R_1+R_f}U_{out}=\frac{R_3}{R_2+R_3}U_{in2}-\frac{R_f}{R_1+R_f}U_{in1},$$

或

$$U_{out}=\frac{R_1+R_f}{R_2+R_3}\frac{R_3}{R_1}U_{in2}-\frac{R_f}{R_1}U_{in1}. \tag{6}$$

将题给条件

$$U_{out}=U_{in2}-U_{in1}$$

代入⑥式有

$$\frac{R_1}{R_1+R_f}(U_{in2}-U_{in1})=\frac{R_3}{R_2+R_3}U_{in2}-\frac{R_f}{R_1+R_f}U_{in1}.$$

输入电压 U_{in1} 和 U_{in2} 相互独立,故

$$\frac{R_1}{R_1+R_f}=\frac{R_3}{R_2+R_3},$$

$$\frac{R_1}{R_1+R_f}=\frac{R_f}{R_1+R_f},$$

或

$$R_1=R_f, \tag{7}$$

$$R_2=R_3. \tag{8}$$

(3) 考虑题 16 图(b),图中 R_f 换成了电容 C.由运算放大器两个输入端的电势相等以及正向输入端接地,有

$$U_+=U_-=0. \tag{9}$$

由于没有电流流入或流出运算放大器,所以通过 R_1 和 C 的电流相等,即

$$\frac{U_{in}-U_-}{R_1}=C\left(\frac{dU_-}{dt}-\frac{dU_{out}}{dt}\right). \tag{10}$$

由⑨,⑩式得

$$\frac{dU_{out}}{dt}=-\frac{U_{in}}{CR_1}=-\frac{U_0}{CR_1}\text{sign }U_{in}, \tag{11}$$

式中

$$\text{sign }x=\begin{cases}+1, & x>0,\\ -1, & x<0.\end{cases}$$

可见,U_{out}-t 是斜率分段为常数的折线,即解题 16 图所示的三角波形电压.

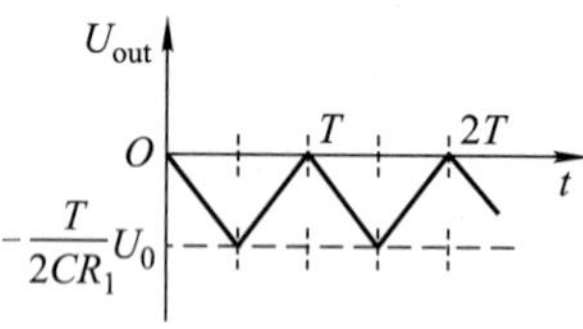

解题 16 图

复赛试题及参考解答

试　题

一、一宽束平行光正入射到折射率为 n 的平凸透镜左侧平面上，会聚于透镜主轴上的 F 点，系统过主轴的截面如图所示，P 点为平凸透镜平面的圆心.已知凸透镜顶点 O 到 F 点的距离为 r_0.

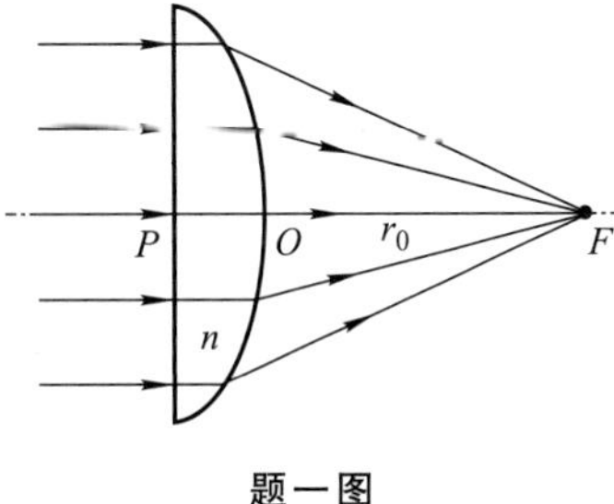

题一图

(1) 试在极坐标系中求所示平凸透镜的凸面形状，并表示成直角坐标系中的标准形式.

(2) 在如图所示的光学系统中，共轴地插入一个折射率为 n' 的平凹透镜（平凹透镜的平面在凹面的右侧，顶点在 O，F 点之间的光轴上，到 F 的距离为 r_0'，$r_0'<r_0$），使原来会聚到 F 点的光线经平凹透镜的凹面折射后平行向右射出.

i. 在极坐标系中求所插入的平凹透镜的凹面形状，并表示成直角坐标系中的标准形式；

ii. 已知通过平凸透镜后的会聚光线与主轴的夹角 θ 的最大值为 $\theta_{\max}$，求入射平行圆光束与出射平行圆光束的横截面半径之比.

二、如图所示，一端开口的薄壁玻璃管竖直放置，开口朝上，玻璃管总长 $l=75.0$ cm，横截面积 $S=10.0\ \mathrm{cm}^2$，玻璃管内用水银封闭一段理想气体，水银和理想气体之间有一薄而轻的绝热光滑活塞，气柱高度与水银柱高度均为 $h=25.0$ cm.已知该理想气体初始温度 $T_0=400$ K，定容摩尔热容 $c_V=\dfrac{5}{2}R$，其中 $R=8.31\ \mathrm{J/(mol\cdot K)}$ 为普适气体常量；水银密度 $\rho=13.6\times10^3\ \mathrm{kg/m^3}$，大气压强 $p_0=75.0$ cmHg①，重力加速度大小 $g=9.80\ \mathrm{m/s^2}$.

题二图

(1) 过程 A：对封闭的气体缓慢加热，使水银上液面恰好到达玻璃管开口处，求过程 A 中封闭气体对外所做的功；

(2) 过程 B：继续对封闭气体缓慢加热，直至水银恰好全部流出为止（薄活塞恰好与玻璃管开口平齐），通过计算说明过程 B 能否缓慢稳定地发生，计算过程 B 中封闭气体所吸收的热量.

忽略玻璃管和水银的热膨胀效应，计算结果保留三位有效数字.

三、如图所示，一个半径为 r 的均质超球在上、下两个固定的平行硬板之间弹射，与两板接连碰撞 3 次后，几乎返回原处；取 x 轴水平向右，y 轴竖直向下，z 轴正向按右手螺旋法则确定.开始时球心速度的水平分量为 v_{0x}，z 方向的分量为 0，球绕过球心的轴（平行于 z 轴）的角速度大小为 ω_{0z}（$\omega_{0z}<v_{0x}/r$）.不考虑重力.

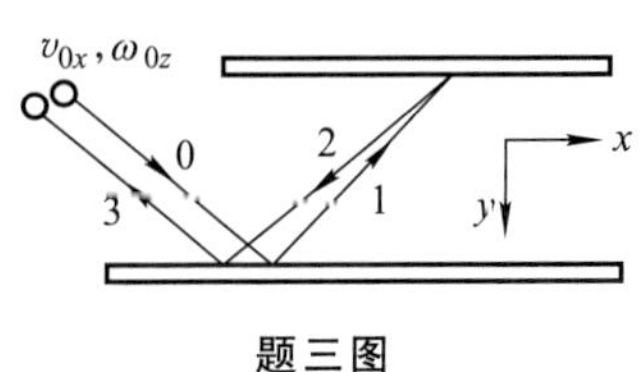

题三图

(1) 求超球与板第 1 次碰撞后球心速度的水平分量 v_{1x} 和球转动的角速度 ω_{1z}；

① 1 cmHg=1333.224 Pa

(2) 求超球与板第 2 次碰撞后球心速度的水平分量 v_{2x} 和球转动的角速度 ω_{2z}；

(3) 求超球与板第 3 次碰撞后球心速度的水平分量 v_{3x} 和球转动的角速度 ω_{3z}.

提示：已知一质量为 m、半径为 r 的均质球体绕过球心的轴的转动惯量为 $J=2mr^2/5$. 超球是一种硬质橡皮球体，它在硬板面上的反跳可视为是完全弹性的，即在接触点无滑动，它在接触点受到静摩擦力与正压力时产生的切向形变和法向形变可视为是弹性的，为简化起见，假设这两种形变是彼此无关的(因而相应的弹力均为保守力).

四、一枚小的永磁针可视为一个半径很小的电流环，其磁矩 $\boldsymbol{\mu}$ 的大小为 $\mu=IS$(I 为固有不变的环电流，$S=\pi R^2$，R 为电流环的半径)，方向与电流环所在的平面垂直，且与电流方向成右手螺旋关系，如图所示.两枚小磁针 A 和 B 的磁矩大小保持不变均为 μ，质量均为 m.取竖直向下的方向为 z 轴正方向建立坐标系.将 A 固定在坐标系的原点 O 上，其磁矩方向沿 x 轴正方向；将 B 置于 A 的正下方.已知真空的磁导率为 μ_0，重力加速度大小为 g.

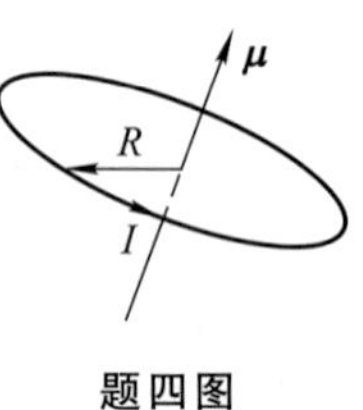

题四图

(1) 假设 B 的磁矩方向与 x 轴成 θ 角，其质心坐标为 $(0,0,z)$ $(z\gg R)$，求 A，B 之间的相互作用势能.

(2) 假设 z 不变，求 B 处于稳定平衡时与 x 轴所成的角 $\theta_{稳}$(所谓稳定平衡是指：在小扰动下，B 的磁矩指向若偏离了 $\theta_{稳}$，则仍有回到原来指向的趋势).

(3) 现假设 z 可以变化，但 B 的磁矩与 x 轴所成的角 $\theta=\theta_{稳}$，求 B 的受力平衡位置，并说明此平衡位置是否为稳定平衡位置(所谓不稳定平衡是指：在小的扰动下，B 在重力的作用下掉落，或者被 A 吸附过去).

五、原子激光制冷是一种利用激光使原子减速、降低原子温度的技术.冷原子实验中减速原子束流的塞曼减速装置如图所示：一束与准直后的原子束流反向传播的单频激光与原子发生散射，以达到使原子减速的目的.原子和光子的散射过程可理解为原子吸收光子，随即各向同性地发射相同能量光子的过程.单位时间内一个原子散射光子的数目称为散射速率.当原子的能级与激光频率共振时，原子散射光子的散射速率最大，减速效果最好.然而，在正常情况下，当原子速度改变(被减速)后，由于多普勒效应，原子与激光不再共振，造成减速暂停.塞曼减速装置根据原子跃迁频率会受磁场影响的特性(塞曼效应：原子的能级会受到外磁场影响，从而能级间跃迁所吸收的光的频率也会受到外磁场的影响)，利用随空间变化的磁场来补偿多普勒效应的影响，使原子在减速管中处处与激光共振，直至将原子减速至接近静止.

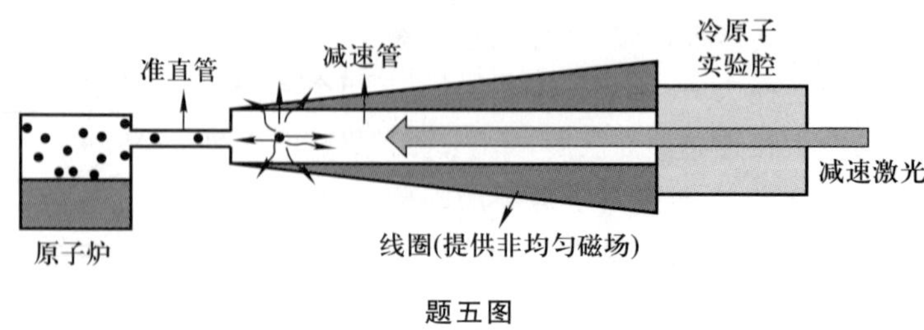

题五图

(1) 考虑被加热到 350℃的 ^{40}K 原子气体，问准直后(假设准直后原子只有一个方向的自由度)的原子的方均根速率 v_0 是多少？

(2) 激光与对应的原子跃迁共振时，原子对光子的散射速率为 $\Gamma=5.00\times10^6\ \mathrm{s}^{-1}$.已知用于减速原子的激光波长是 670 nm，问原子做减速运动时的加速度 a 为多少？具有方均根速率 v_0 的 ^{40}K 原子一直被激光共振减速至静止所需的距离是多少？

(3) 不考虑磁场的影响，问激光频率应该比原子静止时的激光共振频率减小多少才能与以方均根速率 v_0（向着光源方向）运动的原子发生共振跃迁？

(4) 已知在磁场的作用下，原子对应的跃迁的频率随磁感应强度变大而线性变小（塞曼效应）

$$f_0(B)=f_0(B=0)+\beta B,$$

式中系数 $\beta=-1.00\times10^{10}$ Hz/T.假设在准直管出口处（$z=0$）^{40}K 原子以方均根速率 v_0 朝激光射来的方向运动，同时假设在准直管出口处（$z=0$）的磁感应强度 B 为 0.为了使原子在减速管中（直至原子减速至接近静止）处处被激光共振减速，需要加上随着离准直管出口处距离 z 而变化的磁场来补偿多普勒效应的影响.试求需要加上的磁场的磁感应强度 $B(z)$ 与 z 的关系.

已知普朗克常量 $h=6.626\times10^{-34}$ J·s，玻尔兹曼常量 $k_B=1.38\times10^{-23}$ J/K，单位原子质量 1 u$=1.66\times10^{-27}$ kg.

六、如图所示，在真空中两个同轴放置的无限长均匀带电的薄壁圆筒，圆筒的半径分别为 r_1 和 r_2；在平行于筒轴方向上，单位长度内、外圆筒的质量均为 m，单位长度内、外圆筒分别带有 $q(q>0)$，$-q$ 的电荷.两个圆筒均可以各自绕其中心轴自由旋转.已知真空的电容率和磁导率分别为 ε_0 和 μ_0.

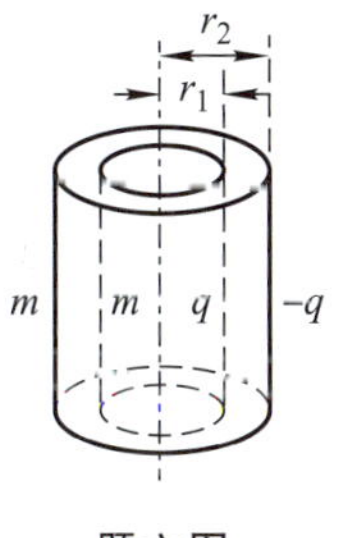

题六图

(1) 计算在距离轴 r 处的电场强度；

(2) 当内、外圆筒以相同的角速度 ω 同向旋转时，求空间中的磁感应强度分布.

(3) 若在内圆筒处（$r=r_1$），从静止释放一个质量为 μ，电荷量为 Q（Q 与 q 同号）的点电荷，试分析当 ω 满足什么条件时，此点电荷能够在电磁场的作用下到达外圆筒处（$r=r_2$）.

(4) 若初始时内、外圆筒均静止，现对外圆筒施加一力矩使其开始旋转，当外圆筒的角速度达到 Ω 时，试计算

i. 内圆筒转动的角速度 ω；

ii. 在从初始时直至外圆筒的角速度达到 Ω 的整个过程中，沿轴向单位长度的外圆筒所受到的外力矩（不包括两圆筒感应电磁场作用力的力矩）M 的总冲量矩 J；

iii. 沿轴向单位长度的内、外圆筒的总的机械角动量 L.

七、一简化的汽车力学模型如图所示：半径为 r、质量均为 m 的前轮（两个前轮视为一个物体 m）和后轮（两个后轮视为一个物体 m）分别视为均质圆柱刚体，前、后轮轴相距 l；刚体车身质量为 M，质心位于前、后轮轴正中，且与两轮轴所在平面相距 h.车轮与地面之间的滑动摩擦系数为 μ（假定最大静摩擦力等于滑动摩擦力）.忽略空气阻力和车轮转动过程中转轴受到的摩擦力矩.重力加速度大小为 g.任一半径为 r、质量为 m 的均质圆柱相对于中心轴的转动惯量为 $J=mr^2/2$.

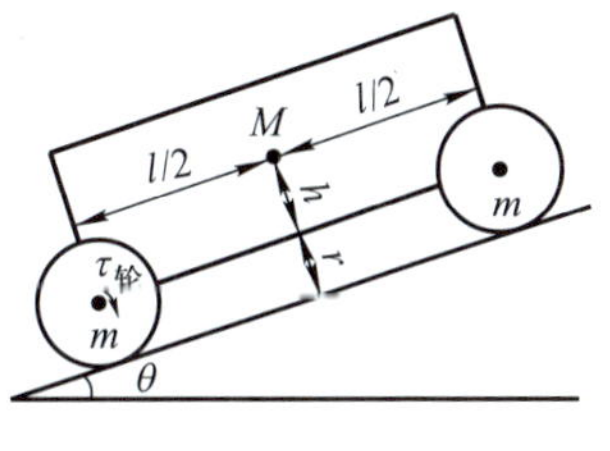

题七图

(1) 假定某时刻汽车在倾角为 θ 的斜坡（斜面）上无滑动地向上加速运动，车身的加速度为 a；前、后轮与地面的正压力均大于零，分别求出前轮和后轮与地面的正压力 $N_{前}$ 和 $N_{后}$.据此确定为了使前轮不离开地面，加速度的最大安全值 $a_{安全}$（此后始终假定 $a<a_{安全}$）.

(2) 假定汽车在倾角为 θ 的斜坡上做加速运动.在时刻 t,车身上的发动机为后轮提供顺时针的力矩 $\tau_{轮}$.忽略车轮旋转时与车身之间的摩擦,并假定车轮与地面摩擦系数 μ 足够大,使得车轮与地面之间不发生滑动.求车身此时的加速度 a.

(3) 发动机和车轮通过变速器连接,假定变速器的机械效率为 100%,发动机转速 ω 是车轮转速 $\omega_{轮}$ 的 r_i 倍(变速比).根据前面结论分别计算 A 型电动汽车在水平地面($\theta=0°$)和 30° 上坡($\theta=30°$)的最大加速度 $a(0°)$ 和 $a(30°)$.计算为了使这两种情况下车轮与地面不发生滑动,摩擦系数 μ 需要的最小值 μ_{min}.本问可利用的数据:A 型电动汽车的参数 $M=1.8\times10^3$ kg, $h=0.10$ m, $r=0.40$ m, $l=2.9$ m,发动机最大输出力矩 $\tau=4.0\times10^2$ N·m,变速比 $r_i=10$,车轮质量 m 相对于车身质量可忽略; $g=9.8$ m·s^{-2}.

数值结果保留两位有效数字.

八、一简化电动汽车模型如图所示,半径为 r、质量均为 m 的前轮(两个前轮视为一个物体 m)和后轮(两个后轮视为一个物体 m)分别视为均质圆柱刚体;刚体车身质量为 M,质心位于前、后轮轴正中.忽略空气阻力,忽略车轮转动过程中转轴受到的摩擦力矩.

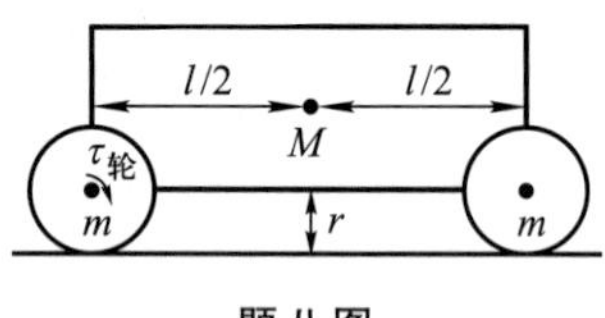

题八图

(1) 很多电动汽车的发动机是永磁直流电机.在简化模型中,电机动子线圈始终在均匀恒定磁场 $\boldsymbol{B}$ 中运动并垂直切割磁感线,切割磁感线的线圈导线总长度为 $l_{线圈}$,转动轨迹的半径为 $r_{线圈}$,线圈总电阻为 $R_{线圈}$,线圈自感可忽略.为线圈提供电流的电池的开路电压为 V,内阻为 $R_{内}$.若电机运动部分之间摩擦可忽略,求电机的输出力矩 τ 与电机转速 ω 之间的关系 $\tau(\omega)$,最大输出力矩 τ_{max},输出力矩为零时的最大转速 ω_{max},以及最大输出功率 P_{max}.为方便此后的计算,将 $\tau(\omega)$ 中涉及的常量用 τ_{max}, ω_{max} 和 P_{max} 表示.

(2) 考虑水平地面上汽车从 $t=0$ 时刻的静止状态开始加速的过程,已知在车轮与地面之间不发生滑动的情形下,车身质心在时刻 t 的加速度大小 a 满足

$$a=\frac{\tau_{轮}/r}{M+3m},$$

式中 $\tau_{轮}$ 是此时车身上的电机向后轮提供的顺时针的力矩.电机和车轮通过变速器连接,假定变速器的机械效率为 100%,电机转速与车轮转速之比(变速比)为 r_i.求车速 $v(t)$ 与时间 t 之间的关系.

(3) 利用 A 型汽车的参数数值和电机的最大输出功率 $P_{max}=2.0\times10^2$ kW,根据(2)问的结果,计算车速从零增加到 $v_f=100$ km/h 所需的时间.计算这个加速过程消耗的电池能量(以 kW·h 为单位)和电池能量转化为机械能的效率.本问可利用的数据和结果:A 型电动汽车的参数 $M=1.8\times10^3$ kg, $r=0.40$ m, $l=2.9$ m,电机最大输出力矩 $\tau=4.0\times10^2$ N·m,电机转速与车轮转速之比(变速比) $r_i=10$,车轮质量 m 相对于车身质量可忽略;任一半径为 r、质量为 m 的均质圆柱相对于中心轴的转动惯量为 $J=mr^2/2$.

数值结果保留两位有效数字.

参考解答

一、(1) 一束平行光入射到平凸透镜左侧平面上,会聚于透镜主轴上的 F 点.假设系统具有相对于主轴的旋转对称性,则只需在过主轴的平面上进行分析.如解题 1 图(a),考虑任一条离轴的光线 NMF 和 POF,它们从等相位的起始点(平凸透镜左侧平面上的入射点)至 F 点的

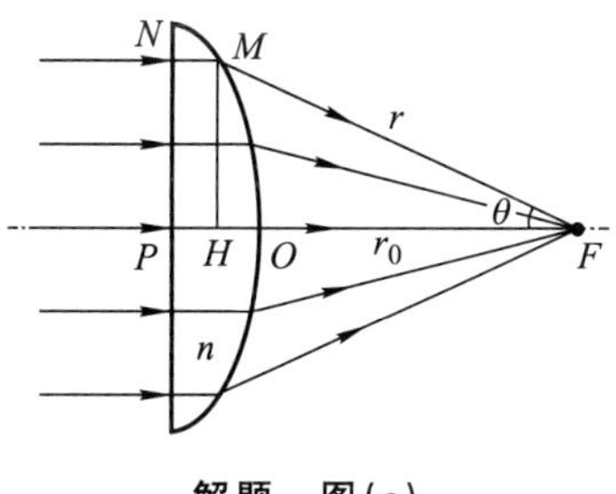

解题一图(a)

光程相等，考虑到 $NM=PH$（H 点是 M 点在 PO 上的垂足），有

$$MF=n\times HO+OF,$$

式中 n 是透镜的折射率；以焦点 F 作为极坐标的原点，即

$$r=n(r\cos\theta-r_0)+r_0, \qquad ①$$

其中 $r=MF$，$r_0=OF$. 由①式得

$$r=\frac{(1-n)r_0}{1-n\cos\theta}. \qquad ②$$

在直角坐标系（以从 F 点朝 O 点的射线为 x 轴，从 F 点竖直向下的轴为 y 轴）中有

$$r=\sqrt{x^2+y^2}, \qquad ③$$

$$\cos\theta=\frac{x}{\sqrt{x^2+y^2}}. \qquad ④$$

由①,③,④式得

$$\frac{\left(x-\frac{n}{n+1}r_0\right)^2}{\left(\frac{r_0}{n+1}\right)^2}-\frac{y^2}{\left(\frac{\sqrt{n^2-1}}{n+1}r_0\right)^2}=1, \qquad ⑤$$

这是直角坐标系中双曲线的标准形式

$$\frac{(x-g)^2}{a^2}-\frac{(y-h)^2}{b^2}=1,$$

故平凸透镜的凸面为旋转双曲面.

【解法二　将③,④式代入②式，得

$$\sqrt{x^2+y^2}=r_0(1-n)+nx,$$

整理得

$$(n^2-1)x^2+2n(1-n)r_0x-y^2+r_0(1-n)^2=0.$$

与直角坐标系中双曲线的标准形式

$$\frac{(x-g)^2}{a^2}-\frac{(y-h)^2}{b^2}=1$$

比较，可得

$$g=\frac{n}{n+1}r_0, h=0, a=\frac{r_0}{n+1}, \ b=\frac{\sqrt{n^2-1}}{n+1}r_0,$$

所以

$$\frac{\left(x-\frac{n}{n+1}r_0\right)^2}{\left(\frac{r_0}{n+1}\right)^2}-\frac{y^2}{\left(\frac{\sqrt{n^2-1}}{n+1}r_0\right)^2}=1,$$

故平凸透镜的凸面为旋转双曲面.】

(2) i. 由于光线进入凹透镜后，其传播方向平行于主轴，因此可以将凹透镜的厚度加厚，如解题1图(b)所示，不影响对问题的分析.考虑任一条离轴的光线 NMM' 和 $PHOO'$，它们从

等相位的起始点(平凸透镜左侧平面上的入射点)至相对于 F 点的垂直平面的光程(等相位点)相等,考虑到 $NM=PH$ (H 点是 M 点在 PO 上的垂足),有

$$MM'+n'M'N'=nHO+OO'+n'O'F,$$

即

$$(r-r')+n'r'\cos\theta=n(r\cos\theta-r_0)+(r_0-r_0')+n'r_0', \quad ⑥$$

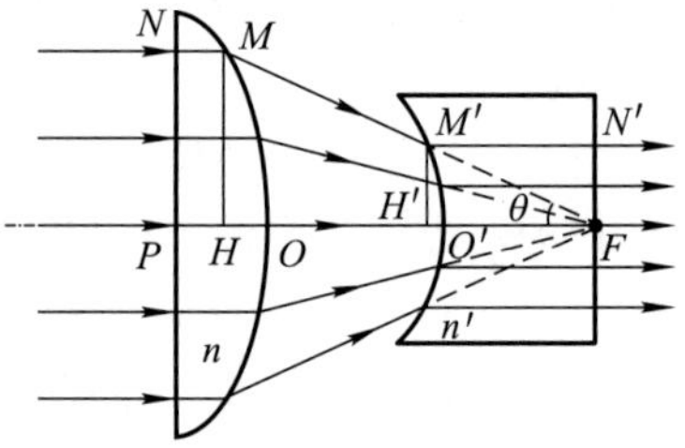

解题一图(b)

其中 $M'F=r'$,$O'F=r_0'$. 由①,⑥式得

$$-r'+n'r'\cos\theta=-r_0'+n'r_0'. \quad ⑦$$

这说明,在光线入射到平凹透镜虚焦点 F,然后平行于主轴从平凹透镜的平面侧射出的情形下,从 F 点反向(相对于光的传播方向)追溯到入射的界面(凹透镜表面),然后顺着光线传播方向平行于主轴向右传播至主轴的任一垂直面上的两条光线是等光程的.由⑦式得

$$r'=\frac{(1-n')r_0'}{1-n'\cos\theta}, \quad ⑧$$

它在直角坐标系中的形式为

$$\frac{\left(x-\dfrac{n'}{n'+1}r_0'\right)^2}{\left(\dfrac{r_0'}{n'+1}\right)^2}-\frac{y^2}{\left(\dfrac{\sqrt{n'^2-1}}{n'+1}r_0'\right)^2}=1, \quad ⑨$$

故平凹透镜的凹面也是旋转双曲面.

【解法二 ⑦式经整理后,可写成

$$r'=n'(r'\cos\theta-r_0')+r_0'.$$

与①式结构相同,只是在相应的量上加撇,所以可直接得到⑧,⑨式.故平凹透镜的凹面也是旋转双曲面.】

ii. 入射平行光束与出射平行光束的横截面尺寸之比为

$$k=\frac{MH|_{\max}}{M'H'|_{\max}}=\frac{r\sin\theta_{\max}}{r'\sin\theta_{\max}}, \quad ⑩$$

此即

$$\frac{(1-n)r_0}{1-n\cos\theta_{\max}}\sin\theta_{\max}=k\,\frac{(1-n')r_0'}{1-n'\cos\theta_{\max}}\sin\theta_{\max}, \quad ⑪$$

于是

$$k=\frac{(1-n)(1-n'\cos\theta_{\max})}{(1-n')(1-n\cos\theta_{\max})}\,\frac{r_0}{r_0'}. \quad ⑫$$

【解法二 由三角形的相似性

$$k=\frac{HF}{H'F}=\frac{r_0+HO}{r_0'+H'O'}, \quad ⑩'$$

其中

$$HO=r_{\max}\cos\theta_{\max}-r_0,\quad r_{\max}=\frac{(1-n)r_0}{1-n\cos\theta_{\max}},$$
$$H'O'=r'_{\max}\cos\theta_{\max}-r_0',\quad r'_{\max}=\frac{(1-n')r_0'}{1-n'\cos\theta_{\max}}, \quad ⑪'$$

所以

$$k=\frac{(1-n)(1-n'\cos\theta_{\max})}{(1-n')(1-n\cos\theta_{\max})}\frac{r_0}{r_0'}. \qquad ⑫'】$$

二、(1) 过程A中封闭气体初态体积为

$$V_1=Sh, \qquad ①$$

温度为

$$T_1=T_0, \qquad ②$$

初始压强为

$$p_1=p_0+\rho gh=4\rho gh, \qquad ③$$

末态压强为

$$p_2=p_1, \qquad ④$$

末态体积为

$$V_2=2Sh. \qquad ⑤$$

根据理想气体状态方程得

$$\frac{p_1V_1}{T_1}=\frac{p_2V_2}{T_2}, \qquad ⑥$$

由以上各式得

$$T_2=2T_0. \qquad ⑦$$

过程A是等压过程,此过程中封闭气体对外所做的功为

$$W_1=p_1(V_2-V_1)=4\rho ghSh=33.3\ \text{J}. \qquad ⑧$$

【或利用理想气体所做的功等于水银重力势能的增加和克服大气压对外做的功,即

$$W_1=\rho Shgh+p_0(V_2-V_1)=\rho Shgh+3\rho Shgh=33.3\ \text{J}. \qquad ⑧'$$

由于缓慢加热,水银的动能可以忽略.】

(2) 设过程B中水银柱的高度为x(单位:cm),若该过程可以缓慢稳定地发生,则要求水银柱高度在不断减小的过程中,满足气体状态方程的x始终有解.设对应于x的封闭气体压强为p,体积为V,温度为T,则

$$p=p_0+\rho gx=3\rho gh+\rho gx, \qquad ⑨$$

$$V=S(l-x)=S(3h-x). \qquad ⑩$$

根据理想气体状态方程有

$$\frac{pV}{T}=\frac{p_1V_1}{T_1}, \qquad ⑪$$

即

$$\frac{(3\rho gh+\rho gx)S(3h-x)}{T}=\frac{4\rho ghSh}{T_0} \qquad ⑫$$

或

$$9h^2-x^2=4h^2\frac{T}{T_0}.$$

解为

$$x=h\sqrt{9-4\frac{T}{T_0}}, \qquad ⑬$$

当 $T=2T_0$ 时，$x=h$ 是过程 B 的初始状态；当 $T=9T_0/4$ 时，$x=0$ 是过程 B 的末状态.由⑬式知，x 随 T 单调递减，所以过程 B 可以缓慢稳定地发生.

根据热力学第一定律，过程 B 中封闭气体总的吸热 Q 等于气体内能的增加 ΔU 和气体对外做的功 W_2，即

$$Q=\Delta U+W_2. \tag{14}$$

该理想气体的物质的量为

$$\mu=\frac{p_1V_1}{RT_1}=\frac{4\rho ghSh}{RT_0}\approx 1.00\times 10^{-2}\ \text{mol}. \tag{15}$$

理想气体内能只是其温度的函数，其增加量为

$$\Delta U=\mu C_V\left(\frac{9T_0}{4}-2T_0\right)\approx 20.8\ \text{J}, \tag{16}$$

此过程中气体对外做功等于水银重力势能的增加以及克服大气压所做的功，即

$$\begin{aligned}W_2&=\rho Shg\ \frac{h}{2}+p_0(V_3-V_2)\\&=\rho Shg\ \frac{h}{2}+3\rho ghSh=29.2\ \text{J},\end{aligned} \tag{17}$$

式中 $V_3=3Sh$ 是过程 B 中封闭气体的末态体积.总的吸热为

$$Q=20.8\ \text{J}+29.2\ \text{J}=50.0\ \text{J}. \tag{18}$$

三、(1) 由动量定理和角动量定理知

$$m(v_{1x}-v_{0x})=-\int_{t0}^{t1}f_x\,\mathrm{d}t, \tag{1}$$

$$m(v_{1y}-v_{0y})=-\int_{t0}^{t1}f_y\,\mathrm{d}t, \tag{2}$$

$$J_z(\omega_{1z}-\omega_{0z})=r\int_{t0}^{t1}f_x\,\mathrm{d}t, \tag{3}$$

式中，m 是超球的质量，f_x 是下板对球的摩擦力，f_y 是下板对球的正压力，它们对球作用时间 $\Delta t=t_1-t_0$ 极短，而 J_z 是球绕过球心的轴(平行于 z 轴)的转动惯量.利用①，③式消去 f_x 得

$$m(v_{1x}-v_{0x})=-\frac{J_z}{r}(\omega_{1z}-\omega_{0z}). \tag{4}$$

由 f_y 引起的弹性径向形变的保守性质有

$$\frac{1}{2}mv_{1y}^2=\frac{1}{2}mv_{0y}^2,$$

球的竖直速度必定在 f_y 的作用下反向，则

$$v_{1y}=-v_{0y}. \tag{5}$$

由 f_x 引起的弹性切向形变的保守性质(即无滑动)，有

$$\frac{1}{2}I_z\omega_{1z}^2+\frac{1}{2}mv_{1x}^2=\frac{1}{2}J_z\omega_{0z}^2+\frac{1}{2}mv_{0x}^2.$$

可见，能量只在球的水平运动与旋转运动之间进行交换；竖直运动的能量保持不变，仅竖直速度在碰撞前后方向相反.上式可整理为

$$m(v_{1x}-v_{0x})(v_{1x}+v_{0x})=-J_z(\omega_{1z}-\omega_{0z})(\omega_{1z}+\omega_{0z}). \tag{6}$$

④，⑤，⑥式是超球反跳运动的动力学方程.它的解是

$$v_{1x}=v_{0x}, \omega_{1z}=\omega_{0z}$$

和

$$v_{1x}+v_{0x}=r(\omega_{1z}+\omega_{0z}). \quad ⑦$$

前者对应于 $f_x=0$,仅与光滑球相关;后者适合于超球的反跳运动.⑦式即

$$v_{1x}-r\omega_{1z}=-(v_{0x}-r\omega_{0z}), \quad ⑧$$

这里 $v_{1x}-r\omega_{1z}$ 即为球与上平板相接触的点在碰撞后的水平速度.由④,⑧式和

$$J_z=\frac{2}{5}mr^2$$

得

$$v_{1x}=\frac{3}{7}v_{0x}+\frac{4}{7}r\omega_{0z}, \quad ⑨$$

$$\omega_{1z}=\frac{10}{7}\frac{v_{0x}}{r}-\frac{3}{7}\omega_{0z}. \quad ⑩$$

(2) 现考虑球从下板向上板射出,并与上板相碰(第2次碰撞).碰撞前后由动量定理和角动量定理可得

$$m(v_{2x}-v_{1x})=-\int_{t1}^{t2}f_x\mathrm{d}t, \quad ⑪$$

$$J_z(\omega_{2z}-\omega_{1z})=-r\int_{t1}^{t2}f_x\mathrm{d}t, \quad ⑫$$

y 方向的动量定理表达式与②式类似(未表出).注意:此次由于静摩擦力的力矩反号,使得⑫式右边与③式相比多了一个因子-1.类似推理得

$$v_{2x}=\frac{3}{7}v_{1x}-\frac{4}{7}r\omega_{1z}, \quad ⑬$$

$$\omega_{2z}=-\frac{10}{7}\frac{v_{1x}}{r}-\frac{3}{7}\omega_{1z}. \quad ⑭$$

联立⑨,⑩,⑬,⑭式得

$$v_{2x}=-\frac{31}{49}v_{0x}+\frac{24}{49}r\omega_{0z}, \quad ⑮$$

$$\omega_{2z}=-\frac{60}{49}\frac{v_{0x}}{r}-\frac{31}{49}\omega_{0z}. \quad ⑯$$

值得指出的是仍有

$$v_{2y}=-v_{1y}=v_{0y}.$$

(3) 最后,考虑球从上板向下板射出,并与下板相碰(第3次碰撞),类似于⑨,⑩式有

$$v_{3x}=\frac{3}{7}v_{2x}+\frac{4}{7}r\omega_{2z}, \quad ⑰$$

$$\omega_{3z}=\frac{10}{7}\frac{v_{2x}}{r}-\frac{3}{7}\omega_{2z}, \quad ⑱$$

y 方向的动量定理表达式与②式类似(未表出).联立⑮,⑯,⑰,⑱式得

$$v_{3x}=-\frac{333}{343}v_{0x}-\frac{52}{343}r\omega_{0z}, \quad ⑲$$

$$\omega_{3z}=-\frac{130}{343}\frac{v_{0x}}{r}+\frac{333}{343}\omega_{0z}, \quad ⑳$$

值得指出的是仍有

$$v_{3y}=-v_{2y}=-v_{0y}.$$

四、(1) 计算 A(中心为 O 点)在 z 轴上坐标为 $z(z\gg R)$ 处(记为 P 点)的磁场.如解题 4 图,A 的电流环(位于 yz 平面)上 Q 点处的电流元为

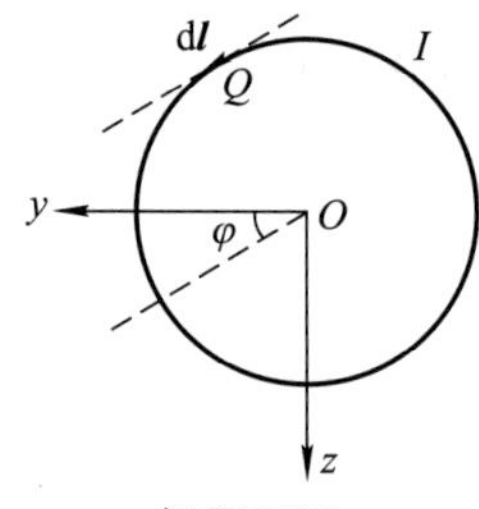

解题四图

$$I\mathrm{d}\boldsymbol{l}=IR\mathrm{d}\varphi(\boldsymbol{j}\cos\varphi+\boldsymbol{k}\sin\varphi),$$

这里,φ 为电流元与 y 轴正方向的夹角,x 轴垂直于纸面向外.Q 点处电流元到 P 点的矢径为

$$\boldsymbol{d}=-\boldsymbol{j}R\sin\varphi+\boldsymbol{k}R\cos\varphi+\boldsymbol{k}z=-\boldsymbol{j}R\sin\varphi+\boldsymbol{k}(z+R\cos\varphi),$$

由此知 $d=[(R\sin\varphi)^2+(z+R\cos\varphi)^2]^{1/2}$.根据毕奥-萨伐尔定律有

$$\mathrm{d}\boldsymbol{B}=\frac{\mu_0}{4\pi d^3}I\mathrm{d}\boldsymbol{l}\times\boldsymbol{d}=\frac{\mu_0 IR}{4\pi d^3}\mathrm{d}\varphi(\boldsymbol{j}\cos\varphi+\boldsymbol{k}\sin\varphi)\times[-\boldsymbol{j}R\sin\varphi+\boldsymbol{k}(z+R\cos\varphi)]$$

$$=\boldsymbol{i}\frac{\mu_0 IR}{4\pi d^3}\mathrm{d}\varphi(R+z\cos\varphi). \qquad ①$$

由题给条件,电流环的半径很小,故有

$$\frac{1}{d^3}=[(R\sin\varphi)^2+(z+R\cos\varphi)^2]^{-\frac{3}{2}}\approx\frac{1}{z^3}\left(1-\frac{3}{2}\cdot 2\frac{R}{z}\cos\varphi\right)=\frac{1}{z^3}\left(1-3\frac{R}{z}\cos\varphi\right), \qquad ②$$

所以

$$\mathrm{d}\boldsymbol{B}\approx\boldsymbol{i}\frac{\mu_0 IR}{4\pi}\mathrm{d}\varphi(R+z\cos\varphi)\frac{1}{z^3}\left(1-3\frac{R}{z}\cos\varphi\right)$$

$$\approx\boldsymbol{i}\frac{\mu_0 IR}{4\pi z^3}\mathrm{d}\varphi(R+z\cos\varphi-3R\cos^2\varphi) \qquad ③$$

$$=\boldsymbol{i}\frac{\mu_0 IR}{4\pi z^3}\mathrm{d}\varphi\left(-\frac{R}{2}-\frac{3}{2}R\cos 2\varphi+z\cos\varphi\right),$$

积分得

$$\boldsymbol{B}=\int_0^{2\pi}\mathrm{d}\boldsymbol{B}\approx-\boldsymbol{i}\frac{\mu_0 IR}{4\pi z^3}\frac{R}{2}\int_0^{2\pi}\mathrm{d}\varphi=-\boldsymbol{i}\frac{\mu_0 IR^2\pi}{4\pi z^3}=-\frac{\mu_0\boldsymbol{\mu}_A}{4\pi z^3}. \qquad ④$$

可见,A 在$(0,0,z)$处的磁场的磁感应强度 $\boldsymbol{B}$ 沿 x 轴负方向.取 B 的磁矩与磁场垂直时为势能零点,A 与 B 之间的相互作用势能为

$$E_p=-\boldsymbol{\mu}_B\cdot\boldsymbol{B}=\frac{\boldsymbol{\mu}_B\cdot\boldsymbol{\mu}_A\mu_0}{4\pi z^3}=\frac{\mu_0\mu^2\cos\theta}{4\pi z^3}. \qquad ⑤$$

(2) 考虑重力后,系统的势能为

$$V=E_p-mgz=\frac{\mu_0\mu^2\cos\theta}{4\pi z^3}-mgz, \qquad ⑥$$

它只与 z 有关.由于 z 不变,B 受到磁场的外力矩大小为

$$M=-\frac{\mathrm{d}V}{\mathrm{d}\theta}=\frac{\mu_0\mu^2\sin\theta}{4\pi z^3}, \qquad ⑦$$

方向朝着 θ 减小的方向.可见,只有 $\theta=0$ 或 π 时,外力矩才为零,此即力矩平衡条件

$$M(\theta)=0,\quad \theta=0,\pi. \qquad ⑧$$

由

$$\frac{d^2V}{d\theta^2}\left(=-\frac{dM}{d\theta}\right)=-\frac{\mu_0\mu^2\cos\theta}{4\pi z^3}$$

可知 $\theta=0$ 对应的平衡状态是不稳定的.因此,在 z 不变的条件下,B 处于稳定平衡的条件为

$$\theta=\theta_{稳}=\pi. \quad ⑨$$

【解法二　B 受到磁场的外力矩的大小为

$$M=\mu B\sin\theta=\frac{\mu_0\mu^2\sin\theta}{4\pi z^3}. \quad ⑦$$

可见,只有 $\theta=0$ 或 π 时,外力矩才为零,此即力矩平衡条件

$$M(\theta)=0,\quad \theta=0,\pi. \quad ⑧$$

由

$$\frac{dM}{d\theta}=\frac{\mu_0\mu^2\cos\theta}{4\pi z^3}$$

可知 $\theta=0$ 对应的平衡状态是不稳定的. 因此,在 z 不变的条件下,B 处于稳定平衡的条件为

$$\theta=\theta_{稳}=\pi. \quad ⑨$$】

【解法三　由⑥式可知

$$\theta=\pi \text{ 时},V \text{ 最低}.$$

因此,在 z 不变的条件下,B 处于稳定平衡的条件为

$$\theta=\theta_{稳}=\pi. \quad ⑨$$】

(3) $\theta=\theta_{稳}=\pi$ 时 B 在竖直方向受到的外力为

$$F=-\frac{dV}{dz}=-\frac{3\mu_0\mu^2}{4\pi z^4}+mg, \quad ⑩$$

$F>0$ 相当于指向 z 轴正方向.由 $F=0$ 求得平衡位置 z 满足

$$z=\left(\frac{3\mu_0\mu^2}{4\pi mg}\right)^{1/4}, \quad ⑪$$

进而由

$$\frac{d^2V}{dz^2}=-\frac{3\mu_0\mu^2}{\pi z^5}<0 \quad ⑫$$

可知,该位置是不稳定的.

五、(1) 根据能量按自由度均分定理,任一自由度的能量的平均值都是 $\frac{1}{2}k_BT$.因此准直后的原子速率平方的平均值 v_0^2 满足

$$\frac{1}{2}mv_0^2=\frac{1}{2}k_BT, \quad ①$$

式中 m 是 ^{40}K 原子的质量

$$m=40\times1.66\times10^{-27}\ \text{kg}=6.64\times10^{-26}\ \text{kg}, \quad ②$$

而

$$T=(350+273)\ \text{K}=623\ \text{K} \quad ③$$

是 ^{40}K 原子气体的温度.由①,②,③ 式与题给常量 k_B 得,原子方均根速率为

$$v_0=360\ \text{m/s}. \quad ④$$

(2) 按照牛顿第二定律,^{40}K 原子做减速运动时的加速度 $\boldsymbol{a}$ 的大小满足

$$a=\frac{F}{m}, \tag{5}$$

式中 F 是^{40}K 原子所受到的激光对它的作用力的大小，

$$F=\frac{\Delta p}{\Delta t}, \tag{6}$$

这里，Δp 是^{40}K 原子在受到激光照射 Δt 时间间隔内其动量的减少.这种减少源自^{40}K 原子在 Δt 时间间隔内共振吸收了与原子初速度 v_0 反向运动的 N 个光子，

$$N=\frac{\Delta p}{p_{\text{single}}}=\Gamma\Delta t, \tag{7}$$

式中 p_{single}是单个光子动量

$$p_{\text{single}}=\frac{h}{\lambda}. \tag{8}$$

联立⑤,⑥,⑦,⑧式得

$$a=\Gamma\frac{h}{\lambda m}=7.45\times10^4\ \text{m/s}^2. \tag{9}$$

将初速度为 v_0 的^{40}K 原子减速直至静止，该原子所通过的距离是

$$s=\frac{v_0^2}{2a}=0.87\ \text{m}. \tag{10}$$

(3) 设激光的频率为 f；当^{40}K 原子以速度 v 与激光光子相向运动时，它所感受到的激光的频率为 f'，此即该原子在其静止的参考系中所接受到的激光的频率.根据多普勒效应公式

$$f'=f\sqrt{\frac{1+\frac{v}{c}}{1-\frac{v}{c}}},$$

当 $v\ll c$ 时，可得

$$\frac{\Delta f}{f'}\equiv\frac{f'-f}{f'}=\frac{v}{c}. \tag{11}$$

设^{40}K 原子的跃迁频率为 f_0，当

$$f'=f_0 \tag{12}$$

时，^{40}K 原子与激光达到共振散射.由此得激光应该减小的频率为

$$\Delta f\equiv f_0-f=\frac{v}{c}f_0=\frac{v}{\lambda}, \tag{13}$$

式中 λ 是激光的波长.当 $v=v_0$ 时有

$$\Delta f=\frac{v_0}{\lambda}=\frac{360\ \text{m/s}}{670\ \text{nm}}\approx537\ \text{MHz}. \tag{14}$$

(4) 在原子与激光处处共振的条件下，原子做减速运动的加速度 a 为常值.在 z 处的原子的速度 $v(z)$满足

$$v^2(z)-v^2(0)=2(-a)z, \tag{15}$$

式中 $v(0)$为 $z=0$ 时的 $v(z)$，由此得

$$v(z)=\sqrt{v^2(0)-2az}. \tag{16}$$

由⑬式可知，在 $z=0$ 处有

$$\Delta f \equiv f_0(0)-f=\frac{v(0)}{c}f_0=\frac{v(0)}{\lambda},$$

式中 $f_0(0)$ 为 $z=0$ 时的 $f_0(z)$. 同理，在 z 处有

$$\Delta f(z) \equiv f_0(z)-f=\frac{v(z)}{\lambda}=\frac{\sqrt{v^2(0)-2az}}{\lambda}, \quad ⑰$$

于是

$$f_0(0)-f_0(z)=\frac{v(0)}{\lambda}-\frac{\sqrt{v^2(0)-2az}}{\lambda}. \quad ⑱$$

塞曼减速装置的设计目的是应用塞曼效应让原子处处与冷却激光共振，按题给条件有

$$f_0(B)=f_0(B=0)+\beta B,$$

注意到 $z=0$ 时，$B(z)=0$，上式可写为

$$f_0(z)=f_0(0)+\beta B(z).$$

与⑱式比较并利用⑨式得

$$\begin{aligned}B(z)&=-\frac{v(0)-\sqrt{v^2(0)-2az}}{\beta\lambda}\\&=-\frac{v(0)}{\beta\lambda}\left(1-\sqrt{1-\frac{2\Gamma hz}{\lambda m v^2(0)}}\right).\end{aligned} \quad ⑲$$

将 $v(0)=v_0$，$\beta=-1.00\ \mathrm{MHz/Gs}=-1.00\times10^{10}\ \mathrm{Hz/T}$ 以及其他量的题给数据代入⑲式得

$$B(z)=0.0537\times(1-\sqrt{1-1.15z})\ \mathrm{T}, \quad ⑳$$

其中，B 的单位是 T，B 的取值范围为 0～0.0537 T；z 的单位是 m，取值范围是 0～0.869(或 0～0.870)m.

六、(1) 由对称性及高斯定理可知静电场方向沿径向，且大小仅与 r 有关，故

$$\begin{cases}2\pi\varepsilon_0 rE=q, & r_1<r<r_2,\\ E=0, & \text{其他},\end{cases}$$

即

$$\begin{cases}E=\dfrac{q}{2\pi\varepsilon_0 r}, & r_1<r<r_2,\\ E=0, & \text{其他}.\end{cases} \quad ①$$

(2) 由对称性及磁场的环路定理可知，磁场的方向沿轴向，且大小仅与 r 有关.内圆筒在旋转时等效的电流密度(轴向单位长度的电流)为

$$I=\frac{q\omega}{2\pi}. \quad ②$$

内、外圆筒的电流大小相同，方向相反.应用安培环路定理有

$$\boldsymbol{B}=\begin{cases}-\dfrac{\mu_0 q\boldsymbol{\omega}}{2\pi}, & r_1<r<r_2,\\ 0, & \text{其他}.\end{cases} \quad ③$$

(3) 点电荷在运动过程中受到由①，③式所得电场和磁场共同作用，设其在运动过程中径向运动速度为 $v=\dot{r}$.点电荷运动的角动量随时间的变化满足

$$\frac{\mathrm{d}L_{点}}{\mathrm{d}t}=QvBr=QBr\dot{r}, \tag{4}$$

其中 $L_{点}$ 为点电荷绕筒轴运动的角动量，$B=\frac{\mu_0 q\omega}{2\pi}$是电荷量为 Q 的点电荷所受磁感应强度大小.由④式积分得

$$L_{点}=\frac{1}{2}QBr^2+C,$$

式中 C 为积分常数，利用初始条件：点电荷从 $r=r_1$ 释放时静止，即

$$L_{点}(r_1)=0,$$

可得

$$L_{点}=\frac{1}{2}QB(r^2-r_1^2). \tag{5}$$

由动能定理并利用①式得

$$\mathrm{d}E_{\mathrm{k}}=\frac{qQ}{2\pi\varepsilon_0 r}\mathrm{d}r. \tag{6}$$

对上式积分，则当粒子位于半径 r 处时动能为

$$E_{\mathrm{k}}=\frac{qQ}{2\pi\varepsilon_0}\ln\frac{r}{r_1}. \tag{7}$$

注意，粒子动能也可表示为

$$E_{\mathrm{k}}=\frac{1}{2}\left(\mu v^2+\frac{L_{点}^2}{\mu r^2}\right). \tag{8}$$

若粒子能到达 $r=r_2$ 处，则当 $r=r_2$ 时应有

$$\frac{1}{2}\mu v^2\geqslant 0.$$

由⑦，⑧式，此条件即

$$\frac{L_{点}^2}{2\mu r_2^2}\leqslant\frac{qQ}{2\pi\varepsilon_0}\ln\frac{r_2}{r_1}.$$

将③，⑤式代入上式得

$$\omega^2\leqslant\frac{16\pi\mu r_2^2}{\varepsilon_0\mu_0^2 qQ(r_2^2-r_1^2)^2}\ln\frac{r_2}{r_1}. \tag{9}$$

（4）i. 利用（2）问中结论，内筒在以角速度 ω 旋转时，在其内部产生的磁感应强度为

$$\boldsymbol{B}_1=\frac{\mu_0 q\boldsymbol{\omega}}{2\pi}. \tag{10}$$

外筒在以角速度 $\boldsymbol{\Omega}$ 旋转时，在其内部产生的磁感应强度为

$$\boldsymbol{B}_2=-\frac{\mu_0 q\boldsymbol{\Omega}}{2\pi}. \tag{11}$$

由法拉第电磁感应定律得，$\boldsymbol{B}_1$ 和 $\boldsymbol{B}_2$ 变化时在 $r=r_1$ 处产生的沿切向的感应电场为

$$E_1=-\frac{\pi r_1^2}{2\pi r_1}\frac{\mathrm{d}}{\mathrm{d}t}(B_1+B_2)=-\frac{\mu_0 q r_1}{4\pi}\frac{\mathrm{d}}{\mathrm{d}t}(\omega-\Omega). \tag{12}$$

对内筒的转动有

$$mr_1^2\frac{\mathrm{d}\omega}{\mathrm{d}t}=qE_1r_1,\tag{13}$$

将⑫式代入⑬式得

$$\mathrm{d}\omega=\frac{\mu_0q^2}{4\pi m+\mu_0q^2}\mathrm{d}\Omega.$$

对上式两边积分,并利用初态时内、外筒均静止的条件,得

$$\omega=\frac{\mu_0q^2}{4\pi m+\mu_0q^2}\Omega.\tag{14}$$

ii. 由法拉第电磁感应定律得,$\boldsymbol{B}_1$ 和 $\boldsymbol{B}_2$ 变化时在 $r=r_2$ 处产生的沿切向的感应电场为

$$E_2=-\frac{1}{2\pi r_2}\left(\pi r_1^2\frac{\mathrm{d}B_1}{\mathrm{d}t}+\pi r_2^2\frac{\mathrm{d}B_2}{\mathrm{d}t}\right),\tag{15}$$

单位长度的外筒受到的感应电场的力矩为

$$M_2=(-q)E_2r_2=\frac{\mu_0q^2}{4\pi}\left(r_1^2\frac{\mathrm{d}\omega}{\mathrm{d}t}-r_2^2\frac{\mathrm{d}\Omega}{\mathrm{d}t}\right),\tag{16}$$

这里应用了⑩,⑪式.将⑯式两边对 t 积分并利用由 ω 与 Ω 的关系⑭可得,感应电场的力矩的冲量矩为

$$J_{电场}=\int_0^t M_2\mathrm{d}t'=\frac{\mu_0q^2}{4\pi}\left(\frac{\mu_0q^2}{4\pi m+\mu_0q^2}r_1^2-r_2^2\right)\Omega,\tag{17}$$

沿轴向单位长度的外圆筒的角动量为

$$L_2=mr_2^2\Omega.\tag{18}$$

设外力(不包括两圆筒感应电磁场的作用力)对外圆筒的冲量矩为 J,由角动量定理有

$$J+J_{电场}=L_2,$$

故

$$J=L_2-J_{电场}=\left[mr_2^2-\frac{\mu_0q^2}{4\pi}\left(\frac{\mu_0q^2}{4\pi m+\mu_0q^2}r_1^2-r_2^2\right)\right]\Omega.\tag{19}$$

iii. 沿轴向单位长度的内、外圆筒总的角动量为

$$L=L_1+L_2=m(r_1^2\omega+r_2^2\Omega)=m\Omega\left(\frac{\mu_0q^2}{4\pi m+\mu_0q^2}r_1^2+r_2^2\right).\tag{20}$$

七、(1) 对车而言,依牛顿第二定律有

$$N_{后}+N_{前}=(M+2m)g\cos\theta,\tag{1}$$

$$f_{x后}+f_{x前}-(M+2m)g\sin\theta=(M+2m)a,\tag{2}$$

式中 $f_{x前}$ 和 $f_{x后}$ 是地面作用在相应前、后轮上的摩擦力.设整车质心 C 与斜面的距离为 h_C,则

$$M(h+r)+2mr=(M+2m)h_C.\tag{3}$$

对角速度、角加速度、力矩等量,统一设逆时针方向为正方向.相对于整车质心 C,有

$$(f_{x后}+f_{x前})h_C-(N_{后}-N_{前})\frac{l}{2}=\frac{\mathrm{d}L_{整车对C}}{\mathrm{d}t}=2\times\frac{1}{2}mr^2\beta=-mra,\tag{4}$$

式中 $L_{整车对C}$ 是整车相对于整车质心 C 的角动量.

④式中第二个等号的推导如下:由③式得

$$h_C=\frac{M}{M+2m}h+r.$$

对角速度、角加速度、力矩等量，统一设逆时针方向为正方向.相对于整车质心 C，车身的角动量为

$$L_{车身对C}=M(h+r-h_C)v=M\frac{2m}{M+2m}hv,$$

$$L_{两车轮对C}=-2m(h_C-r)v-2\times\frac{1}{2}mr^2\frac{v}{r}=-2m\frac{M}{M+2m}hv-2\times\frac{1}{2}mr^2\frac{v}{r},$$

于是整车对 C 的角动量为

$$L_{整车对C}=-2\times\frac{1}{2}mr^2\frac{v}{r},$$

所以

$$\frac{dL_{整车对C}}{dt}=\frac{dL_{车身对C}}{dt}+\frac{dL_{两车轮对C}}{dt}=2\times\frac{1}{2}mr^2\beta=-mra.$$

于是

$$N_{后}-N_{前}=\frac{2}{l}\left\{[Mh+(M+3m)r]a+[Mh+(M+2m)r]g\sin\theta\right\}. \quad ⑤$$

联立以上各式得

$$N_{前}=\frac{1}{2}(M+2m)g\cos\theta-\frac{1}{l}\left\{[Mh+(M+3m)r]a+[Mh+(M+2m)r]g\sin\theta\right\}, \quad ⑥$$

$$N_{后}=\frac{1}{2}(M+2m)g\cos\theta+\frac{1}{l}\left\{[Mh+(M+3m)r]a+[Mh+(M+2m)r]g\sin\theta\right\}, \quad ⑦$$

令 $N_{前}=0$，得

$$a_{安全}=\frac{(M+2m)lg\cos\theta-2[Mh+(M+2m)r]g\sin\theta}{2Mh+2(M+3m)r}. \quad ⑧$$

【解法二 取 x 轴沿坡面向上，y 轴垂直于坡面向上，前后轮轴处向车身提供的 x 方向合力满足

$$F_x=Ma+Mg\sin\theta. \quad ①'$$

前、后轮轴处对车身提供的 y 方向支撑力大小分别为

$$F_{y前}=N_{前}-mg\cos\theta, \quad ②'$$

$$F_{y后}=N_{后}-mg\cos\theta, \quad ③'$$

其中，$N_{前}$ 和 $N_{后}$ 分别表示前轮和后轮受到的支持力大小.车身在 y 方向受力平衡条件为

$$F_{y前}+F_{y后}=Mg\cos\theta, \quad ④'$$

或

$$(N_{前}-mg\cos\theta)+(N_{后}-mg\cos\theta)=Mg\cos\theta.$$

由于车身相对于其质心没有转动加速度，力矩平衡条件为

$$F_{y前}\frac{l}{2}+F_xh-F_{y后}\frac{l}{2}+\tau_{轮}=0, \quad ⑤'$$

式中 $\tau_{轮}$ 是轮子和车身之间的合力偶矩，它满足

$$-\tau_{轮}+(f_{x前}+f_{x后})r=-2\times\frac{1}{2}mr^2\frac{a}{r},$$

而

$$f_{x前} + f_{x后} - (M+2m)g\sin\theta = (M+2m)a,$$

这里 $f_{x前}$ 和 $f_{x后}$ 是地面分别作用在前、后轮上的摩擦力.联立以上各式得

$$N_{前} = \frac{1}{2}(M+2m)g\cos\theta - \frac{1}{l}\left\{[Mh+(M+3m)r]a + [Mh+(M+2m)r]g\sin\theta\right\}, \quad ⑥'$$

$$N_{后} = \frac{1}{2}(M+2m)g\cos\theta + \frac{1}{l}\left\{[Mh+(M+3m)r]a + [Mh+(M+2m)r]g\sin\theta\right\}. \quad ⑦'$$

令 $N_{前}=0$,得

$$a_{安全} = \frac{(M+2m)lg\cos\theta - 2[Mh+(M+2m)r]g\sin\theta}{2Mh+2(M+3m)r}. \quad ⑧'】$$

(2) 对角速度、角加速度、力矩等量,统一设逆时针方向为正方向.假定前后轮均与地面不发生滑动,则前、后轮的角加速度 $\alpha_{前}$,$\alpha_{后}$ 与车身的加速度 a 满足

$$\alpha_{前} = \alpha_{后} = -\frac{a}{r}.$$

设前、后轮与地面的摩擦力分别为 $f_{x前}$,$f_{x后}$,前轮相对于其轮轴的转动满足

$$f_{x前}r = J\alpha_{前}. \quad ⑨$$

由以上两式与 $J=\frac{1}{2}mr^2$ 得

$$f_{x前} = -\frac{m}{2}a. \quad ⑩$$

汽车整体的质心运动方程为

$$f_{x前} + f_{x后} - (M+2m)g\sin\theta = (M+2m)a. \quad ⑪$$

由⑩,⑪式得

$$f_{x后} = (M+2m)(a+g\sin\theta) + \frac{m}{2}a. \quad ⑫$$

后轮相对于轮轴的转动方程为

$$-\tau_{轮} + f_{x后}r = J\alpha_{后}, \quad ⑬$$

由⑨,⑫,⑬式与 $J=\frac{1}{2}mr^2$ 得

$$a = \frac{\tau_{轮}/r - (M+2m)g\sin\theta}{M+3m}. \quad ⑭$$

【解法二　由⑨,⑬式可得

$$\tau_{轮} + (f_{x前} + f_{x后})r = -2\times\frac{1}{2}mr^2\frac{a}{r},$$

又由⑪式可得

$$f_{x前} + f_{x后} - (M+2m)g\sin\theta = (M+2m)a,$$

即可导出⑭式.】

(3) 由于变速器的机械效率为 100%,车轮与地面之间不发生滑动,没有传递功率损失,传递到车轮的力矩为

$$\tau_{轮} = \frac{\tau\omega}{\omega_{轮}} = \tau r_i. \quad ⑮$$

将题给 A 型汽车参数值代入⑭式，分别对于 $\theta=0°$，30°计算 a，得

$$a(0°)=\frac{\tau r_i/r-(M+2m)g\sin 0°}{M+3m}=\frac{\frac{400\times10}{0.4}}{1800}\ \mathrm{m\cdot s^{-2}}\approx 5.6\ \mathrm{m\cdot s^{-2}},$$

$$a(30°)=\frac{\tau r_i/r-(M+2m)g\sin 30°}{M+3m}=\frac{\frac{400\times10}{0.4}-1800\times9.8\times0.5}{1800}\ \mathrm{m\cdot s^{-2}}$$
$$\approx 0.66\ \mathrm{m\cdot s^{-2}}.$$

前、后轮与地面不发生滑动的条件分别为

$$|f_{x前}|\leqslant \mu N_{前},\quad |f_{x后}|\leqslant \mu N_{后}.$$

A 型汽车车轮质量 m 相对于车身质量可忽略，由⑩式得

$$f_{x前}=0,$$

前轮无滑动的条件总是满足的.将题给 A 型汽车参数值代入⑦，⑫式，对于 $\theta=0°$有

$$N_{后}\big|_{\theta=0°}=M\left[\frac{g}{2}+\frac{h+r}{l}a(0°)\right]\approx 1.1\times10^4\ \mathrm{N}, \tag{16}$$

$$f_{x后}\big|_{\theta=0°}=Ma(0°)=1.0\times10^4\ \mathrm{N}; \tag{17}$$

对于 $\theta=30°$有

$$N_{后}\big|_{\theta=30°}=M\left\{\frac{g}{2}\cos 30°+\frac{h+r}{l}[a(30°)+g\sin 30°]\right\}\approx 9.4\times10^3\ \mathrm{N}, \tag{18}$$

$$f_{x后}\big|_{\theta=30°}=M[a(30°)+g\sin 30°]=1.0\times10^4\ \mathrm{N}. \tag{19}$$

由前、后轮与地面不发生滑动的条件得，摩擦系数应满足的条件

$$\mu(0°)\geqslant\mu_{\min}(0°)=\frac{|f_{x后}|}{N_{后}}\bigg|_{\theta=0°}=0.95,\quad \mu(30°)\geqslant\mu_{\min}(30°)=\frac{|f_{x后}|}{N_{后}}\bigg|_{\theta=30°}=1.07. \tag{20}$$

八、(1) 设通过线圈电流为 I，则线圈所受磁场的力矩为

$$\tau=BIl_{线圈}r_{线圈}. \tag{1}$$

当线圈转速为 ω 时，感应电动势为

$$\mathcal{E}=B\omega r_{线圈}l_{线圈}, \tag{2}$$

线圈电流为

$$I=\frac{V-\mathcal{E}}{R_{总}}, \tag{3}$$

式中

$$R_{总}=R_{内}+R_{线圈}.$$

由①，②，③式得，电机输出力矩 τ 与电机转速 ω 之间的关系为

$$\tau=\tau(\omega)=Br_{线圈}l_{线圈}\frac{V-Br_{线圈}l_{线圈}\omega}{R_{总}}, \tag{4}$$

可见，电机输出力矩 τ 与电机转速 ω 成线性关系.电机输出功率满足

$$P=\tau\omega=Br_{线圈}l_{线圈}\omega\frac{V-Br_{线圈}l_{线圈}\omega}{R_{总}}. \tag{5}$$

当

$$Br_{线圈}l_{线圈}\omega=\frac{V}{2}$$

时，P 达到最大值

$$P_{\max}=\frac{V^2}{4R_{总}}. \tag{⑥}$$

由②，③式知，感应电动势 $\mathcal{E}$ 随线圈转速 ω 增大而增大，直至 $\mathcal{E}$ 完全抵消供电电池的开路电压 V 为止.这时线圈转速 ω 最大

$$\omega_{\max}=\frac{V}{Br_{线圈}l_{线圈}}. \tag{⑦}$$

由④式知，当 $\omega=0$ 时电机输出力矩 τ 达到最大值

$$\tau_{\max}=Br_{线圈}l_{线圈}\frac{V}{R_{总}}=4\frac{P_{\max}}{\omega_{\max}}. \tag{⑧}$$

由④，⑥，⑦，⑧式知，电机输出力矩 τ 可表示为

$$\tau=\tau(\omega)=\frac{4P_{\max}}{\omega_{\max}}\left(1-\frac{\omega}{\omega_{\max}}\right)=\tau_{\max}\left(1-\frac{\omega}{\omega_{\max}}\right). \tag{⑨}$$

（2）当汽车行驶速度为 v 时，车轮转速为

$$\omega_{轮}=\frac{v}{r},$$

电机转速为

$$\omega=\omega_{轮}r_i=\frac{v}{r}r_i, \tag{⑩}$$

电机输出力矩为

$$\tau=\tau_{\max}\left(1-\frac{r_iv}{r\omega_{\max}}\right). \tag{⑪}$$

由于变速器的机械效率为 100%，车轮与地面之间不发生滑动，没有传递功率损失，传递到车轮的力矩为

$$\tau_{轮}=\frac{\tau\omega}{\omega_{轮}}=\tau r_i=\tau_{\max}\left(1-\frac{r_iv}{r\omega_{\max}}\right)r_i. \tag{⑫}$$

由题给信息和⑫式得

$$\frac{\mathrm{d}v}{\mathrm{d}t}=a=\frac{\tau_{轮}/r}{M+3m}=\frac{\tau_{\max}}{(M+3m)r}r_i-\frac{\tau_{\max}}{(M+3m)r}r_i^2\frac{1}{r\omega_{\max}}v. \tag{⑬}$$

初值

$$v(t=0)=0,$$

解为

$$v(t)=\frac{r\omega_{\max}}{r_i}\left[1-\exp\left(-\frac{\tau_{\max}r_i^2}{(M+3m)r^2\omega_{\max}}t\right)\right]=v_{\max}\left(1-\mathrm{e}^{-\frac{a_{\max}}{v_{\max}}t}\right), \tag{⑭}$$

式中

$$v_{\max}=\frac{r\omega_{\max}}{r_i} \tag{⑮}$$

为汽车在平地上行驶时最高车速，而

$$a_{\max}=\frac{\tau_{\max}}{(M+3m)r}r_i \tag{⑯}$$

为汽车在平地上行驶时最大加速度.

(3) 对 A 型汽车有

$$\omega_{\max}=4\frac{P_{\max}}{\tau_{\max}}=2.0\times10^{3}\ \mathrm{rad\cdot s^{-1}},$$

于是

$$v_{\max}=\frac{r\omega_{\max}}{r_i}=80\ \mathrm{m\cdot s^{-1}},$$

$$a_{\max}=\frac{\tau_{\max}}{Mr}r_i\approx5.6\ \mathrm{m\cdot s^{-2}}.$$

A 型汽车从静止加速到 v_{f} 所需时间为

$$t_{\mathrm{f}}=-\frac{v_{\max}}{a_{\max}}\ln\left(1-\frac{v_{\mathrm{f}}}{v_{\max}}\right)\approx6.1\ \mathrm{s}. \tag{17}$$

根据(1)问中的结果,电池提供的瞬时功率为

$$P_{电池}=IV=4P_{\max}\left(1-\frac{v}{v_{\max}}\right),$$

加速过程消耗的电池能量为

$$\Delta E_{电池}=\int_{t=0}^{t_{\mathrm{f}}}4P_{\max}\left(1-\frac{v(t)}{v_{\max}}\right)\mathrm{d}t=4P_{\max}\frac{v_{\max}}{a_{\max}}(1-\mathrm{e}^{-\frac{a_{\max}}{v_{\max}}t_{\mathrm{f}}})=4P_{\max}\frac{v_{\mathrm{f}}}{a_{\max}}. \tag{18}$$

由于机械部分没有摩擦损耗,加速过程所增加的机械能为

$$\Delta E_{机械能}=\frac{1}{2}(M+2m)v_{\mathrm{f}}^{2}+2\times\frac{1}{2}J\left(\frac{v_{\mathrm{f}}}{r}\right)^{2}=\frac{1}{2}(M+3m)v_{\mathrm{f}}^{2}, \tag{19}$$

电池能量转化为机械能的效率为

$$\eta=\frac{\Delta E_{机械能}}{\Delta E_{电池}}=\frac{(M+3m)a_{\max}v_{\mathrm{f}}}{8P_{\max}}.$$

代入 A 型汽车参数值得

$$\Delta E_{电池}\approx4.0\times10^{6}\ \mathrm{J}\approx1.1\ \mathrm{kWh},$$

以及

$$\eta=18\%(或\ 17\%). \tag{20}$$

决赛试题及参考解答

理论部分试题

一、一个不透明薄片上的小圆孔如图(a)所示,图中黑色为薄片,小圆孔的半径 OM 为 1.00 mm.用波长 $\lambda=632.8$ nm 的氦氖激光作为光源从小孔左侧平行正入射.在垂直于小孔的对称轴上右侧有某个点 P,该点到小孔中心 O 的距离为 $r_0(r_0\gg\lambda)$.相对于 P 点,小孔处的波面可视为半波带的组合:以 P 点为球心,分别以 $r_0+\frac{\lambda}{2}$,$r_0+2\times\frac{\lambda}{2}$,$r_0+3\times\frac{\lambda}{2}$,…为半径做球面,将小孔所在平

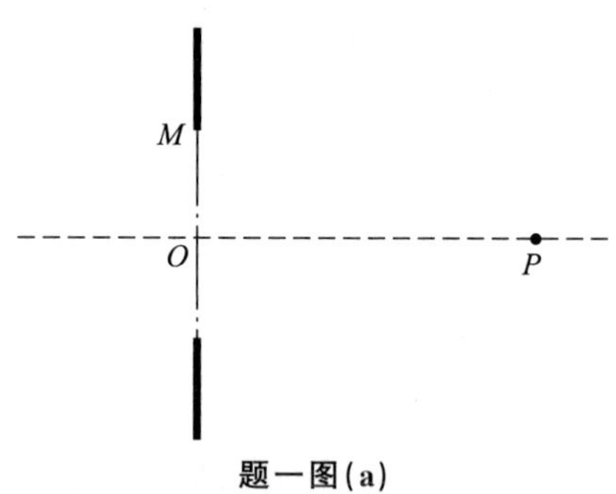

题一图(a)

面的波面划分成 N 个环带(N 为自然数),P 点到小孔边缘 M 的距离为 $r_0+N\frac{\lambda}{2}$,半径最小的环带则是一个圆面,这样划分出的环带称为半波带$\left(\text{因为相邻环带的相应边缘到 } P \text{ 点的光程差为}\frac{\lambda}{2}\right)$.显然,环带的数目 N 决定了 P 点的位置.在需要将原有半波带重新划分或合并时,只考虑将已有的每个半波带重新划分为若干个新的半波带,或者将已有的若干个半波带重新合并为一个新的半波带.

(1) 若 $N=2n+1$,试分别求相应于 $n=0$ 时 P 点的位置 P_0(P_0 为轴上最右侧的亮点,称为主焦点)和 $n=1$ 时 P 点的位置 P_1(P_1 也为亮点,称为次焦点).

(2) 若 $N=4$(4 级波带片),且在第 1,3 半波带放置透明材料(图(b)中灰色部分),使通过该透明材料的光增加$\frac{\lambda}{2}$光程.求

i. 此 4 级波带片的主焦点 P'_0 的位置;

ii. 紧邻主焦点 P'_0 左侧暗点 P'_{-1} 的位置;

iii. 紧邻主焦点 P'_0 右侧暗点 P'_{+1} 的位置.

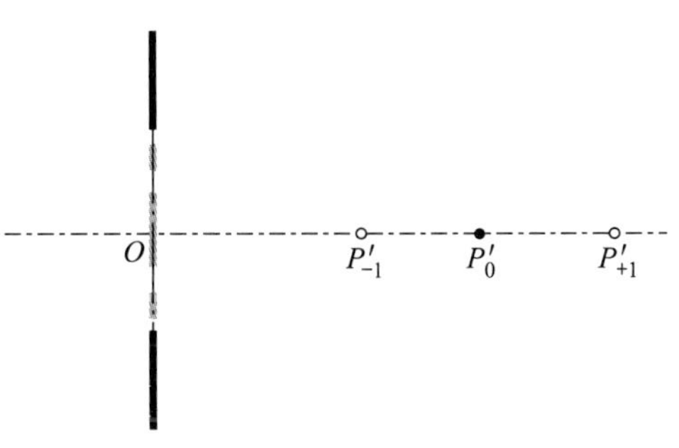

题一图(b)

(3) 波带片不仅可以实现平行光的聚焦,还可以成像.以上的 4 级波带片平行光的聚焦过程,相当于物距无穷远、像距等于焦距的情形.将一个点光源(物)置于轴上 O 点左侧 3 m 处的 S 点,其像点为 S',如图(c)所示.

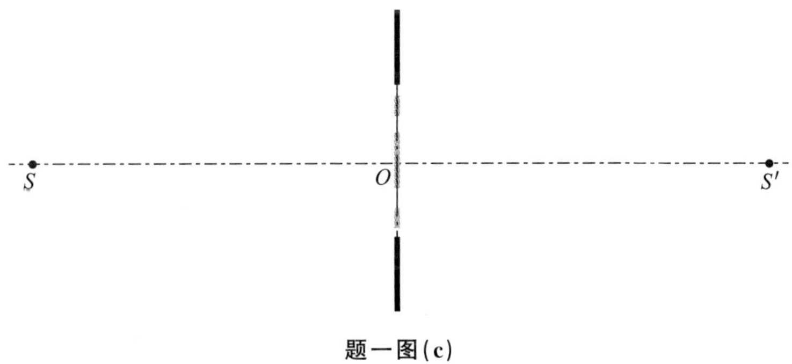

题一图(c)

i. 4 级波带片主焦点对应的像距 OS' 是多少?并验证成像公式是否满足.

ii. 如果该波带片所成的像不是唯一的,轴上还有其他像点,那么距离第(3)i 问所得到的像点最近的另一个像点在哪里?与此成像过程对应的次焦点的焦距是多少?(不能应用成像公式)

iii. 如果将物放置于此波带片左侧,与 O 点距离为 $OP'_0/2$,求分别将 4 级波带片的主焦点和(3)ii 问所述的次焦点作为焦点而成的像的类型(虚像或实像)与位置.(不能应用成像公式)

二、2021 年 6 月神舟十二号载人飞船与天宫空间站成功对接,这里涉及追击者(神舟十二号飞船)与目标(空间站)在绕地轨道相遇的问题.本题采用霍尔曼变轨方案来探究追击者是如何改变速度(速率和方向)与固定轨道上的目标实现对接(相遇)的.

如图(a)所示，目标 A 和追击者 C 都在以半径为 r_0 的圆轨道上以速率 v_0 逆时针运动.在 $t=0$ 时刻两者的位置分别为

$$\theta_{A,i}=\theta_0,\quad \theta_{C,i}=0,\quad r_{A,i}=r_{C,i}=r_0.$$

在此时刻，追击者 C 瞬间点火，速度瞬间改变 $\Delta\boldsymbol{v}$（如图(b)所示）；C 的轨道也从半径为 r_0 的圆轨道瞬间变为图(c)所示的椭圆轨道，椭圆轨道的长轴与极轴方向（中心到点火时 C 的位置的连线）之间的夹角为 ϕ（ϕ 是沿顺时针方向测量的）.C 的运动方向与极轴方向之间的夹角记为 θ_C（θ_C 正方向为逆时针方向），C 与中心相距 $r_C(\theta_C)$.

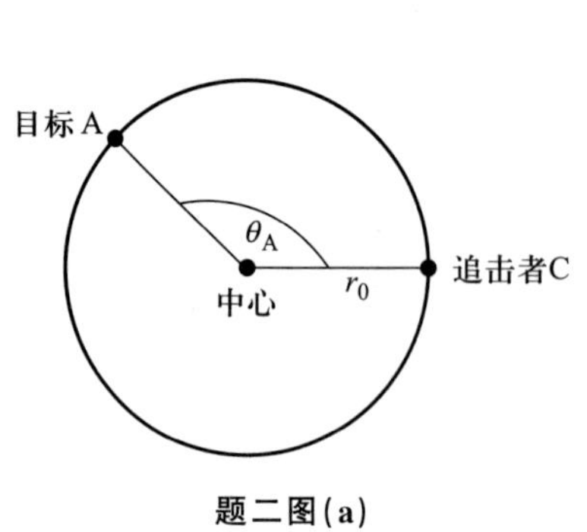

题二图(a)

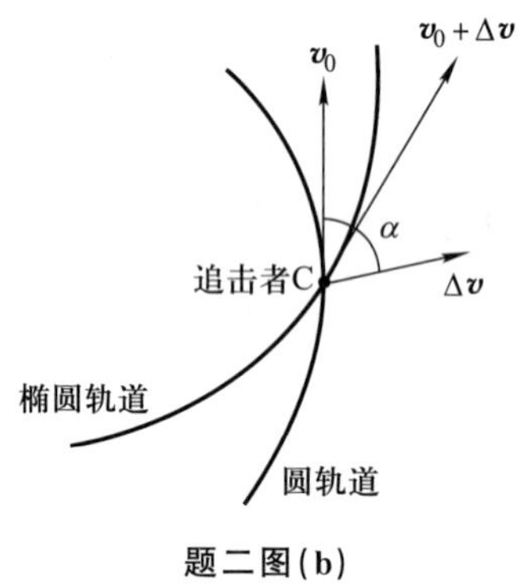

题二图(b)

(1) 若飞行物的质量 m，能量 E（实际为飞行物和地球组成系统的总机械能）和角动量 L 均为已知量，试用 E,L,m 和题给的已知参量 r_0,v_0 等来表示轨道参量 R,ε.已知：正椭圆轨道（长轴沿极轴方向）在极坐标下的形式（原点取为右焦点）为

$$r(\theta)=\frac{R}{1+\varepsilon\cos\theta},$$

其中 R 是轨道尺寸参量，ε 是轨道偏心率，统称为轨道参量.

(2) 写出点火（见图(c)）后追击者 C 的轨道 $r_C(\theta_C)$ 的表达式，用 r_0，偏心率 ε 和 ϕ 表示.

(3) 写出点火后追击者 C 的轨道周期 T_C 与目标 A 的周期 T_A 之比 T_C/T_A，用 ε 和 ϕ 表示.

(4) 定义两个点火参数（见图(b)）：无量纲的速度改变率 $\delta=\left|\frac{\Delta v}{v_0}\right|$，$\Delta\boldsymbol{v}$ 与 $\boldsymbol{v}_0$ 之间的夹角 α（重合时 $\alpha=0$，顺时针方向取为正方向）.试用点火参数 δ 和 α 来表示追击者 C 的轨道的偏心率 ε 和 $\varepsilon\cos\phi$.

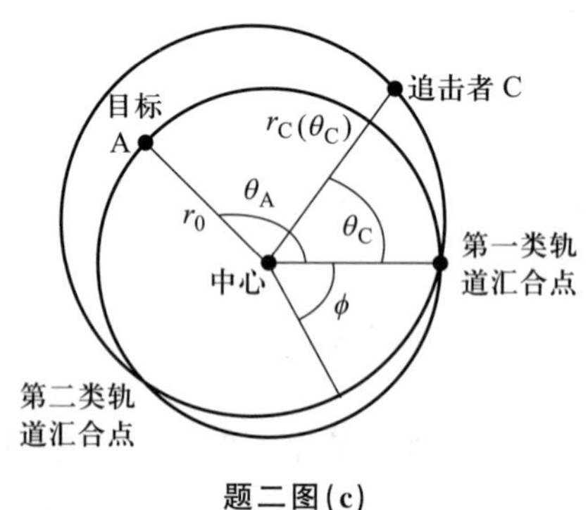

题二图(c)

(5) 考虑追击者 C 和目标 A 在第一类轨道汇合点相遇的情形（见图(c)）.设自 0 时刻起目标 A 经过第一类轨道汇合点的次数为 n_A，追击者 C 经过第一类轨道汇合点的次数（起始时不计在内）为 n_C.在 $t=0$ 时刻，$\theta_{A,i}=\theta_0$，$\theta_{C,i}=0$.求 n_A，用 n_C，θ_0，ε 和 ϕ 表示.

(6) 将 n_A 用 δ,α 表出，δ 不变时，试求函数 $n_A(\alpha)$ 相对于 α 变化的两个简单、明显的极值点 α_0（以便即使喷火时角度 α 相对于 α_0 有一些偏差，但解依然近似成立，便于成功对接）.

(7) 如果取上述两个 α_0 值之一，

i. δ 值有一个上限 δ_{max}（即若 $\delta>\delta_{max}$，追击者 C 和目标 A 不会相遇），求 δ_{max}；

ii. 令 θ_A 的初始值为 θ_0，试写出 δ 与 θ_0，n_A，n_C 的关系式；并求当 $\theta_0=\frac{\pi}{2}$，$n_A=2$，$n_C=1$ 时 δ 的值.

三、宇宙中可能有 1/4 的物质是以暗物质的形式存在的.暗物质可能是由一种新的基本粒子构成的.人们一直在寻找暗物质粒子和已知的粒子之间的相互作用，其中一类重要的实验是寻找暗物质粒子和原子核之间的相互作用.这类实验一般是以某种材料作为靶物质，当暗物质粒子飞入探测器时会和靶物质的原子核发生碰撞.在这个过程中原本几乎静止的原子核会从暗物质粒子得到一部分动能，从而在靶物质中运动，产生光信号和电信号.暗物质探测器可以探测到这些信号，从而对暗物质进行观测.

(1) 选取靶物质为氙同位素原子核 ^{132}Xe，假设暗物质粒子 X 和 ^{132}Xe 核的质量都是质子质量 m_p 的 132 倍；在粒子 X 和 ^{132}Xe 核的质心系中，散射是各向同性的（出射粒子在各个方向上出现的概率相等）.设有一个暗物质粒子 X 以大小为 200 km/s 的速度沿 z 方向进入探测器，与静止的靶核 ^{132}Xe 碰撞.试推导实验室系（碰撞前相对于靶核 ^{132}Xe 静止的参考系）中碰撞后，

i. ^{132}Xe 核的动量与其出射角的关系；

ii. ^{132}Xe 核的角分布（按其出射角的概率分布）；

iii. ^{132}Xe 核动能的分布.

(2) 人们常常用散射截面来表示两个粒子之间相互作用的大小，散射截面类似于某种横截面积，而横截面积可理解为两个粒子之间发生碰撞时的有效面积.例如，两个半径分别为 r_1 和 r_2 的刚性小球之间碰撞的横截面积为 $\pi(r_1+r_2)^2$，这就是两小球碰撞的散射截面.现在探测器中有 1.0 t ^{132}Xe 氙原子，暗物质粒子 X 和 ^{132}Xe 核之间碰撞的散射截面为 $1.0\times10^{-38}\ \text{cm}^2$；假设所有的暗物质粒子 X 的速度大小都是 200 km/s，假设在地球附近的暗物质的密度为 $0.40m_p/\text{cm}^3$.试求这个探测器里每年能发生多少次暗物质粒子 X 和 ^{132}Xe 核之间的碰撞？阿伏伽德罗常数 $N_A=6.023\times10^{23}$.为简化起见，假设质子静质量为 1.0 g/mol.

(3) 探测器探测到的信号是由 ^{132}Xe 核在碰撞过程中所得到的动能产生的.然而，只有当该动能超出探测器的阈值时这个信号才能被记录下来.假设这个阈值为 10 keV，试估算这个探测器每年可以探测到多少个暗物质粒子 X 与 ^{132}Xe 核发生了碰撞？质子的静质量为 $0.94\ \text{GeV}/c^2$，c 是真空中的光速.

(4) 银河系中的暗物质粒子的速率服从一定的分布 $f(v)$，暗物质粒子的速率有一个上限，v_{max}，即当 $v>v_{max}$ 时，$f(v)=0$.请回答这个上限是由什么造成的？

(5) 对于地球上的实验室参考系，暗物质粒子速度分布的上限是真空中光速的 0.002 倍.另外，我们实际上也不知道暗物质粒子的质量是多少.请问当暗物质粒子的质量小于多少时，上面的探测器将不可能探测到暗物质的信号？

四、在生物体中电相互作用起着很重要的作用.将一个类 DNA 的酸性分子放入水中，分子上一些松散附着的原子可能解离，正离子漂走，留下一些电子，使这个大分子带负电.类似地，水中的细胞膜也会因此而带上负电，它们之间的静电排斥作用可使这些大分子或细胞避免“结块”.由于物质本身是电中性的，溶液中漂浮着的大量正离子，会使这些大分子之间的静电力随距离衰减.在常温 T 下考察以下问题：

(1)i. 考虑带负电的细胞膜外侧(朝向正离子漂浮的区域)附近靠近其表面的区域.此时细胞膜可视为无限大平面.取 x 轴垂直于细胞膜外表面,方向指向膜外侧,原点在膜外表面上.膜周围溶液的介电常量为 ε,膜外表面上均匀分布的面电荷密度为 $-\sigma(\sigma>0)$.系统与环境保持热平衡.由于静电作用,溶液中各处正离子的密度并不均匀,但可认为各局域部分都是平衡态.此时正离子的行为与地面上大气分子的行为类似,只是这里正离子受到静电场作用,而大气分子受到重力场作用.取紧靠膜外表面处正离子数密度 n_0 为待定常量.试写出膜外表面附近电势 φ 满足的微分方程.已知电子电量为 $-e$,正离子电量为 $+e$,玻尔兹曼常量为 k;忽略重力和水的浮力.提示:玻尔兹曼统计认为,粒子处于能量为 E 的状态的概率正比于 $\exp\left(-\dfrac{E}{kT}\right)$,$T$ 为粒子所处平衡态的绝对温度.

ii. 细胞膜表面内的液状组织可认为是导电的,选取膜表面上的电势为零.试写出在膜外表面上电势 φ 满足的边界条件.

iii. 在给定的边界条件下,取对数函数 $\varphi(x)=A\ln(1+Bx)$ 作为第(1)i 问中得到的微分方程的试探解.试定出常量 n_0,A,B 的值,并将 $\varphi(x)$ 和 $n(x)$(在 x 处的正离子数密度)用 σ,ε,T,e,k 表出.

iv. 试验证,所求得的 $n(x)$ 保证了整个系统是电中性的.

v. 求以带电的膜外表面单位面积为底的足够高的柱形体积内的静电场能 U_f,以及同一体积中的所有正离子在静电场中的总电势能 U_e.

(2) 考虑两个细胞彼此靠近的情形.两个细胞膜外侧及它们之间的这个系统,可用这样的简化模型研究:已知两个均匀带负电的无限大平行平板各带面电荷密度 $-\sigma$,相互之间距离为 $2D$.两板正中间处选为坐标原点,x 轴垂直于平板,原点电势选为零,原点处的正离子数密度 n_0 作为待定参量.取函数 $\varphi(x)=A\ln[\cos(Bx)]$ 作为微分方程的试探解.

i. 由 $\varphi(x)$ 满足的微分方程定出常量 A,B,用 T,ε,e,k,n_0 表出.

ii. 求 n_0,用 D,σ,ε,T,e,k,θ(若遇到超越方程,不必求解,该方程在物理区域的解记为 θ)表出.

iii. 给出正离子在细胞外表面处与两膜中心处的粒子数密度之差 $\Delta n\equiv n(\pm D)-n_0$,用 σ,ε,T,k 表出.

iv. 试验证,所求得的 $n(x)$ 保证了整个系统是电中性的.

v. 试给出带电平面(细胞膜)单位面积上所受的作用力的合力.已知细胞膜内外都充满了密度相同的水.提示:正离子在水中的行为与理想气体类似,且局域地处于热平衡.

vi. 如果其他条件不变,在两平板仍可视为无限大的前提下,试讨论在近距离和远距离两种不同的极限情形下,带电平面单位面积上所受的作用力的合力大小随距离 D 改变的情况.

五、(1) 一个电子的自旋磁矩为

$$\boldsymbol{\mu}=\frac{-e}{m}\boldsymbol{S},$$

式中 $-e(e>0)$ 是电子电荷,m 是电子质量,$\dfrac{-e}{m}$ 是电子的荷质比;$\boldsymbol{S}$ 是自旋角动量,其 z 分量 S_z 只能取两个值,自旋向上时 $S_z=\dfrac{1}{2}\hbar$,向下时 $S_z=-\dfrac{1}{2}\hbar$,其中 $\hbar=\dfrac{h}{2\pi}$,h 是普朗克常量.假设一个分子或原子的磁矩等于一个电子的自旋磁矩.

i. 将顺磁体置于外磁场中，由于其分子的磁矩平行或反平行于磁场方向排列的概率发生变化而产生磁化；磁化程度用单位体积内的磁矩(磁化强度)$\boldsymbol{M}$ 描述，$\boldsymbol{M}=\chi\boldsymbol{H}$，其中 χ 为磁化率，$\boldsymbol{H}\equiv\frac{\boldsymbol{B}}{\mu_0}-\boldsymbol{M}$ 为磁场强度，$\boldsymbol{B}$ 为磁感应强度，μ_0 为真空磁导率.在通常温度 T(绝对温度)下，$\chi\ll1$，$kT\gg\frac{e\hbar}{2m}B$(k 为玻尔兹曼常量)；设磁感应强度 $\boldsymbol{B}$ 是均匀的，顺磁体的分子数密度为 n.试利用玻尔兹曼统计导出顺磁体的磁化率满足 $\chi=\frac{C}{T}$，并给出 C 的表达式.已知：玻尔兹曼统计认为，粒子处在某个能量状态的概率正比于 $\mathrm{e}^{-\frac{E}{kT}}$，其中 E 为该状态的能量，T 为粒子所处平衡态的绝对温度.

ii. 铁磁体不同于顺磁体：在居里温度以下，铁磁体可以在没有外磁场的环境中产生并保持比较强的磁性，此称为自发磁化；自发磁化产生磁畴，每个磁畴中分子磁矩均沿着同一方向排列(顺排)，此时铁磁体处于铁磁相.磁矩发生顺排是因为量子效应，也可以认为里面有很强的等效磁场，外斯称其为分子场.分子场比一个自旋磁矩在原子间距上产生的磁场大3个量级左右.在居里温度以上，铁磁体转变为顺磁体，它的磁化率遵从居里-外斯定律 $\chi=\frac{C}{T-\theta}$(其中 θ 为居里温度)，与通常的顺磁体有差异，其差异来自铁磁体内部的分子场 H_{m}，H_{m} 可表示为 $H_{\mathrm{m}}=\gamma M$.假设铁磁体的分子数密度亦为 n，试给出 γ 的表达式(居里温度 θ 可视为已知量)；并导出在所有磁矩都是顺排的情形下分子场 H_{m} 的表达式.

(2) 在铁磁晶体中原子是在周期性的格点上排列的.每个原子所感受到的磁场可理解为其最近邻格点上的原子提供的分子场的平均值.

i. 考察如图(a)所示的一维晶格自旋系统，所有格点上的磁矩都是顺排的.这个系统的居里温度为 θ.假设上一问中导出的 H_{m} 与 θ 之间的关系仍然成立，且此系统包含 $N(N\gg1)$个格点，每个格点上有一个原子；当发生自发磁化后，原子的自旋平行排列，这样的排列会使系统能量最低.试给出此时一个自旋在其最近邻格点上产生的等效磁场以及整个系统的磁能.

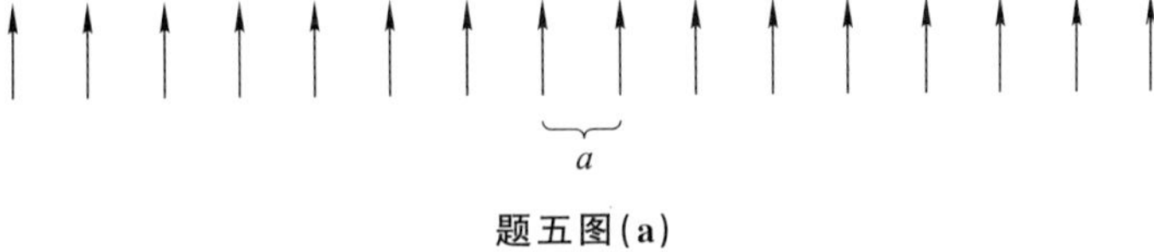

题五图(a)

ii. 假设这个一维晶格自旋系统中的某一个非端点晶格上的自旋发生翻转，变为反平行排列，如图(b)所示.相比于图(a)的情形，系统的能量增加了多少？

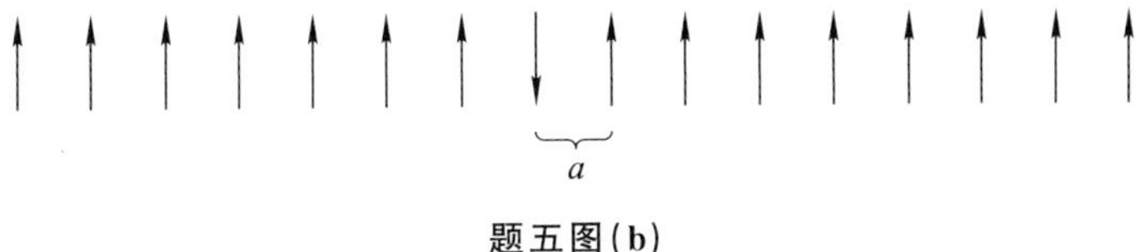

题五图(b)

(3) 若原子自旋交替反向排列，则称为反铁磁体.反铁磁体具有特殊的晶格结构：该结构由 A 位晶格和 B 位晶格组成,如图(c)所示.A 位的最近邻都是 B,次近邻才是 A;B 位类似.反铁磁体的最近邻分子场与铁磁体的方向相反,而且除了最近邻自旋之外,次近邻自旋对"分子

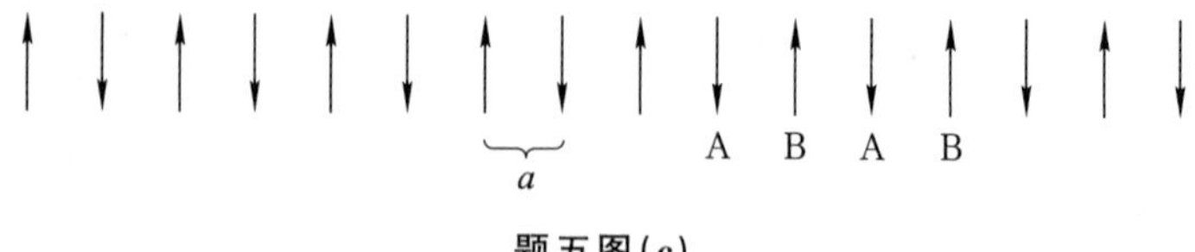

题五图(c)

场"也有贡献.此时,A,B 位的"分子场"可分别表示为

$$\boldsymbol{H}_{\mathrm{mA}}=-\alpha_{\mathrm{AB}}\boldsymbol{\mu}_{\mathrm{B}}-\alpha_{\mathrm{AA}}\boldsymbol{\mu}_{\mathrm{A}},\quad \boldsymbol{H}_{\mathrm{mB}}=-\alpha_{\mathrm{AB}}\boldsymbol{\mu}_{\mathrm{A}}-\alpha_{BB}\boldsymbol{\mu}_{\mathrm{B}},$$

式中,$\boldsymbol{\mu}_{\mathrm{A}}$,$\boldsymbol{\mu}_{\mathrm{B}}$ 分别是 A,B 位上自旋磁矩.设所有 A 位原子都是相同的,所有 B 位原子也都是相同的,则 $\alpha_{\mathrm{AA}}=\alpha_{\mathrm{BB}}=\alpha$,$\alpha_{\mathrm{AB}}=\alpha_{\mathrm{BA}}=\beta$,$\beta>|\alpha|$.

i. 试给出具有 N 个格点(A,B 各有 $N/2$ 个格点)的反铁磁体的磁能;

ii. 奈尔温度是指高出这个温度时,反铁磁相消失,反铁磁体呈顺磁性.这时,A 位晶格和 B 位晶格的磁化强度和磁场分别满足

$$M_{\mathrm{A}}=\frac{C}{2T}H_{\mathrm{A}},\quad M_{\mathrm{B}}=\frac{C}{2T}H_{\mathrm{B}},$$

这里系数 C 与第(1)i 问中的类同.试给出一维反铁磁体的奈尔温度.

(4)下面考虑另一种情境:原子分布在晶格常数为 a 的二维 Oxy 平面内的正方点阵上,原子的磁矩可在平面内转动.如图(d)所示,在尺寸为 $L(L\gg a)$ 的平面区域内,磁矩分布由各点上的箭头所示.由于分子场效应,磁矩之间具有比较强的相互作用,这种作用只明显存在于最近邻分子之间.设此平面内第 i 个格点上的自旋角动量 $\boldsymbol{S}_i$ 与 x 轴的夹角为 $\theta_i\in[0,2\pi]$,系统

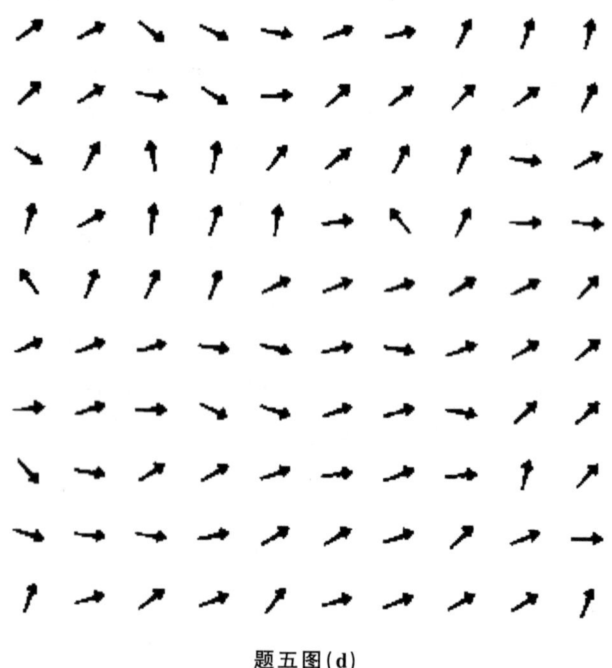

题五图(d)

磁能可表示为

$$E(\{\theta_i\}) = -J' \sum_{<i,j>} \boldsymbol{S}_i \cdot \boldsymbol{S}_j$$
$$= -J \sum_{<i,j>} \cos(\theta_i - \theta_j),$$

其中 $J', J\,(J', J>0)$ 为常量，$<i,j>$ 代表所有最近邻（一个格点一般有四个最近邻的格点）的格点 i 和 j，系统构型由 $\{\theta_i\}$ 给出. 假设系统与环境达到热平衡，系统体积不变，此时亥姆霍兹自由能为 $F=E-TS$，其中 E 为系统内能，S 为系统熵.

i. 系统中可能存在的涡旋构型如图(e)所示. 沿着围绕涡旋中心的闭合回路走一圈，该闭合回路上最近邻格点 $\langle i,j\rangle$ 的磁矩取向角之差的和为

$$\sum_{\langle i,j\rangle} (\theta_i - \theta_j) = 2\pi l\ ,$$

这里，l 是与涡旋结构有关的一个正整数，$l=1$ 的情形如图(e)所示. 为方便起见，考虑以涡旋中心为圆心、半径 r 较大的闭合回路(圆)，试求圆上相邻格点取向角之差的平均值 $\langle \theta_i - \theta_j \rangle$.

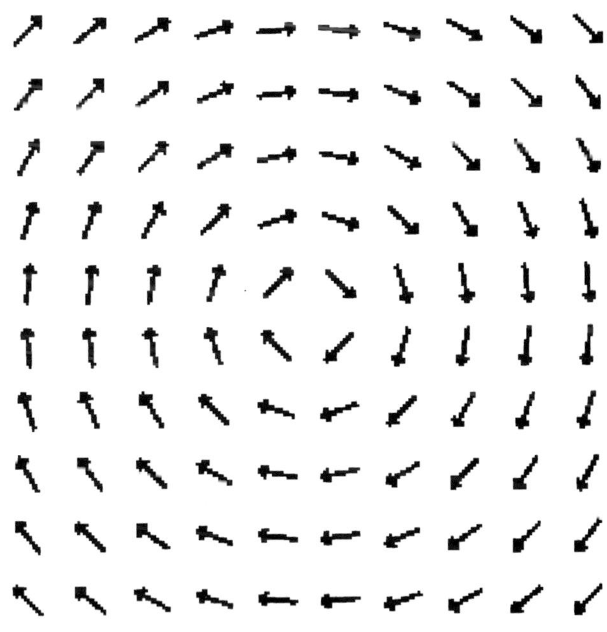

题五图(e)

ii. 当围绕涡旋中心的回路半径 r 比较大时，可近似认为磁矩依次排列成半径差为 a 的一系列同心圆，相邻同心圆上最近邻磁矩之间的夹角可认为是零. 半径小的区域也作同样近似，对总能量影响不大. 由此估算图(e)所示的一个涡旋系统的能量.

iii. 如果涡旋的中心放在不同的位置，则可以认为系统处于不同的状态. 假设在尺寸为 L、晶格常数为 a 的正方点阵上只有一个涡旋，试估算可能的状态数 Ω，进而计算系统的熵 $S \equiv k\ln\Omega$.

iv. 若系统存在某个温度，高于或低于此温度，系统性质有明显不同(可能发生了相变)，则称此温度为相变温度. 对于一个涡旋系统，找出可能的相变温度，并加以说明.

理论部分参考解答

一、(1) 对于焦点 P,固定点 PO 和 PM 的距离差为 1/2 波长.已知 P 点到小孔中心的距离(单位:mm)为 r_0,由半波带法有

$$\sqrt{R^2+r_0^2}=r_0+\frac{\lambda}{2}, \qquad ①$$

式中 R 是小圆孔半径.引入数 x_0,使得 x_0 mm$=r_0$,利用题给数据得

$$1.00^2+x_0^2=(x_0+0.3164\times10^{-3})^2,$$

由此得

$$r_0=1580\text{ mm}. \qquad ②$$

设 3 波带焦点 P_1 到小孔中心的距离为 r_1,由半波带法有

$$\sqrt{R^2+r_1^2}=r_1+(2\times1+1)\frac{\lambda}{2}. \qquad ③$$

引入数 x_1,使得 x_1 mm$=r_1$,利用题给数据得

$$1.00^2+x_1^2=(x_1+3\times0.3164\times10^{-3})^2,$$

由此得

$$r_1=527\text{ mm}. \qquad ④$$

(2) i. 由于灰色部分增加了 1/2 波长,导致所有波带到达固定点 P_0'时,其光程差同中心波带的光程差变为 $0,\lambda,\lambda$,因此 4 个波带在固定点 P_0'处并非两两相消,而是共同增强,形成焦点.在计算几何长度时,最外侧波带外缘的几何长度与中心轴线的几何长度相比,增加 2λ,故

$$\sqrt{R^2+r_0'^2}=r_0+2\lambda. \qquad ⑤$$

引入数 x',使得 x' mm$=r_0'$,利用题给数据得

$$1.00^2+x'^2=(x'+4\times0.3164\times10^{-3})^2,$$

由此得

$$r'_0=395\text{ mm}. \qquad ⑥$$

ii. 紧邻焦点 P_0'左侧的暗点 P'_{-1}出现于进一步划分波带片为 8 个波带结构的情况,

$$\sqrt{R^2+r'^2_{-1}}=r_0+4\lambda. \qquad ⑦$$

引入数 x'_{-1},使得 x'_{-1} mm$=r'_{-1}$,利用题给数据得

$$1.00^2+x'^2_{-1}=(x'_{-1}+8\times0.3164\times10^{-3})^2,$$

由此得到暗点 P'_{-1}坐标为

$$r'_{-1}=198\text{ mm}. \qquad ⑧$$

iii 紧邻焦点 P_0'右侧的暗点 P'_{+1}出现于 4 个波带两两归并的情况,整体视为两个波带时出现,

$$\sqrt{R^2+r'^2_{+1}}=r_0+\lambda. \qquad ⑨$$

引入数 x'_{+1},使得 x'_{+1} mm$=r'_{+1}$,利用题给数据得

$$1.00^2+x'^2_{+1}=(x'_{+1}+2\times0.3164)^2,$$

得到暗点 P'_{+1}坐标为

$$r'_{+1}=790\text{ mm}. \qquad ⑩$$

(3)i. 光线从波带片最外侧经转折到达像点时,其几何路径长度和轴线相比,增加了 2λ,

方程为

$$\sqrt{s_{物}^2+R^2}+\sqrt{s_{像}^2+R^2}=s_{物}+s_{像}+4\times\frac{\lambda}{2},\tag{11}$$

式中 $s_{物}=OS$，$s_{像}=OS'$.引入数 x_2，使得 x_2 mm$=s_{像}$，利用题给数据得

$$\sqrt{3000^2+1.00^2}+\sqrt{x_2^2+1.00^2}=3000+x_2+2\lambda.$$

由此解出

$$s_{像}=455\ \mathrm{mm}.\tag{12}$$

成像公式为

$$\frac{1}{s_{物}}+\frac{1}{s_{像}}=\frac{1}{f},\tag{13}$$

代入题给数据得

$$f=395\ \mathrm{mm},\tag{14}$$

和4级波带片焦距 r_0' 即⑥式一致，成像公式成立.

ii. 下一个像点，需要将4级波带片拆解为12级波带片.因此第(3)i问中所表述的路径差即为 6λ，方程为

$$\sqrt{s_{物}^2+R^2}+\sqrt{s_{像}'^2+R^2}=s_{物}+s_{像}'+3\times4\times\frac{\lambda}{2}.\tag{15}$$

引入数 x_3，使得 x_3 mm$=s_{像}'$，利用题给数据得

$$\sqrt{3000^2+1.00^2}+\sqrt{x_3^2+1.00^2}=3000+x_3+6\lambda,$$

由此解出

$$s_{像}'=137\ \mathrm{mm}.\tag{16}$$

对应的次焦点是将4级波带片拆解为12级波带片时对应的焦点.每个波带片按照奇数次拆分时可获得对应的新的次级焦点，因此4级波带片中的每个波带需拆分为3个波带才能获得此次焦点.

$$\sqrt{f'^2+R^2}=f'+3\times4\times\frac{\lambda}{2},\tag{17}$$

其中 f' 为次焦点的焦距.利用题给数据得

$$\sqrt{f'^2+1.00^2}=f'+6\lambda,$$

由此解出

$$f'=132\ \mathrm{mm},\tag{18}$$

即次焦距为132 mm.

iii. 考虑将4级波带片的主焦点作为焦点而成的像.由于物点在左侧主焦点和波带片之间，仍然在左侧.由⑥式或⑭式知

$$f=r_0'=395\ \mathrm{mm},\tag{19}$$

据题意知物距为

$$s_{物}=\frac{f}{2}=198\ \mathrm{mm},\tag{20}$$

设像距为 $s_{像}''$，则

$$\sqrt{s_{物}^2+R^2}+\sqrt{s''^2_{像}+R^2}=s_{物}+s''_{像}+4\times\frac{\lambda}{2}. \tag{21}$$

引入数 x_4，使得 x_4 mm$=s''_{像}$，利用题给数据得

$$\sqrt{198^2+1.00^2}+\sqrt{x_4^2+1.00^2}=198+x_4+2\lambda,$$

由此解出

$$s''_{像}=-396\ \mathrm{mm}, \tag{22}$$

即该像点为虚像，在左侧焦点位置.

考虑将在第(3)ii 小问中所述的次焦点作为焦点所成的像.设像距为 $s'''_{像}$，则

$$\sqrt{s_{物}^2+R^2}+\sqrt{s'''^2_{像}+R^2}=s_{物}+s'''_{像}+3\times4\times\frac{\lambda}{2}, \tag{23}$$

引入数 x_5，使得 x_5 mm$=s'''_{像}$，利用题给数据得

$$\sqrt{198^2+1^2}+\sqrt{x_5^2+1^2}=198+x_5+6\lambda,$$

由此解出

$$s'''_{像}=393\ \mathrm{mm}, \tag{24}$$

即该像点为实像，在波带片右侧 393 mm 处的位置.

二、(1) 由轨道方程可知

$$r_{近}=\frac{R}{1+\varepsilon},\quad r_{远}=\frac{R}{1-\varepsilon}, \tag{1}$$

总能量 E、轨道角动量 L 为守恒量，

$$L=mv_{近}r_{近}=mv_{远}r_{远}=mvr$$

或

$$v=\frac{L}{mr}. \tag{2}$$

系统总能量为

$$E=-\frac{C}{r_{近}}+\frac{L^2}{2mr_{近}^2}=-\frac{C}{r_{远}}+\frac{L^2}{2mr_{远}^2}, \tag{3}$$

其中

$$C=GMm=mr_0v_0^2,$$

这里，利用了

$$\frac{GMm}{r_0^2}=m\frac{v_0^2}{r_0}.$$

由①，②，③式和 C 的表达式得

$$R=\frac{L^2}{m^2r_0v_0^2}, \tag{4}$$

$$\varepsilon=\sqrt{1+\frac{2EL^2}{m^3r_0^2v_0^4}}=\sqrt{1+\frac{2ER}{mr_0v_0^2}}. \tag{5}$$

(2) 追击者 C 的圆轨道点火后变为偏转的椭圆.按题中角度定义，这偏转的椭圆轨道为

$$r_C(\theta_C)=\frac{R}{1+\varepsilon\cos(\theta_C+\phi)}, \tag{6}$$

初始条件为：当 $\theta_C=0$ 时

$$r_C = r_0,$$

代入⑥式得

$$R = r_0(1+\varepsilon\cos\phi), \tag{7}$$

于是

$$r_C(\theta_C) = \frac{r_0(1+\varepsilon\cos\phi)}{1+\varepsilon\cos(\theta_C+\phi)}. \tag{8}$$

(3) 由⑥式可得点火后的椭圆轨道的长轴长度 $2a$ 为

$$2a = r_{近} + r_{远} = \frac{r_0(1+\varepsilon\cos\phi)}{1+\varepsilon} + \frac{r_0(1+\varepsilon\cos\phi)}{1-\varepsilon} = \frac{2r_0(1+\varepsilon\cos\phi)}{1-\varepsilon^2}, \tag{9}$$

目标 A 的轨道长轴为 $2r_0$.由开普勒第三定律得

$$\frac{T_C}{T_A} = \left(\frac{a}{r_0}\right)^{3/2} = \left(\frac{1+\varepsilon\cos\phi}{1-\varepsilon^2}\right)^{3/2}. \tag{10}$$

(4) 现将点火后速度用点火参数表达.取极坐标,径向(从圆轨道中心即焦点指向追击者 C 所在位置的矢径方向)速度为

$$v_r = v_0\delta\sin\alpha,$$

切向(垂直于矢径的方向)速度为

$$v_\theta = v_0(1+\delta\cos\alpha). \tag{11}$$

由角动量 L 守恒有

$$L = mr_0v_\theta = mr_0v_0(1+\delta\cos\alpha), \tag{12}$$

由⑫式和

$$r_{近} = \frac{r_0(1+\varepsilon\cos\phi)}{1+\varepsilon},\quad r_{远} = \frac{r_0(1+\varepsilon\cos\phi)}{1-\varepsilon}$$

得,在近地点和远地点速率为

$$\begin{aligned} v_{近} &= \frac{L}{mr_{近}} = \frac{r_0v_0(1+\delta\cos\alpha)}{\dfrac{r_0(1+\varepsilon\cos\phi)}{1+\varepsilon}} = v_0\frac{(1+\varepsilon)(1+\delta\cos\alpha)}{1+\varepsilon\cos\phi}, \\ v_{远} &= \frac{L}{mr_{远}} = \frac{r_0v_0(1+\delta\cos\alpha)}{\dfrac{r_0(1+\varepsilon\cos\phi)}{1-\varepsilon}} = v_0\frac{(1-\varepsilon)(1+\delta\cos\alpha)}{1+\varepsilon\cos\phi}. \end{aligned} \tag{13}$$

由能量守恒有

$$E = -\frac{C}{r} + \frac{1}{2}mv^2 = -\frac{C}{r} + \frac{L^2}{2mr^2}, \tag{14}$$

在远地和近地点有

$$-\frac{C}{r_{远}} + \frac{1}{2}mv_{远}^2 = -\frac{C}{r_{近}} + \frac{1}{2}mv_{近}^2,$$

此即

$$\begin{aligned} &-\frac{(1-\varepsilon)C}{r_0(1+\varepsilon\cos\phi)} + \frac{1}{2}m\left[v_0\frac{(1-\varepsilon)(1+\delta\cos\alpha)}{1+\varepsilon\cos\phi}\right]^2 \\ &= -\frac{(1+\varepsilon)C}{r_0(1+\varepsilon\cos\phi)} + \frac{1}{2}m\left[v_0\frac{(1+\varepsilon)(1+\delta\cos\alpha)}{1+\varepsilon\cos\phi}\right]^2, \end{aligned}$$

化简后有

$$\frac{C}{r_0}=mv_0^2\frac{(1+\delta\cos\alpha)^2}{1+\varepsilon\cos\phi}.$$

利用 C 的表达式,上式即

$$1+\varepsilon\cos\phi=(1+\delta\cos\alpha)^2$$

或

$$\varepsilon\cos\phi=\delta\cos\alpha(2+\delta\cos\alpha).\qquad⑮$$

点火后($t=0$)沿轨道径向速度和切向速度大小之比为

$$\left.\frac{v_r}{v_\theta}\right|_{t=0}=\frac{\delta\sin\alpha}{1+\delta\cos\alpha}=\frac{1}{r_0}\left(\frac{\mathrm{d}r_\mathrm{C}}{\mathrm{d}\theta_\mathrm{C}}\right)_{\theta_\mathrm{C}=0}=\frac{\varepsilon\sin\phi}{1+\varepsilon\cos\phi},\qquad⑯$$

此即

$$\begin{aligned}\varepsilon\sin\phi&=(1+\varepsilon\cos\phi)\frac{\delta\sin\alpha}{1+\delta\cos\alpha}\\&=(1+\delta\cos\alpha)^2\frac{\delta\sin\alpha}{1+\delta\cos\alpha}\\&=\delta\sin\alpha(1+\delta\cos\alpha).\end{aligned}\qquad⑰$$

由⑮,⑰式得

$$\varepsilon=\delta\sqrt{1+3\cos^2\alpha+2\delta\cos\alpha(1+\cos^2\alpha)+\delta^2\cos^2\alpha}.\qquad⑱$$

【解法二 现将点火后速度用点火参数表达.取极坐标,径向(从圆轨道中心即焦点指向追击者 C 所在位置的矢径方向)速度为

$$v_r=v_0\delta\sin\alpha,$$

切向(垂直于矢径的方向)速度为

$$v_\theta=v_0(1+\delta\cos\alpha).\qquad⑪$$

由角动量 L 守恒有

$$L=mr_0v_\theta=mr_0v_0(1+\delta\cos\alpha).\qquad⑫$$

由④,⑫式得

$$R=\frac{[mr_0v_0(1+\delta\cos\alpha)]^2}{m^2r_0v_0^2}=r_0(1+\delta\cos\alpha)^2.\qquad⑬'$$

由⑦,⑬′式得

$$1+\varepsilon\cos\phi=(1+\delta\cos\alpha)^2,\qquad⑭'$$

于是

$$\varepsilon\cos\phi=\delta\cos\alpha(2+\delta\cos\alpha).\qquad⑮$$

变速后的能量

$$E=-\frac{GMm}{r_0}+\frac{1}{2}m[v_0^2(1+\delta\cos\alpha)^2+v_0^2\delta^2\sin^2\alpha],\qquad⑯'$$

利用 $C=GMm=mr_0v_0^2$ 得

$$E=-mv_0^2+\frac{1}{2}m[v_0^2(1+\delta\cos\alpha)^2+v_0^2\delta^2\sin^2\alpha].\qquad⑰'$$

将⑰′式代入⑤式得

$$\varepsilon=\sqrt{1+\frac{2EL^2}{m^3r_0^2v_0^4}}=\sqrt{1+\frac{2ER}{mr_0v_0^2}}=\delta\sqrt{1+3\cos^2\alpha+2\delta\cos\alpha(1+\cos^2\alpha)+\delta^2\cos^2\alpha}. \tag{18}$$】

(5) 在 t 时刻两者相遇，要求

$$t=n_CT_C=n_AT_A-\frac{\theta_0}{2\pi}T_A. \tag{19}$$

利用⑩,⑲式得

$$n_A=\frac{\theta_0}{2\pi}+n_C\frac{T_C}{T_A}=\frac{\theta_0}{2\pi}+n_C\left(\frac{1+\varepsilon\cos\phi}{1-\varepsilon^2}\right)^{3/2}. \tag{20}$$

(6) 将⑮,⑱式代入⑳式得

$$n_A(\alpha)=\frac{\theta_0}{2\pi}+n_C[f(\alpha)]^{3/2},$$

式中

$$f(\alpha)=\frac{1+\delta\cos\alpha(2+\delta\cos\alpha)}{1-\delta^2[1+3\cos^2\alpha+2\delta\cos\alpha(1+\cos^2\alpha)+\delta^2\cos^2\alpha]}. \tag{21}$$

对 α 求导，使得

$$\frac{\mathrm{d}f(\alpha)}{\mathrm{d}\alpha}=0, \tag{22}$$

此即

$$\frac{\mathrm{d}f(\alpha)}{\mathrm{d}\alpha}=-\sin\alpha\frac{\mathrm{d}f(\cos\alpha)}{\mathrm{d}\cos\alpha}=0,$$

显然有解

$$\alpha_0=0,\pi. \tag{23}$$

(7) i. 若取 $\alpha=\alpha_0=0$，由⑱式有

$$\varepsilon=\delta\sqrt{4+4\delta+\delta^2}=\delta(\delta+2)\leqslant 1, \tag{24}$$

由此得

$$0<\delta\leqslant\delta_{max}=\sqrt{2}-1\quad(\text{或 }0<\delta<0.5). \tag{25}$$

【若取 $\alpha=\alpha_0=\pi$，由⑱式得

$$\varepsilon=\delta\sqrt{\delta^2-4\delta+4}=\delta|\delta-2|\leqslant 1. \tag{24$'$}$$

当 $\delta\leqslant 2$ 时，

$$\varepsilon=\delta(2-\delta)\leqslant 1,$$

由此得

$$-(\delta-1)^2\leqslant 0$$

恒成立.当 $\delta>2$ 时，

$$\varepsilon=\delta(\delta-2)\leqslant 1,$$

由此得

$$2<\delta\leqslant\sqrt{2}+1.$$

合起来有，若取 $\alpha_0=\pi$，

$$0<\delta\leqslant\delta_{max}=\sqrt{2}+1. \tag{25$'$}$$】

ii. 若取 $\alpha_0=0$，由⑳,㉑式有

$$\left(\frac{2\pi n_{\mathrm{A}}-\theta_0}{2\pi n_{\mathrm{C}}}\right)^{2/3}=\frac{1+\delta(2+\delta)}{1-\delta^2(4+4\delta+\delta^2)}=\frac{1}{1-\delta(2+\delta)}, \tag{26}$$

或

$$\delta^2+2\delta+\left(\frac{2\pi n_{\mathrm{C}}}{2\pi n_{\mathrm{A}}-\theta_0}\right)^{2/3}-1=0,$$

它有解的条件是判别式

$$\Delta=2^2-4\left[\left(\frac{2\pi n_{\mathrm{C}}}{2\pi n_{\mathrm{A}}-\theta_0}\right)^{2/3}-1\right]\geqslant 0.$$

当 $\theta_0=\frac{\pi}{2}$，$n_{\mathrm{A}}=2$，$n_{\mathrm{C}}=1$（易验证满足 $\Delta\geqslant 0$）时，上式成为

$$\delta^2+2\delta+\left(\frac{4}{7}\right)^{2/3}-1=0,$$

解为

$$0<\delta(\alpha=0)=-1+\sqrt{2-\left(\frac{4}{7}\right)^{2/3}}=0.145<\sqrt{2}-1, \tag{27}$$

已去掉 $\delta<0$ 的解.

【若取 $\alpha=\alpha_0=\pi$，由⑳,㉑式有

$$\left(\frac{2\pi n_{\mathrm{A}}-\theta_0}{2\pi n_{\mathrm{C}}}\right)^{2/3}=\frac{1-\delta(2-\delta)}{1-\delta^2(4-4\delta+\delta^2)}=\frac{1}{1+\delta(2-\delta)}, \tag{26$'$}$$

或

$$\delta^2-2\delta+\left(\frac{2\pi n_{\mathrm{C}}}{2\pi n_{\mathrm{A}}-\theta_0}\right)^{2/3}-1=0,$$

它有解的条件是判别式

$$\Delta=(-2)^2-4\left[\left(\frac{2\pi n_{\mathrm{C}}}{2\pi n_{\mathrm{A}}-\theta_0}\right)^{2/3}-1\right]\geqslant 0 .$$

当 $\theta=0\ \frac{\pi}{2}$，$n_{\mathrm{A}}=2$，$n_{\mathrm{C}}=1$（易验证满足 $\Delta\geqslant 0$），上式成为

$$\delta^2-2\delta+\left(\frac{4}{7}\right)^{2/3}-1=0,$$

解为

$$0<\delta(\alpha=\pi)=1+\sqrt{2-\left(\frac{4}{7}\right)^{2/3}}=2.145<\sqrt{2}+1, \tag{27$'$}$$

已去掉 $\delta<0$ 的解.】

三、(1) i. 若在实验室参考系中，入射暗物质粒子 X 的初速度为 v_0，质量为 M，动量大小为 p_0，注意到暗物质粒子和原子核的质量是相等的，那么在暗物质粒子和原子核在质心系中的动量都是 $p_0'=Mv_0'$，且

$$\boldsymbol{p}'_{\mathrm{X}}=-\boldsymbol{p}'_{\mathrm{Xe}},\quad |\boldsymbol{p}'_{\mathrm{X}}|=p'_0. \tag{1}$$

粒子动量从质心系（其中的量加撇）到实验室系（其中的量不加撇）有

$$p_x=p'_x,\quad p_y=p'_y,\quad p_z=p'_z+p_0=p'_z+Mv'_0, \tag{2}$$

质心系到实验室系的动量关系如解题3图(a)所示.从该图中容易看到,在质心系中的散射角为θ',在实验室系的散射角为θ,则易知

$$\theta=\frac{\theta'}{2}, \quad ③$$

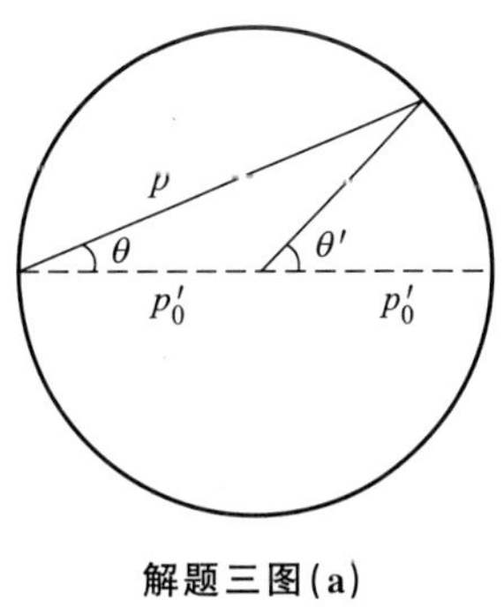

解题三图(a)

于是,碰撞后[132]Xe核的动量p与其出射角的关系为

$$p(\theta)=\begin{cases}2p_0'\cos\theta=2Mv_0'\cos\theta=Mv_0\cos\theta, & 0\leqslant\theta\leqslant\dfrac{\pi}{2},\ v_0=2v_0';\\ 0, & \dfrac{\pi}{2}<\theta\leqslant\pi.\end{cases} \quad ④$$

【解法二　在质心系中,X与Xe以相同的速率$v_0=100\ \mathrm{km/s}$迎头相撞,再以同样的速率彼此分开,如解题3图(b)所示.

记Xe粒子反冲速度的方向与X粒子入射方向(设为z轴)之间的夹角是θ'(质心系中的量带撇,实验室系中的量不带撇).换到实验室系,设碰撞后Xe粒子速度的大小是v,方向与z轴间夹角θ,如解题3图(c)所示.那么

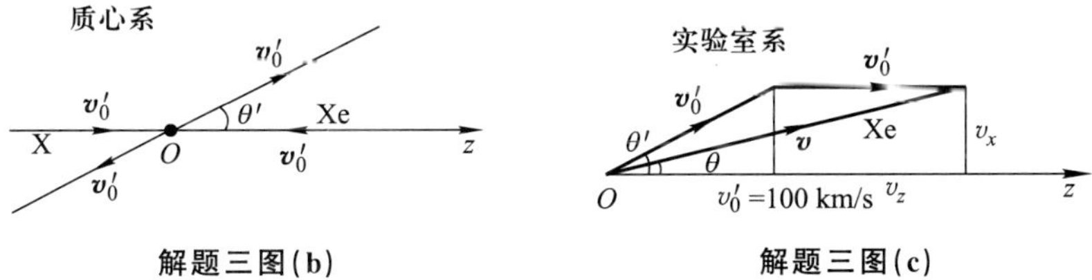

解题三图(b)　　解题三图(c)

$$\begin{aligned}v&=\sqrt{v_z^2+v_x^2}\\&=v_0'\sqrt{(1+\cos\theta')^2+\sin^2\theta'}\\&=2v_0'\sqrt{\cos^4\frac{\theta'}{2}+\sin^2\frac{\theta'}{2}\cos^2\frac{\theta'}{2}}\\&=2v_0'\cos\frac{\theta'}{2},\end{aligned} \quad ①'$$

因而,

$$\cos\theta=\frac{v_z}{v}=\frac{1+\cos\theta'}{2\cos\dfrac{\theta'}{2}}=\cos\frac{\theta'}{2}, \quad ②'$$

由此得

$$\theta=\frac{\theta'}{2}, \quad ③'$$

于是,[132]Xe核的动量p与其出射角的关系为

$$p(\theta)=\begin{cases}2Mv_0'\cos\theta=Mv_0\cos\theta, & 0\leqslant\theta\leqslant\dfrac{\pi}{2},\quad v_0=2v_0';\\ 0, & \dfrac{\pi}{2}<\theta\leqslant\pi.\end{cases} \quad ④】$$

【解法三　依题意，在实验室参考系中，入射暗物质粒子 X 的初速度 $v_0=200\ \text{km/s}$，动量大小为 $p_0=Mv_0$，M 是暗物质粒子 X 的质量；设碰撞后 ^{132}Xe 核的动量大小为 p，与初速度 v_0 的夹角为 θ，如解题 3 图(d)所示.暗物质粒子 X 的动量大小为 p_X，与初速度 v_0 的夹角为 θ_X.由动量守恒得

$$p_0=p\cos\theta+p_X\cos\theta_X,$$
$$p\sin\theta=p_X\sin\theta_X. \qquad ①''$$

由①″式(或直接根据矢量三角形，见解题 3 图(e))得

$$p_X^2=p^2+p_0^2-2pp_0\cos\theta. \qquad ②''$$

由能量守恒得

$$\frac{p_0^2}{2M}=\frac{p^2}{2M}+\frac{p_X^2}{2M}. \qquad ③''$$

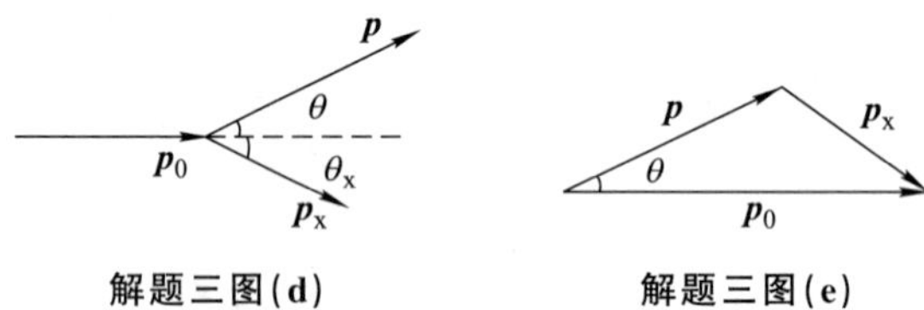

解题三图(d)　　解题三图(e)

将②″式等号两边同除以 $2M$，并利用 ③″式得，^{132}Xe 核的动量 p 与其出射角 θ 的关系为

$$p(\theta)=\begin{cases}p_0\cos\theta=Mv_0\cos\theta, & 0\leqslant\theta\leqslant\dfrac{\pi}{2};\\[2ex] 0, & \dfrac{\pi}{2}<\theta\leqslant\pi.\end{cases} \qquad ④】$$

ii. 在质心系中散射是各向同性的，即每一个方向的散射概率相等.从解题 3 图(a)可看出，在质心系中散射角为 θ' 的位置，绕 z 轴(如解题 3 图(a)中虚线所示)一圈的周长是

$$2\pi p_0'\sin\theta', \qquad ⑤$$

故在单位 θ' 角上的散射概率一定是正比于 $\sin\theta'$ 的.因此，在质心系中，散射概率 P 的角度分布为

$$\frac{\mathrm{d}P}{\mathrm{d}\theta'}=a\sin\theta'. \qquad ⑥$$

比例常数 a 由概率的归一化条件

$$\int_0^{\pi}\frac{\mathrm{d}P}{\mathrm{d}\theta'}\mathrm{d}\theta'=1 \qquad ⑦$$

得到，即

$$a=\frac{1}{2}. \qquad ⑧$$

于是

$$\frac{\mathrm{d}P}{\mathrm{d}\cos\theta'}=\frac{\mathrm{d}P}{\mathrm{d}\theta'}\left|\frac{\mathrm{d}\theta'}{\mathrm{d}\cos\theta'}\right|=a\sin\theta'\,\frac{1}{\sin\theta'}=\frac{1}{2}, \qquad ⑨$$

其中$\left|\dfrac{d\theta'}{d\cos\theta'}\right|$是概率积分测度变化因子.

换到实验室系有

$$d\cos\theta' = d\cos 2\theta = d(2\cos^2\theta - 1) = 4\cos\theta d\cos\theta,$$

可得

$$\frac{dP}{d\cos\theta} = 2\cos\theta,\quad 0\leqslant\theta\leqslant\frac{\pi}{2}. \tag{⑩}$$

（注：角分布⑩式可以有如下等价写法，即写成

$$\frac{dP}{d\theta} = \sin(2\theta),\quad 0\leqslant\theta\leqslant\frac{\pi}{2}$$

或

$$\frac{dP}{d\Omega} = \frac{dP}{d\cos\theta d\phi} = \frac{1}{\pi}\cos\theta,\quad 0\leqslant\theta\leqslant\frac{\pi}{2}$$

均可，其中Ω为立体角.）

【解法二　在质心系中，Xe 粒子在碰撞后是完全各向同性地射出的，也就是说，它的角分布函数是常数C，即

$$\rho'(\theta',\phi') = C. \tag{⑤$'$}$$

由归一化条件

$$\int_0^{2\pi}\int_{-1}^{1}\rho'(\theta',\phi')d\cos\theta' d\phi' = 1,$$

有

$$C\int_0^{2\pi}\int_{-1}^{1}d\cos\theta' d\phi' = 4\pi C = 1,$$

故

$$\rho'(\theta',\phi') = C = \frac{1}{4\pi}. \tag{⑥$'$}$$

个特定事件发生的概率与参考系无关，所以在球坐标系中有

$$\rho'(\theta',\phi')d\cos\theta' d\phi' = \rho(\theta,\phi)d\cos\theta d\phi. \tag{⑦$'$}$$

又由于体系相对于z轴的轴对称性，$\rho(\theta,\phi)$与ϕ无关，因而

$$\rho(\theta,\phi) = \rho(\theta). \tag{⑧$'$}$$

从质心系到实验室系（沿z轴）的变换中，方位角保持不变

$$\phi' = \phi.$$

由⑦$'$，⑧$'$式和上式可知

$$\rho(\theta) = \frac{1}{4\pi}\frac{d\cos\theta' d\phi'}{d\cos\theta d\phi} = \frac{1}{4\pi}\frac{d\cos\theta'}{d\cos\theta}. \tag{⑨$'$}$$

由$\theta = \dfrac{\theta'}{2}$和上式得

$$\rho(\theta) = \begin{cases} \dfrac{1}{4\pi}\dfrac{d\cos(2\theta)/d\theta}{d\cos\theta/d\theta} = \dfrac{1}{4\pi}\dfrac{2\sin(2\theta)}{\sin\theta} = \dfrac{1}{\pi}\cos\theta, & 0\leqslant\theta\leqslant\dfrac{\pi}{2}, \\ 0, & \dfrac{\pi}{2} < \theta\leqslant\pi. \end{cases} \tag{⑩$'$}$$

【解法三 出射粒子的动量分布函数可写为$\rho'(p'_x,p'_y,p'_z)$，它满足归一化条件

$$\iiint \mathrm{d}p'_x\mathrm{d}p'_y\mathrm{d}p'_z\rho'(p'_x,p'_y,p'_z)=1.$$

由于散射是各向同性的，这里概率密度ρ只是动量的大小p'的函数.因此有

$$\rho'(p'_x,p'_y,p'_z)=\rho'(p').$$

对于二体弹性碰撞，出射的粒子的动量大小在质心系中是确定的，设为p_0.在球坐标系中，对于立体角的积分可立即积出，有

$$\iiint p'^2\mathrm{d}p'\mathrm{d}\phi'\mathrm{d}\cos\theta'\rho'(p')=4\pi\int\rho'(p')p'^2\mathrm{d}p'=1.$$

于是，在质心系中

$$\rho'(p')=\frac{1}{4\pi p_0^2}\delta(p'-p_0) \tag{⑤''}$$

或

$$\rho'(p')=\frac{1}{4\pi p'^2}\delta(p'-p_0).$$

（由于δ函数是在积分中定义的，上述两种形式实际上是等效的.）从质心系（其中的量不加撇）到实验室系（其中的量加撇），我们有

$$p_x=p'_x,\quad p_y=p'_y,\quad p_z=p'_z+p_0,$$

换成实验室球坐标系，有

$$\phi=\phi',\quad p\sin\theta=p'\sin\theta',\quad p\cos\theta=p'\cos\theta'+p_0,$$

由上式得

$$p'=(p^2-2pp_0\cos\theta+p_0^2)^{1/2} \tag{⑥''}$$

或

$$\cos\theta'=\frac{p\cos\theta-p_0}{(p^2-2pp_0\cos\theta+p_0^2)^{1/2}}.$$

一个特定事件发生的概率与参考系无关，所以

$$\rho'(p'_x,p'_y,p'_z)\mathrm{d}p'_x\mathrm{d}p'_y\mathrm{d}p'_z=\rho(p_x,p_y,p_z)\mathrm{d}p_x\mathrm{d}p_y\mathrm{d}p_z,$$

在球坐标系中可化为

$$\rho'(p')p'^2\mathrm{d}p'\mathrm{d}\phi'\mathrm{d}\cos\theta'=\rho(p)p^2\mathrm{d}p\mathrm{d}\phi\mathrm{d}\cos\theta. \tag{⑦''}$$

积分测度$\mathrm{d}p_x\mathrm{d}p_y\mathrm{d}p_z$是伽利略变换不变的，即

$$\mathrm{d}p'_x\mathrm{d}p'_y\mathrm{d}p'_z=\mathrm{d}p_x\mathrm{d}p_y\mathrm{d}p_z,$$

它可在球坐标系中表出

$$p'^2\mathrm{d}p'\mathrm{d}\cos\theta'\mathrm{d}\phi'=p^2\mathrm{d}p\mathrm{d}\cos\theta\mathrm{d}\phi. \tag{⑧''}$$

利用⑤″,⑥″,⑦″,⑧″式可得，在实验室系中

$$\rho(p,\cos\theta)=\frac{1}{4\pi p_0^2}\delta[(p^2-2p_0p\cos\theta'+p_0^2)^{1/2}-p_0]. \tag{⑨''}$$

因此，在实验室系中，原子核被撞概率P的角分布为

$$\begin{aligned}\frac{\mathrm{d}P}{\mathrm{d}\cos\theta}&=\iint p^2\mathrm{d}p\mathrm{d}\phi\rho(p,p\cos\theta)\\&=\iint p^2\mathrm{d}p\mathrm{d}\phi\,\frac{1}{4\pi p_0^2}\delta[(p^2-2p_0p\cos\theta+p_0^2)^{1/2}-p_0]\end{aligned}$$

$$=\int p^2\left|\frac{\mathrm{d}p}{\mathrm{d}p'}\right|\mathrm{d}p'\ \frac{1}{2p_0^2}\delta(p'-p_0)$$

$$=\int p^2\left|\frac{p'}{p-p_0\cos\theta}\right|\mathrm{d}p'\ \frac{1}{2p_0^2}\delta(p'-p_0)$$

$$=(2p_0\cos\theta)^2\left|\frac{p_0}{2p_0\cos\theta-p_0\cos\theta}\right|\frac{1}{2p_0^2}$$

$$=2|\cos\theta|,\quad 0\leqslant\theta\leqslant\frac{\pi}{2}.\tag{⑩″}$$

这里应用了⑥″式与

$$\frac{\partial p}{\partial p'}=\frac{p'}{p-p_0\cos\theta},$$

以及当 $p'=p_0$ 时，

$$p=0\text{ 或 }p=2p_0\cos\theta,$$

但前者没有贡献.注意，在实验室系中，原子核的出射 θ' 的取值范围是$[0,\pi/2]$，而不是$[0,\pi]$，见解题3图(a)所标明的运动学限制条件 $\theta'=\theta/2$.】

iii. 考虑出射粒子的动能分布.由 $p=2p_0'\cos\theta=p_0\cos\theta$ 可以得到

$$\cos\theta=\frac{p}{p_0},$$

于是

$$\mathrm{d}\cos\theta=\frac{\mathrm{d}p}{p_0}.\tag{⑪}$$

代入⑩式可得，被撞原子核的动量分布为

$$\frac{\mathrm{d}P}{\mathrm{d}p}=\frac{2p}{p_0^2}.\tag{⑫}$$

实验室系中出射 Xe 核的动能为

$$E_k=\frac{p^2}{2m_{Xe}},$$

其中 m_{Xe}是 Xe 核的质量.由上式有

$$\frac{\mathrm{d}P}{\mathrm{d}E_k}=\frac{2m_{Xe}}{p_0^2}=\frac{2M}{p_0^2}=\frac{1}{E_k^{in}}=\frac{2M}{p_0^2}=\frac{1}{\frac{1}{2}Mv_0^2},\tag{⑬}$$

这里利用了

$$m_{Xe}=M,$$

且在实验室系中入射的暗物质粒子的动能

$$E_k^{in}=\frac{p_0^2}{2m_X}=\frac{p_0^2}{2M}.\tag{⑭}$$

可见，根据题设的暗物质模型，在实验室系中，出射的原子核的动能在从0到 E_k^{in} 范围内均匀分布.

【解法二　Xe 粒子的动能分布函数满足

$$\rho(\theta)2\pi\sin\theta\mathrm{d}\theta=\rho(E_k)\mathrm{d}E_k.\tag{⑪′}$$

Xe 粒子的动能 E_k 与其出射角 θ 的关系是

$$E_k(\theta)=\begin{cases}\dfrac{1}{2}Mv_0^2\cos^2\theta, & 0\leqslant\theta\leqslant\dfrac{\pi}{2},\\ 0, & \dfrac{\pi}{2}<\theta\leqslant\pi.\end{cases} \qquad ⑫'$$

由⑪′,⑫′式得

$$\rho(E_k)=\frac{2\cos\theta\sin\theta}{Mv_0^2\cos\theta\sin\theta}=\frac{1}{\frac{1}{2}Mv_0^2},\quad 0\leqslant E_k\leqslant\frac{1}{2}Mv_0^2. \qquad ⑬'$$

因此,Xe 粒子的动能在 $0\leqslant E_k\leqslant\frac{1}{2}Mv_0^2$ 的范围内,对应于 $0\leqslant\theta\leqslant\frac{\pi}{2}$ 的分布是均匀的.】

(2) 总的原子核的个数为

$$N_{Xe}=\frac{M_{total}}{m_{Xe}}=\frac{1.0\ \text{t}}{132\ \text{g/mol}}\times N_A\approx 4.6\times 10^{27}, \qquad ⑮$$

这里 N_A 是阿伏伽德罗常数.在一年中一个原子核被暗物质粒子碰撞的概率为

$$P_1=\sigma vt\ \frac{\rho_X}{m_X}, \qquad ⑯$$

其中 σ 为碰撞的截面,v 为暗物质的速度,t 为总的时间,ρ_X 和 m_X 分别为暗物质的密度和暗物质粒子 X 的质量.代入具体数据得

$$P_1\approx 1.9\times 10^{-26}, \qquad ⑰$$

这个概率远远小于 1,因此我们可以忽略一个原子核被两个暗物质粒子碰撞的情况.所以一年里,这个探测器发生的总的碰撞次数可以估计为

$$N_C=P_1N_{Xe}\approx 87, \qquad ⑱$$

即大概会发生 87 次碰撞.

(3) 由于碰撞产生的出射的原子核的动能分布为从 0 到 E_k^{in} 之间的均匀分布,则出射动能大于某一阈值 $E_阈$ 的数目为

$$N_S=N_C\ \frac{E_k^{in}-E_阈}{E_k^{in}}. \qquad ⑲$$

将题给数据代入⑭式得

$$E_k^{in}\approx 28\ \text{keV}, \qquad ⑳$$

由题设

$$E_阈=10\ \text{keV},$$

又由⑱,⑲,⑳式可得

$$N_S=56. \qquad ㉑$$

这个探测器中每年产生的暗物质的信号的数目为 56 个.

(4) 这个上限是由逃逸速率造成的,当速度大小超过逃逸速率时暗物质粒子可能逃逸出银河系引力的束缚.

(5) 设暗物质粒子的质量是 m_X,它在实验室系中速度大小为 v_X,则暗物质粒子和静止的 Xe 原子核的质心 C 相对于实验室系的速度为

$$v_C=v_X\ \frac{m_X}{m_X+m_{Xe}}. \qquad ㉒$$

在实验室系中，Xe 原子核可以从与暗物质粒子碰撞中获得的最大的反冲速度为

$$v_{\mathrm{r\,max}}=2v_{\mathrm{C}}=2v_{\mathrm{X}}\frac{m_{\mathrm{X}}}{m_{\mathrm{X}}+m_{\mathrm{Xe}}}. \tag{23}$$

Xe 原子核能获得的最大的反冲动能为

$$E_{\mathrm{r\,max}}=\frac{1}{2}m_{\mathrm{Xe}}v_{\mathrm{r\,max}}^{2}=\frac{1}{2}m_{\mathrm{X}}v_{\mathrm{X}}^{2}\frac{4m_{\mathrm{X}}m_{\mathrm{Xe}}}{(m_{\mathrm{X}}+m_{\mathrm{Xe}})^{2}}. \tag{24}$$

实验室中不可能探测到暗物质信号的条件是：当 $v_{\mathrm{X}}=v_{\max}$时，

$$E_{\mathrm{r\,max}}<E_{阈}. \tag{25}$$

由㉓,㉔,㉕式得，当

$$m_{\mathrm{X}}<\frac{m_{\mathrm{Xe}}}{v_{\max}\sqrt{\dfrac{2m_{\mathrm{Xe}}}{E_{阈}}}-1}=\frac{m_{\mathrm{Xe}}}{\dfrac{v_{\max}}{c}\sqrt{\dfrac{2m_{\mathrm{Xe}}c^{2}}{E_{阈}}}-1}=14\ \mathrm{GeV}/c^{2} \tag{26}$$

时，探测器不可能探测到暗物质的信号.

四、(1)i. 在生物膜表面外 x 点附近取一个单位面积为底、厚度为 $\mathrm{d}x$ 的小体积(上、下底均与膜表面平行).由对称性，生物膜表面外电场强度只与 x 有关，因而小体积上、下底处的电场强度可分别记为 $E(x+\mathrm{d}x)$，$E(x)$，以 x 轴正向为正方向.由高斯定理有

$$E(x+\mathrm{d}x)-E(x)=\frac{1}{\varepsilon}en(x)\mathrm{d}x,$$

而

$$E(x)=-\frac{\mathrm{d}\varphi}{\mathrm{d}x},$$

由以上两式得

$$\frac{\mathrm{d}^{2}\varphi}{\mathrm{d}x^{2}}=-\frac{e}{\varepsilon}n(x). \tag{1}$$

电荷$+e$ 的正离子在上述静电场中的电势能是 $e\varphi$.根据玻尔兹曼统计有

$$n(x)=n_{0}\mathrm{e}^{-\frac{e\varphi(x)}{kT}}, \tag{2}$$

其中 n_0 是 $\varphi=0$ 处的正离子的数密度，所以 $\varphi(x)$满足的方程是

$$\frac{\mathrm{d}^{2}\varphi}{\mathrm{d}x^{2}}=-\frac{en_{0}}{\varepsilon}\mathrm{e}^{-\frac{e\varphi}{kT}}. \tag{3}$$

ii. $\varphi(x)$的边界条件是

$$\varphi\big|_{x=0}=0, \tag{4}$$

$$\left.\frac{\mathrm{d}\varphi}{\mathrm{d}x}\right|_{x=0}=-E\big|_{x=0}=-\frac{-\sigma}{\varepsilon},\quad \sigma>0. \tag{5}$$

这里，已注意到膜外表面的面电荷密度为$-\sigma$，膜内部可认为是导体.

iii. 将试探解 $\varphi(x)=A\ln(1+Bx)$(已满足④式)代入③式得

$$-\frac{AB^{2}}{(1+Bx)^{2}}=-\frac{en_{0}}{\varepsilon}(1+Bx)^{-\frac{eA}{kT}}.$$

比较上式两边$(1+Bx)$的幂和系数得

$$A=\frac{2kT}{e}, \tag{6}$$

$$B=\sqrt{\frac{n_0 e^2}{2\varepsilon kT}}.\tag{7}$$

再将试探解 $\varphi(x)=A\ln(1+Bx)$ 代入⑤式得

$$AB=\frac{\sigma}{\varepsilon},$$

又由⑥式可得

$$B=\frac{\sigma e}{2\varepsilon kT},\tag{8}$$

最后由⑦,⑧式得

$$n_0=\frac{\sigma^2}{2\varepsilon kT}.\tag{9}$$

由试探解 $\varphi(x)=A\ln(1+Bx)$ 和⑥,⑧式得

$$\varphi(x)=\frac{2kT}{e}\ln\left(1+\frac{\sigma e}{2\varepsilon kT}x\right),\tag{10}$$

又由②,⑨式得

$$n(x)=\frac{\sigma^2}{2\varepsilon kT}\frac{1}{\left(1+\frac{\sigma e}{2\varepsilon kT}x\right)^2}.\tag{11}$$

iv. 以膜外表面单位面积为底的无限高柱形体积内的总电荷是

$$Q=e\int_0^\infty n(x)\mathrm{d}x=\frac{\sigma^2 e}{2\varepsilon kT}\int_0^\infty\frac{1}{\left(1+\frac{\sigma e}{2\varepsilon kT}x\right)^2}\mathrm{d}x=\sigma\int_0^\infty\frac{1}{(1+y)^2}\mathrm{d}y=\sigma.\tag{12}$$

所以,整个系统(包括膜外表面)是电中性的.

v. 静电场能密度满足

$$u_{\mathrm{f}}=\frac{1}{2}\varepsilon E^2=\frac{1}{2}\varepsilon\left(\frac{\mathrm{d}\varphi}{\mathrm{d}x}\right)^2,\tag{13}$$

式中

$$\frac{\mathrm{d}\varphi}{\mathrm{d}x}=\frac{2kT}{e}\frac{\frac{\sigma e}{2\varepsilon kT}}{1+\frac{\sigma e}{2\varepsilon kT}x}.\tag{14}$$

故以带电的膜外表面单位面积为底的足够高的柱形体积内的总静电场能是

$$\begin{aligned}U_{\mathrm{f}}&=\frac{1}{2}\varepsilon\int_0^\infty\left(\frac{\mathrm{d}\varphi}{\mathrm{d}x}\right)^2\mathrm{d}x=\frac{\sigma kT}{e}\int_0^\infty\frac{\frac{\sigma e}{2\varepsilon kT}}{\left(1+\frac{\sigma e}{2\varepsilon kT}x\right)^2}\mathrm{d}x\\&=\frac{\sigma kT}{e}\int_0^\infty\frac{1}{(1+y)^2}\mathrm{d}y=\frac{\sigma kT}{e}.\end{aligned}\tag{15}$$

另一方面,同一体积中的所有正离子在静电场中的总电势能是

$$U_{\mathrm{e}}=\int_0^\infty en(x)\varphi(x)\mathrm{d}x=\frac{\sigma^2}{2\varepsilon kT}2kT\int_0^\infty\frac{\ln\left(1+\frac{\sigma e}{2\varepsilon kT}x\right)}{\left(1+\frac{\sigma e}{2\varepsilon kT}x\right)^2}\mathrm{d}x=\frac{2\sigma kT}{e}\int_0^\infty\frac{\ln(1+y)}{(1+y)^2}\mathrm{d}y$$

$$= -\frac{2\sigma kT}{e}\int_0^{\infty}\ln(1+y)\mathrm{d}\,\frac{1}{1+y} = \frac{2\sigma kT}{e}\int_0^{\infty}\frac{1}{(1+y)^2}\mathrm{d}y = \frac{2\sigma kT}{e}. \tag{16}$$

这里,已注意到所考虑的正离子只是全部正离子的极小的一部分,因而所考虑的正离子电荷可视为全部电荷(包括全部正离子电荷和膜外表面的面电荷)所产生的电场的检验电荷.

(2) i. 类比③式,φ 满足的微分方程是

$$\frac{\mathrm{d}^2\varphi}{\mathrm{d}x^2} = -\frac{en_0}{\varepsilon}\mathrm{e}^{-\frac{e\varphi}{kT}}, \quad -D < x < +D, \quad \varphi|_{x=0} = 0. \tag{17}$$

以试探函数 $\varphi(x) = A\ln[\cos(Bx)]$(满足边界 $\varphi|_{x=0}=0$)代入,得

$$AB^2\frac{1}{\cos^2 Bx} = \frac{en_0}{\varepsilon}(\cos Bx)^{-\frac{eA}{kT}},$$

因而

$$A = \frac{2kT}{e}, \tag{18}$$

$$B = \sqrt{\frac{n_0e^2}{2\varepsilon kT}}. \tag{19}$$

ii. 类比⑤式,另一边界条件是

$$\left.\frac{\mathrm{d}\varphi}{\mathrm{d}x}\right|_{x=-D} = \frac{-\sigma}{\varepsilon}, \quad \sigma > 0.$$

以试探解 $\varphi(x) = A\ln[\cos(Bx)]$代入,得

$$\frac{\mathrm{d}\varphi}{\mathrm{d}x} = -AB\tan Bx, \tag{20}$$

所以得

$$AB\tan BD = \frac{\sigma}{\varepsilon},$$

代入 A 的表达式⑱,得

$$BD\tan BD = \frac{\sigma eD}{2\varepsilon kT}. \tag{21}$$

记 $\theta \equiv BD$,则它满足超越方程

$$\theta\tan\theta = \frac{e\sigma D}{2\varepsilon kT} \equiv \kappa, \quad 0 < \theta < \frac{\pi}{2}.$$

在 D,σ,ε,T 给定后,$\kappa \equiv \frac{\sigma eD}{2\varepsilon kT}$是一个确定的常数.在本题所考虑的情形下,$\sigma$ 很小,甚至等于 0;而当 $\sigma=0$ 时,上述超越方程显然有解 $\theta=0$.物理的解应是连续的,不能跨越奇点.因此,所考虑的超越方程的物理区域是 $0\leqslant\theta<\frac{\pi}{2}$.由解题 4 图可知,在物理区域 $0\leqslant\theta<\frac{\pi}{2}$中所考虑的超越方程有且只有一个根 θ(事实上,由于 θ 和 $\tan\theta$ 在区域 $0\leqslant\theta<\frac{\pi}{2}$中都是 θ 的单调函数,两者的乘积 $\kappa(\theta)$也是 θ 的单调函数),这正好符合静电唯一性定理.确定 θ 后,有

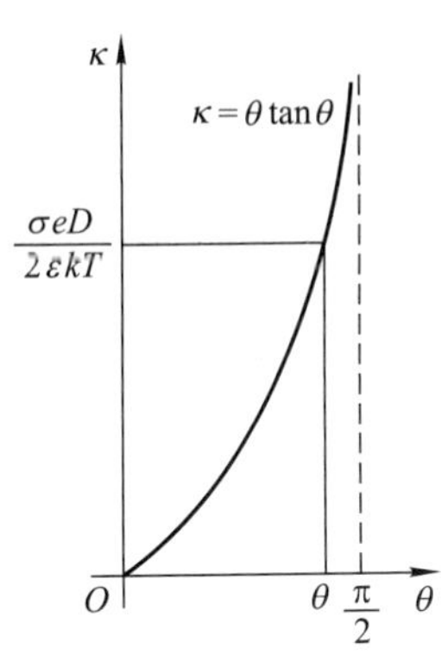

解题 4 图

$$B=\frac{\theta}{D},$$

因此

$$n_0=\frac{2\varepsilon kT}{e^2}B^2=\frac{2\varepsilon kT\theta^2}{e^2D^2}. \tag{22}$$

可见给定了 D,σ,ε,T 就决定了 θ,也就完全决定了 n_0.

iii. 类比②式并利用试探解形式 $\varphi(x)=A\ln[\cos(Bx)]$以及⑱式有

$$n(x)=n_0\mathrm{e}^{-\frac{e\varphi(x)}{kT}}=n_0[\cos(Bx)]^{-\frac{eA}{kT}}=n_0\frac{1}{\cos^2Bx}, \tag{23}$$

其中 n_0 和 B 如前所述,所以

$$n(\pm D)=n_0\frac{1}{\cos^2BD}=n_0(1+\tan^2BD)=n_0+n_0\tan^2\theta,$$

而

$$n_0\tan^2\theta=\frac{2\varepsilon kT}{D^2e^2}(\theta\tan\theta)^2=\frac{2\varepsilon kT}{D^2e^2}\left(\frac{\sigma eD}{2\varepsilon kT}\right)^2=\frac{\sigma^2}{2\varepsilon kT},$$

所以

$$n(\pm D)-n_0=\frac{\sigma^2}{2\varepsilon kT}. \tag{24}$$

iv. 根据前面 $n(x)$的表达式㉓,两个细胞外侧及它们之间这个系统内总电荷为

$$\int_{-D}^{D}en(x)\mathrm{d}x=en_0\int_{-D}^{D}\frac{\mathrm{d}x}{\cos^2Bx}=\frac{2e}{B}\frac{2\varepsilon kT\theta^2}{e^2D^2}\tan\theta=\frac{2e}{B}\frac{2\varepsilon kT\theta}{e^2D^2}\frac{\sigma eD}{2\varepsilon kT}=2\sigma, \tag{25}$$

其中 $\theta\tan\theta=\frac{\sigma eD}{2\varepsilon kT}$和 $\theta=BD$.由于两个均匀带负电无限大平行平面各带面电荷密度 $-\sigma$,所以整个系统是电中性的.

v. 对于两个带电平面中的一个平面,系统里的其他电荷包括另一个平面上的负电荷和正离子云的正电荷,而它们的总电荷量恰好与这个平面的总电量大小相等、符号相反,等价于平行板电容器的另一个极板,所以这个平面上单位面积受到的它们所施加的静电力是

$$f_{\mathrm{e}}=\frac{\sigma^2}{2\varepsilon},$$

方向指向生物膜外,即指向另一个平面.至于正离子碰撞形成的压强,根据题目的提示,完全类似于理想气体(或称为正离子气)的压强,因此

$$f_{\mathrm{h}}=n(\pm D)kT=\left(n_0+\frac{\sigma^2}{2\varepsilon kT}\right)kT=\frac{2\varepsilon k^2T^2\theta^2}{e^2D^2}+\frac{\sigma^2}{2\varepsilon}, \tag{26}$$

方向指向生物膜内.合力是

$$f=f_{\mathrm{h}}-f_{\mathrm{e}}=n_0kT=\frac{2\varepsilon k^2T^2\theta^2}{e^2D^2}, \tag{27}$$

方向指向生物膜内.这就是说,静电力与正离子气压力的合力是在两个带电平面之间产生斥力.值得指出的是,膜内外充满了水,膜内外所受到的水的压强相互抵消,故不予考虑.

【解法二 平面 $x=0$ 将两带电平面之间的正离子(包括相应的液体)体系分成体系Ⅰ和Ⅱ.对于平面 $x=0$ 与两个带电平面之一的平面之间的正离子(包括相应的液体)所组成的体系Ⅰ,体系Ⅱ相当于面电荷密度为$+\sigma$ 的平板,它对于体系Ⅰ的作用正好被其邻接的电荷密度为

$-\sigma$ 的带电平板对于体系Ⅰ的作用抵消，可以不予考虑.因此，体系Ⅰ除了受到带电平面对它的指向内部的作用力(其在单位面积上的大小 f 等于带电平面所受到的静电力与正离子气压力的合力在单位面积上的大小)之外，还受到平面 $x=0$ 处的正离子气的压力(方向亦指向体系Ⅰ内部)，其在单位面积上的大小为

$$f_{h0}=n_0kT. \qquad ㉖'$$

由于体系Ⅰ处于力平衡状态，故

$$f=f_{h0},$$

于是

$$f=n_0kT=\frac{2\varepsilon k^2T^2\theta^2}{e^2D^2}. \qquad ㉗$$

值得指出的是，膜内外充满了水，膜内外所受到的水的压强相互抵消，不予考虑.】

vi. 由㉖式知

$$f\propto\left(\frac{\theta}{D}\right)^2, \qquad ㉘$$

注意到 θ 满足

$$\theta\tan\theta=\frac{\sigma eD}{2\varepsilon kT},$$

因而也与 D 有关.在近距离极限下

$$\frac{\sigma eD}{2\varepsilon kT}\ll 1,$$

因而可以认为 $\tan\theta\approx\theta$，于是

$$\theta\approx\sqrt{\frac{\sigma eD}{2\varepsilon kT}}\propto\sqrt{D},$$

所以

$$f\propto\left(\frac{\sqrt{D}}{D}\right)^2\propto\frac{1}{D}. \qquad ㉙$$

而在远距离极限下

$$\frac{\sigma eD}{2\varepsilon kT}\gg 1,$$

因而可以认为

$$\theta\approx\frac{\pi}{2}=\text{常数},$$

于是

$$f\propto\frac{1}{D^2}. \qquad ㉚$$

㉙,㉚式表明，f 是随距离的增加而衰减的.

五、(1)i. 按题设，一个分子的磁矩等于电子的自旋磁矩，为

$$\boldsymbol{\mu}=\frac{-e}{m}\boldsymbol{S},$$

它在外场 $\boldsymbol{B}$ 中的能量为

$$E=-\boldsymbol{\mu}\cdot\boldsymbol{B}=\frac{e}{m}S_zB=\pm\frac{e\hbar}{2m}B=\pm m_0B,$$

式中，$m_0=\dfrac{e\hbar}{2m}$，已取 $\boldsymbol{B}=B\boldsymbol{e}_z$，$\boldsymbol{e}_z$ 为 z 方向的单位矢量.

按照玻尔兹曼统计，在能量为 E 的状态上分子数(占据数)满足

$$N_{\pm}\propto \mathrm{e}^{\mp\frac{m_0B}{kT}}, \qquad ①$$

总分子数为

$$N=N_{+}+N_{-},$$

由以上两式得

$$\frac{N_{\pm}}{N}=\frac{\mathrm{e}^{\mp m_0B/kT}}{\mathrm{e}^{m_0B/kT}+\mathrm{e}^{-m_0B/kT}}. \qquad ②$$

每个分子的平均磁矩为

$$\langle m\rangle=\frac{-m_0N_{+}+m_0N_{-}}{N}, \qquad ③$$

根据磁化强度的定义有

$$M=n\langle m\rangle=nm_0\frac{\dfrac{\mathrm{e}^{m_0B/kT}-\mathrm{e}^{-m_0B/kT}}{2}}{\dfrac{\mathrm{e}^{m_0B/kT}+\mathrm{e}^{-m_0B/kT}}{2}}=nm_0\frac{\mathrm{sh}\,\dfrac{m_0B}{kT}}{\mathrm{ch}\,\dfrac{m_0B}{kT}}=nm_0\tanh\frac{m_0B}{kT}. \qquad ④$$

在高温近似

$$kT\gg\frac{e\hbar}{2m}B=m_0B$$

下有

$$\tanh\frac{m_0B}{kT}=\frac{m_0B}{kT}. \qquad ⑤$$

考虑到 $\chi\ll1$，由

$$M=\chi H=\frac{\chi}{1+\chi}\frac{B}{\mu_0}\approx\frac{\chi}{\mu_0}B$$

及④，⑤式知，在高温近似下有

$$\chi=\frac{\mu_0nm_0^2}{kT}=\frac{C}{T}, \qquad ⑥$$

从而

$$C=\frac{\mu_0nm_0^2}{k}=\frac{\mu_0n}{k}\left(\frac{e\hbar}{2m}\right)^2. \qquad ⑦$$

ii. 在居里温度 θ 以上，由居里-外斯定律

$$\chi=\frac{C}{T-\theta},$$

有

$$M=\chi H=\frac{C}{T-\theta}H,$$

此即

$$\frac{T}{C}M = H + \frac{\theta}{C}M = H + H_{\mathrm{m}}. \tag{8}$$

因此，存在附加磁场（即分子场）

$$H_{\mathrm{m}} = \frac{\theta}{C}M,$$

与按照题中给出的表示

$$H_{\mathrm{m}} = \gamma M$$

比较，得

$$\gamma = \frac{\theta}{C}. \tag{9}$$

在所有磁矩都是顺排的情形下，由⑨式得

$$H_{\mathrm{m}} = \gamma M = \frac{\theta}{C}M = \frac{\theta}{\mu_0 n m_0^2/k} n m_0 = \frac{k\theta}{\mu_0 m_0}. \tag{10}$$

（2）i. 若认为这个分子场是最近邻自旋提供的，则每个自旋为最近邻分子提供的分子场（等效磁场）为

$$H'_{\mathrm{m}} = \frac{k\theta}{2\mu_0 m_0}. \tag{11}$$

此后，为简明起见，将 H'_{m} 写成 H_{m}，但理解为等效磁场.在这个分子场中自旋能量为

$$E = -m_0 B_{\mathrm{m}} = -m_0\mu_0 H_{\mathrm{m}} = -\frac{1}{2}k\theta\ , \tag{12}$$

整个系统的能量为

$$E_N = -\frac{1}{2}(N-1)k\theta. \tag{13}$$

ii. 这个非端点晶格上的自旋发生翻转前，它给左右最近邻自旋提供的分子场的能量为

$$-\frac{1}{2}k\theta - \frac{1}{2}k\theta = -k\theta.$$

这个非端点晶格上的自旋发生翻转后，它给左右最近邻自旋提供的分子场的能量为

$$\frac{1}{2}k\theta + \frac{1}{2}k\theta = k\theta.$$

相比于第（2）i 问的情形，系统的能量增加为

$$(+k\theta) - (-k\theta) = 2k\theta. \tag{14}$$

（3）i. A 位自旋能量

$$\begin{aligned}-\mu_0\boldsymbol{\mu}_{\mathrm{A}} \cdot \boldsymbol{H}_{\mathrm{mA}} &= -\mu_0\boldsymbol{\mu}_{\mathrm{A}} \cdot (-\alpha_{\mathrm{AB}}\boldsymbol{\mu}_{\mathrm{B}} - \alpha_{\mathrm{AA}}\boldsymbol{\mu}_{\mathrm{A}}) \\ &= \mu_0(\alpha\boldsymbol{\mu}_{\mathrm{A}} \cdot \boldsymbol{\mu}_{\mathrm{B}} - \beta\mu_{\mathrm{A}}^2) = -\mu_0(\beta m_0^2 - \alpha m_0^2) = -\mu_0 m_0^2(\beta-\alpha),\end{aligned} \tag{15}$$

同理，B 位自旋能量与 A 位的相同.总能量为

$$E_N = -\frac{1}{2}(N-1)\mu_0 m_0^2\beta + \frac{1}{2}(N-2)\mu_0 m_0^2\alpha \left(\text{或 } E_N = -\frac{1}{2}N\mu_0 m_0^2(\beta-\alpha)\right). \tag{16}$$

ii. A，B 位分子数密度分别为 $\frac{n}{2}$.对 A 位有

$$\boldsymbol{M}_{\mathrm{A}}=\frac{C}{2T}\boldsymbol{H}_{\mathrm{A}},\quad \text{即 } \boldsymbol{M}_{\mathrm{A}}\equiv\frac{n}{2}\bar{\boldsymbol{\mu}}_{\mathrm{A}}=\frac{C}{2T}(\boldsymbol{H}+\boldsymbol{H}_{\mathrm{mA}}), \tag{17}$$

式中 $\bar{\boldsymbol{\mu}}_{\mathrm{A}}$ 是 A 位上 $\boldsymbol{\mu}_{\mathrm{A}}$ 的平均值，而 $\boldsymbol{M}_{\mathrm{A}}$ 是与之相应的磁化强度；同理，对 B 位有

$$\boldsymbol{M}_{\mathrm{B}}\equiv\frac{n}{2}\bar{\boldsymbol{\mu}}_{\mathrm{B}}=\frac{C}{2T}(\boldsymbol{H}+\boldsymbol{H}_{\mathrm{mB}}). \tag{18}$$

外场 $\boldsymbol{H}$ 为零时，若自发磁化，此时对应反铁磁相变，即

$$\boldsymbol{M}_{\mathrm{A}}=\frac{C}{nT}(-\alpha_{\mathrm{AB}}\boldsymbol{M}_{\mathrm{B}}-\alpha_{\mathrm{AA}}\boldsymbol{M}_{\mathrm{A}}), \tag{19}$$

$$\boldsymbol{M}_{\mathrm{B}}=\frac{C}{nT}(-\alpha_{\mathrm{BA}}\boldsymbol{M}_{\mathrm{A}}-\alpha_{\mathrm{BB}}\boldsymbol{M}_{\mathrm{B}}), \tag{20}$$

此即

$$\left(1+\frac{C}{nT}\alpha\right)\boldsymbol{M}_{\mathrm{A}}+\frac{C}{nT}\beta\boldsymbol{M}_{\mathrm{B}}=0,$$

$$\frac{C}{nT}\beta\boldsymbol{M}_{\mathrm{A}}+\left(1+\frac{C}{nT}\alpha\right)\boldsymbol{M}_{\mathrm{B}}=0.$$

若要有非零解，系数行列式必须为零

$$\begin{vmatrix}1+\frac{C}{nT}\alpha & \frac{C}{nT}\beta\\ \frac{C}{nT}\beta & 1+\frac{C}{nT}\alpha\end{vmatrix}=0, \tag{21}$$

即

$$T=\frac{C}{n}(\beta-\alpha), \tag{22}$$

此即奈尔温度，代入 C 的表达式 $C=\frac{\mu_0 n m_0^2}{k}$，得

$$T=\frac{\mu_0 m_0^2}{k}(\beta-\alpha). \tag{23}$$

(4) i.考虑围绕涡旋中心半径为 r 的闭合回路，则这个回路上一共有

$$N=\frac{2\pi r}{a}$$

个磁矩，由于绕回路一圈总的 θ 角的改变量是 $2\pi l$，则相邻磁矩 θ 角的改变量（θ 角之差）的平均值为

$$\langle\theta_i-\theta_j\rangle=\frac{2\pi l}{N}=\frac{2\pi l}{2\pi r/a}=\frac{la}{r}. \tag{24}$$

【解法二　任取围绕涡旋中心、半径为 r 的闭合回路上两个近邻格点 $\boldsymbol{r}$ 和 $\boldsymbol{r}+\mathrm{d}\boldsymbol{r}$，设其自旋 $\boldsymbol{S}(r)$，$\boldsymbol{S}(\boldsymbol{r}+\mathrm{d}\boldsymbol{r})$ 的方向分别为 $\theta(\boldsymbol{r})$，$\theta(\boldsymbol{r}+\mathrm{d}\boldsymbol{r})$，有

$$\theta(\boldsymbol{r}+\mathrm{d}\boldsymbol{r})-\theta(\boldsymbol{r})=\nabla\theta(\boldsymbol{r})\cdot\mathrm{d}\boldsymbol{r},$$

考虑到涡旋相对于过其中心的轴的对称性，各点 $\boldsymbol{r}$ 的 $|\nabla\theta(\boldsymbol{r})|$ 只与 r 有关，各点 $\boldsymbol{r}$ 的 $\nabla\theta(\boldsymbol{r})$ 的方向为 $\boldsymbol{e}_\theta$. 注：设在 r 处格点的自旋方向与二维平面上的 x 轴的夹角为 $\theta(\boldsymbol{r})$，则

$$\mathrm{d}\theta(\boldsymbol{r})=\nabla\theta(\boldsymbol{r})\cdot\mathrm{d}\boldsymbol{r}=\left(\frac{\partial\theta(\boldsymbol{r})}{\partial\theta}\boldsymbol{e}_\theta+\frac{\partial\theta(\boldsymbol{r})}{\partial r}\boldsymbol{e}_r\right)\cdot r\,\mathrm{d}\boldsymbol{e}_r$$

$$=\frac{\partial\theta(\boldsymbol{r})}{\partial\theta}\boldsymbol{e}_\theta\cdot(r\,\mathrm{d}\theta)\boldsymbol{e}_\theta=\frac{\partial\theta(\boldsymbol{r})}{\partial\theta}r\,\mathrm{d}\theta\equiv|\nabla\theta(\boldsymbol{r})|\,r\,\mathrm{d}\theta,$$

且 $\mathrm{d}\boldsymbol{r}=(r\,\mathrm{d}\theta)\boldsymbol{e}_\theta$，因而，沿着围绕涡旋中心的闭合回路走一圈，$\theta$ 角的改变量是

$$2\pi l=\oint\nabla\theta(\boldsymbol{r})\cdot\mathrm{d}\boldsymbol{r}=|\nabla\theta(\boldsymbol{r})|\oint r\,\mathrm{d}\theta=2\pi r\,|\nabla\theta(\boldsymbol{r})|,$$

于是

$$|\nabla\theta(\boldsymbol{r})|=\frac{l}{r}.$$

同理

$$\theta_i(\boldsymbol{r}_i)-\theta_j(\boldsymbol{r}_j)=|\nabla\theta(\boldsymbol{r}_{ij})|\,a,$$

于是

$$\theta_i(\boldsymbol{r}_i)-\theta_j(\boldsymbol{r}_j)=\frac{la}{r},$$

因此

$$\langle\theta_i-\theta_j\rangle=\frac{la}{r}. \tag*{㉔】}$$

ii. 由于沿着圆周磁矩角度变化很小，系统能量

$$\begin{aligned}E(\{\theta_i\})&=-J\sum_{<i,j>}\cos(\theta_i-\theta_j)\approx-J\sum_{<i,j>}\left[1-\frac{1}{2}(\theta_i-\theta_j)^2\right]\\&=E_0+\frac{J}{2}\sum_{r\in[a,L]}\ \sum_{<i,j>\in\{r\}}(\theta_i-\theta_j)^2.\end{aligned} \tag*{㉕}$$

所求的一个涡旋的能量为

$$\begin{aligned}E_{\text{vortex}}&\equiv E(\{\theta_i\})-E_0\\&=\frac{J}{2}\sum_{r\in[a,L]}\ \sum_{<i,j>\in\{r\}}(\theta_i-\theta_j)^2=\frac{J}{2}\int_a^L\mathrm{d}r\int_0^{2\pi}r\,\mathrm{d}\theta\,|\nabla\theta(\boldsymbol{r})|^2,\end{aligned} \tag*{㉖}$$

于是

$$E_{\text{vortex}}=\frac{J}{2}\int_a^L\mathrm{d}r\int_0^{2\pi}r\,\mathrm{d}\theta\ |\nabla\theta(\boldsymbol{r})|^2=\frac{2\pi J}{2}\int_a^L\mathrm{d}r\ \frac{l^2}{r}=\pi Jl^2\ln\frac{L}{a}. \tag*{㉗}$$

【解法二　所求的一个涡旋的能量为

$$\begin{aligned}E_{\text{vortex}}&\equiv E(\{\theta_i\})-E_0\\&=\frac{J}{2}\sum_{r\in[a,L]}\ \sum_{<i,j>\in\{r\}}(\theta_i-\theta_j)^2=\frac{J}{2}\sum_{r\in[a,L]}N\langle\theta_i-\theta_j\rangle^2\\&=\frac{J}{2}\sum_{r\in[a,L]}\frac{2\pi r}{a}\left(\frac{la}{r}\right)^2=\pi Jl^2\sum_{r\in[a,L]}\frac{a}{r},\end{aligned} \tag*{㉖$'$}$$

于是

$$E_{\text{vortex}}=\pi Jl^2\sum_{r\in[a,L]}\frac{\Delta r}{r}=\pi Jl^2\int_a^L\frac{\mathrm{d}r}{r}=\pi Jl^2\ln\frac{L}{a}. \tag*{㉗$'$】}$$

【解法三　考虑以涡旋中心 O 为圆心、半径为 $r\to r+\Delta r$（$r\gg a$，$r\Delta r\gg a^2$）的一个二维细圆环，两个近邻磁矩的夹角 $\Delta\theta=\theta_i-\theta_j\ll1$，可取近似

$$-J(\cos\Delta\theta-1)\approx\frac{J}{2}(\Delta\theta)^2.$$

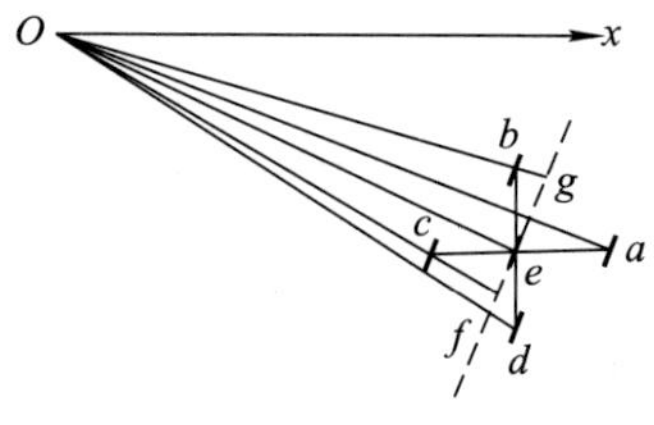

解题五图(a)

设 $l=1$.在解题 5 图(a)中,a,b,c,d 是格点 e 的最邻近格点,Ox 是二维 Oxy(正方点阵)平面的水平轴.设 Oe 长为 r,Oe 与 Ox 的夹角为 α,且由题设 Oe 与格点 e 处的自旋取向(平行于直线 fg)垂直(余亦同).设格点 b,c 处的自旋取向与格点 e 处的自旋取向之间的夹角分别为 θ_{be},θ_{ce}(余类推),由于 be 垂直于 x 轴,ca 平行于 x 轴(或 $be\perp ce$),有

$$\angle beg=\angle xOe=\alpha,\quad \angle cef=\frac{\pi}{2}-\angle beg=\frac{\pi}{2}-\alpha,$$

于是

$$\theta_{be}=\frac{a\cos\alpha}{r},\quad \theta_{ce}=\frac{a\sin\alpha}{r}.$$

同理,

$$\theta_{de}=\frac{a\cos\alpha}{r},\quad \theta_{ae}=\frac{a\sin\alpha}{r}.$$

格点 e 的磁矩与最近邻的格点磁矩之间的相互作用能为

$$\langle E_a\rangle_{l=1}=\frac{J}{2}\left[\frac{1}{2}(\theta_{be}^2+\theta_{de}^2+\theta_{ae}^2+\theta_{ce}^2)\right],$$

式中圆括号前的因子$\frac{1}{2}$是因为位于相邻格点处的磁矩之间的相互作用能是两个相邻格点上的磁矩共有的.于是

$$\langle E_a\rangle_{l=1}=\frac{J}{4}\left[2\left(\frac{a\cos\alpha}{r}\right)^2+2\left(\frac{a\sin\alpha}{r}\right)^2\right]=\frac{Ja^2}{2r}.$$

对于任意的 l,由于 $\Delta\theta$ 正比于 l,而相互作用能正比于$(\Delta\theta)^2$,故

$$\langle E_a\rangle=\frac{Jl^2a^2}{2r},$$

它只与 r 有关.

在以涡旋中心 O 为圆心、半径为 $r\to r+\Delta r$($r\gg a$,Δr 足够小,但 $r\Delta r\gg a^2$)的一个细圆环中包含的格点磁矩的数目是

$$\Delta n=\frac{2\pi r\Delta r}{a^2},$$

在 $r\to r+\Delta r$ 的细圆环中的所有格点磁矩的相互作用能量为

$$\Delta E_r=\langle E_i\rangle\Delta n=\frac{Jl^2a^2}{2r^2}\frac{2\pi r\Delta r}{a^2}=\pi Jl^2\frac{\Delta r}{r}. \qquad ㉖''$$

值得指出的是,在三维模型中,格点 e 的最近邻点还应当加上前后两个最近邻格点 m,n(在原平面过 e 点垂直方向上);但由题设,m,n 点处的磁矩方向均与 e 点处的平行,因而对相互作用能没有贡献.

一个涡旋的能量

$$E_{\text{vortex}}=\sum_{r=a}^{L}\Delta E_r=\pi Jl^2\sum_{r=a}^{L}\frac{\Delta r}{r}=\pi Jl^2\int_a^L\frac{\mathrm{d}r}{r}=\pi Jl^2\ln\frac{L}{a}. \qquad ㉗''】$$

【解法四 首先计算 $l=1$ 的自旋磁矩涡旋的能量,见题 5 图(e),晶格常数为 a.

按题设：① 只考虑最近邻的磁矩之间的相互作用能，即

$$E(\{\theta_i\})=-J\sum_{<i,j>}[\cos(\theta_i-\theta_j)-1],$$

其中$<i,j>$代表i,j是最近邻（注：这里已经对能量进行了“重整化”，也就是把铁磁基态的能量取做了0）；② 对$l=1$的涡旋，各个磁矩的方向（假定都是顺时针的）总与从涡旋中心指向该磁矩的半径相垂直；③ 平均说来，每一个格点占有的面积是a^2，因此，任何微观大而宏观小的面积ΔS中包含的磁矩的数目是$\Delta S/a^2$.

现在考虑以涡旋中心为圆心、半径为$r\to r+\Delta r\,(r\Delta r\gg a^2)$的一个细圆环，它的面积是$2\pi r\Delta r$，所以其中包含的磁矩的数目是

$$\Delta n=\frac{2\pi r\Delta r}{a^2}.$$

考虑距离涡旋中心很远的区域，因此两个近邻磁矩的夹角$\Delta\theta=\theta_i-\theta_j\ll1$，可取近似

$$-J(\cos\Delta\theta-1)\approx\frac{J}{2}(\Delta\theta)^2.$$

一个磁矩有4个最近邻.让我们考虑两种极端情形.第一种是这个原胞正交于从涡旋中心指向这个原胞的射线，见解题5图(b).那么一个给定磁矩与两个横向近邻磁矩的夹角是0，相互作用能也是0，而与两个纵向近邻磁矩的夹角是a/r，所以它与最近邻磁矩相互作用能的平均值是

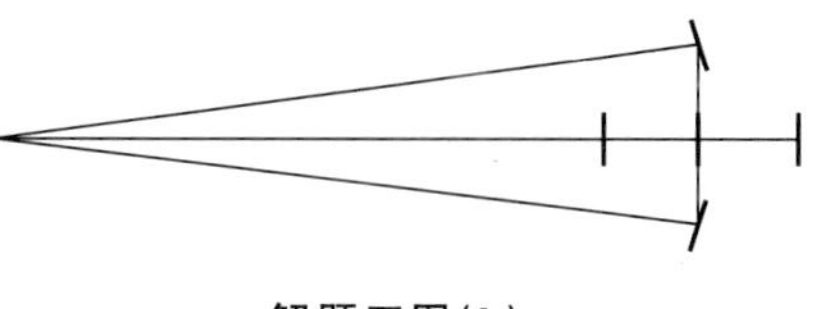

解题五图(b)

$$\langle E_i\rangle=\frac{J}{2}\cdot\frac{1}{2}\cdot2\cdot\frac{a^2}{r^2}=\frac{J}{2}\frac{a^2}{r^2}.$$

第二种是这个原胞与从涡旋中心指向这个原胞的射线成45°角，见解题5图(c).那么给定的磁矩与它的4个近邻的夹角都是$a/(\sqrt{2}r)$，所以它与最近邻磁矩相互作用能的平均值是

$$\langle E_i\rangle=\frac{J}{2}\cdot\frac{(a/\sqrt{2})^2}{r^2}\times\frac{4}{2}=\frac{J}{2}\frac{a^2}{r^2}.$$

我们发现二者完全相同！把上述分析推广到其他情形，很容易发现：这个结论适用于原胞在任何位置（方位），因为总有$\sin^2\alpha+\cos^2\alpha=1$，所以普适的结论是

$$\langle E_i\rangle=\frac{J}{2}\frac{a^2}{r^2}.$$

解题五图(c)

在$r\to r+\Delta r$的细圆环中的相互作用能量为

$$\Delta E=\langle E_i\rangle\Delta n=\frac{J}{2}\frac{a^2}{r^2}\frac{2\pi r\Delta r}{a^2}=\pi J\frac{\Delta r}{r},$$ ㉖‴

再把r从$a/2$到$L/2$积分，即得单个涡旋的总能量为

$$E_{\text{vortex}}=\pi J\int_{a/2}^{L/2}\frac{\mathrm{d}r}{r}=\pi J\ln\frac{L}{a}.$$

把上述结论推广到任意的l是直接的. 因为$\Delta\theta$正比于l，而能量正比于$(\Delta\theta)^2$，所以

$$E_{l-\text{vortex}}=\pi J l^2 \ln \frac{L}{a}. \tag{27'''}$$】

iii. 可以将涡旋中心放在 $\Omega=\frac{L^2}{a^2}$ 个可能位置上，因此单个涡旋的熵可估算为

$$S=k\ln\Omega=k\ln\frac{L^2}{a^2}=2k\ln\frac{L}{a}. \tag{28}$$

iv. 单个涡旋的亥姆霍兹自由能为

$$F=E_0+(\pi J l^2-2kT)\ln\frac{L}{a}. \tag{29}$$

由㉙式可知，系统可能的相变温度为

$$T=\frac{\pi J l^2}{2k}. \tag{30}$$

当 $T<\frac{\pi J l^2}{2k}$ 时，随着尺寸 L 增大，单个涡旋的自由能会发散到正无穷，说明此时系统不利于形成单个涡旋；当 $T>\frac{\pi J l^2}{2k}$ 时，随着尺寸 L 增大，单个涡旋的自由能会发散到负无穷，说明增加涡旋可以降低自由能，此时系统倾向于形成单个涡旋.

实验部分试题

实验一

【A 部分】

A1. 采用伏安法测量一个待测电阻. 从图 1 中分别读出伏特表电压和毫安表电流，并填写在答题纸指定位置. 如果测量中采用的是电流表外接法，并且毫安表所用挡位内阻为 5.7 Ω，伏特表的内阻可以表示为 1 kΩ/V，请给出待测电阻的阻值.

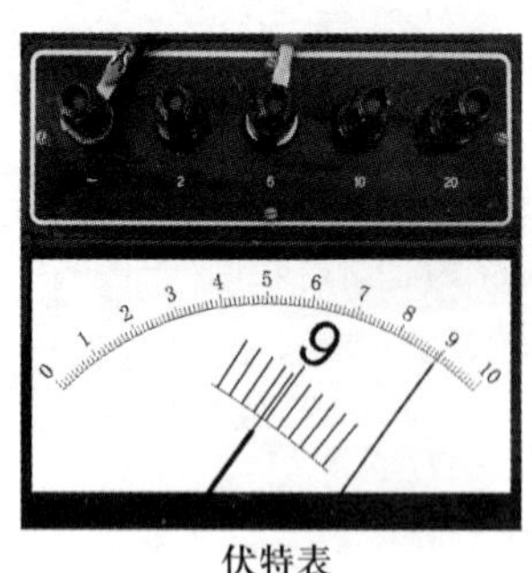

伏特表

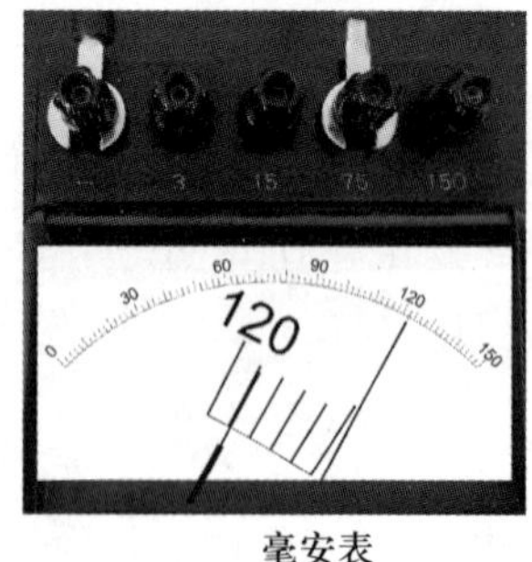

毫安表

图 1　伏特表和毫安表的量程和示数

A2. 图 2 是用一台双踪示波器测量一个待测线性元件的交流特性的电路图，其中信号源输出标准正弦信号，X 表示待测元件，R_0 为一标准电阻，$R_0=100$ Ω. 图 3 给出了双踪示波器显示的波形，其中横向的每格扫描时间为 200 μs，CH1，CH2 通道的偏转因数分别为 1 V/格，500 mV/格. 请在答题纸上指定位置填写由图 3 读出的示波器 CH1 和 CH2 通道所测信号的电压峰峰值、两路信号之间的相位差(以度为单位表示)，并由此求出待测元件 X 的复阻抗(用

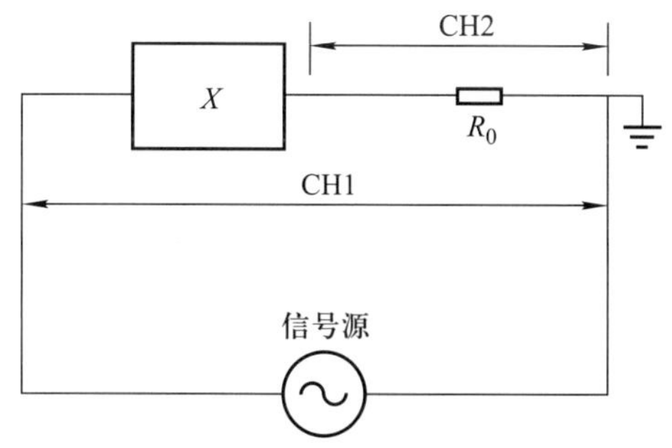

图 2　用一台双踪示波器测量一未知元件阻抗

实部虚部表示). 若待测元件 X 是纯电感、纯电容或纯电阻中的一种,请根据上述测量结果写出你的判断.

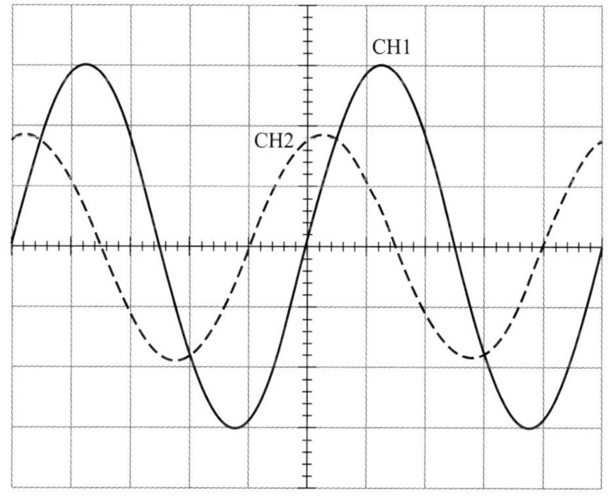

图 3　双踪示波器显示波形

A3. 在不同 He,Ne 混合气体总压下测得一支 He-Ne 激光器的激光输出功率随工作电流变化的关系,如图 4 所示. 请列出所有你能由此图总结出的经验规律. 激光器由激光管充入适

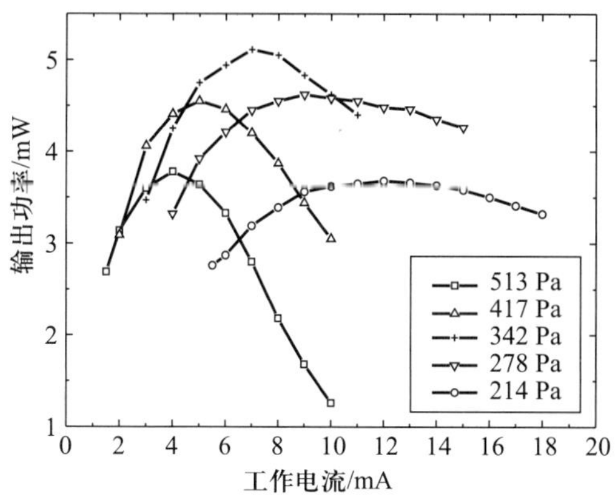

图 4　不同总压下 He-Ne 激光器输出功率与工作电流关系

当比例的高纯 He,Ne 气体制成. 如充气前已将激光管内压强抽至 3×10^{-3} Pa,并假定充入的 He,Ne 气量相当,则适宜的 He,Ne 气体纯度为________. (He,Ne 气体纯度越高,激光器性能越好,但气体价格也会随纯度迅速提高)

a. 99% b. 99.9% c. 99.99% d. 99.999% e.99. 9999% f. 99.99999%

A4. 假设有一电阻型温度传感器,在 0～100℃之间其阻值 R_T 随温度在 100～150 Ω 之间线性变化. 利用如图 5 所示的电路可以实现一个数字温度计,在 0～100 ℃范围内能方便地由数字多用表电压挡示数 U_T 直接(或需移动小数点)读取温度传感器所测温度(℃为单位)的近似值. 已知直流稳压电源的输出电压为 $U=30$ V,三个电阻箱 R_1,R_2,R_3 的电阻变化范围为 0.1～99999.9 Ω. 参数调好后,固定 R_1,R_2,R_3 阻值不变,且 $R_1=R_2$. 假设数字多用表所有电压挡最小分辨率均为 0.01 mV. 要求 0℃时 $U_T=0.00$ mV,则 100℃时 U_T 为 1.00 mV, 10.00 mV, 100.00 mV, 1000.00 mV(这几个示数均可视为 100℃,只是温度分辨率不同)中的哪种,才能保证数字温度计在 0～100℃之间温度测量误差均不超过 1℃,并且温度分辨率最高? 此时 R_1 和 R_3 的阻值为多少?

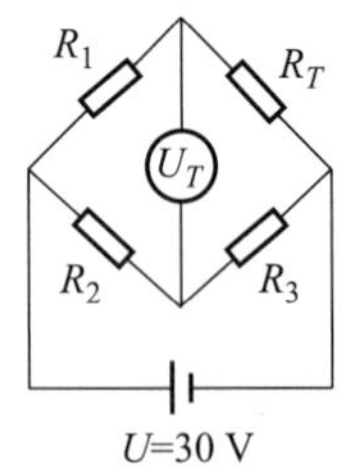

图 5 温度计电路图

【B 部分】

如图 6 所示,迈克耳孙干涉仪利用分束镜 G_1 将入射光束分成两束,两束光分别经过两个反射镜 M_1 和 M_2 反射到分束镜处合束后,在空间相干叠加形成干涉图样. 反射镜 M_1 可沿导轨前后移动改变位置.

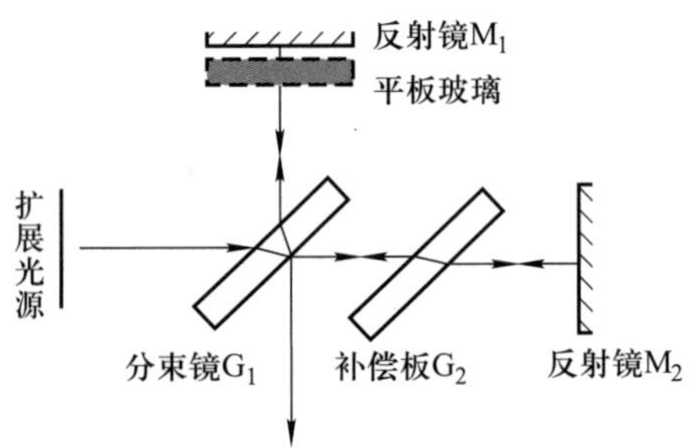

图 6 迈克耳孙干涉仪光路图

图 7 为其实物图. 如用白光扩展光源照射并适当调节干涉仪,可实现白光的等厚干涉.

B1. 在反射镜 M_1 和 M_2 偏离相互垂直状态一个微小角度 α 时,转动大转轮移动 M_1 镜,在两路光束光程相等(此时 M_1 镜位置为 d_0)附近可观察到白光等厚干涉的彩色直条纹. 分别顺时针和逆时针转动大转轮寻找出现彩色直条纹的准确位置,在这两种情况下图 7 中大转轮读数窗的读数是否相同? 请说明原因. 在 d_0 位置时,调小夹角 α,干涉条纹有何变化?

B2. 在 d_0 位置时,调节 α 角尽量小,再在 M_1 镜前平行放置一平板玻璃(忽略平板玻璃反射),白光的干涉条纹消失. 此时换成激光扩展光源照明,能观察到圆环条纹,进一步微调 α 角直至圆环条纹不随眼睛观察位置变动而发生吞吐. 在放置平板玻璃前,通过眼睛看到的 M_1 和 M_2 镜的相对位置为________.

a. M_1 镜离眼睛更近 b. M_2 镜离眼睛更近 c. M_1 和 M_2 镜重合

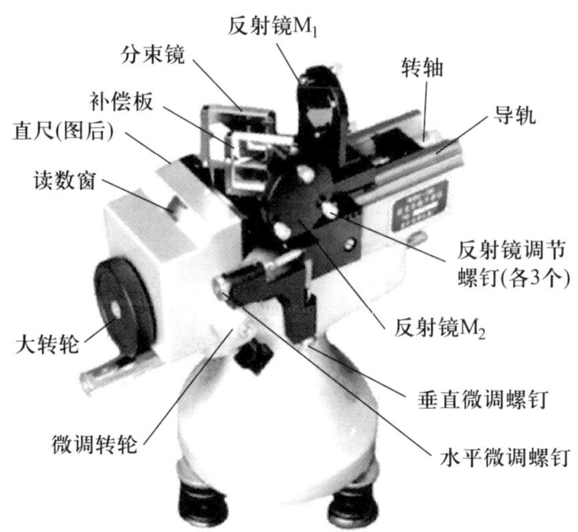

图 7　迈克耳孙干涉仪实物图

放置平板玻璃后，通过眼睛看到的 M_1 和 M_2 镜的相对位置为 ______.

a. M_1 镜离眼睛更近　b. M_2 镜离眼睛更近　c. M_1 和 M_2 镜重合

此时，若大范围移动 M_1 镜远离观察者，圆环条纹吞吐情况如何，两臂之间的光程差如何变化？若反方向大范围移动 M_1 镜，结果又是如何？

B3. 假定移动 M_1 镜离开 d_0 位置，使得条纹吞进，直至整个视场呈现完全均匀亮度，此时 M_1 镜位置为 d_1，其位移量为 $\Delta=|d_1-d_0|$，请给出折射率 n 用玻璃板厚度 t 和 Δ 表示的关系式. 若分别用 σ_t 和 σ_Δ 表示 t 和 Δ 的不确定度，请给出用 t，Δ，σ_t 和 σ_Δ 表示的 n 的不确定度. 已测得 $\Delta=(2.776\pm0.005)$ mm，平板玻璃厚度 t 用螺旋测微器测量结果如表 1 所示，螺旋测微器零点读数为 0.009 mm，允差为 0.004 mm 且满足均匀分布. 请分别计算出 t 和 n 的测量结果及其不确定度.

表 1　平板玻璃厚度测量实验数据

序号	1	2	3	4	5	6
t/mm	7.975	7.973	7.976	7.975	7.974	7.975

【C 部分】

图 8 是采用转动法测量刚体转动惯量的示意图. 被测刚体是一个塔轮，可以绕固定轴 OO' 转动，且相对 OO' 轴的转动惯量为 I，并在转动中受到一个固定摩擦力矩 M_μ. 质量为 m 的砝码通过定滑轮 C 拉动刚体，假设实验中砝码下落的加速度远远小于重力加速度 g (9.800 m/s^2)，则刚体受到的拉力为 mg. 塔轮的绕线半径为 $r=2.500$ cm，忽略滑轮及绳子的质量、滑轮轴摩擦力等，则刚体受到的拉力矩为 mgr. 每次砝码从静止开始下落，固定下落高度 $h=85.65$ cm，下落时间为 t，可以推出 $mgr-M_\mu=\dfrac{2hI}{rt^2}$. 保持其他条件不变，测量不同 m 下的 t，结果如表 2 所示，其中 t 是多次重复测量的平均值，假设 t 之外其他数据误差均可忽略.

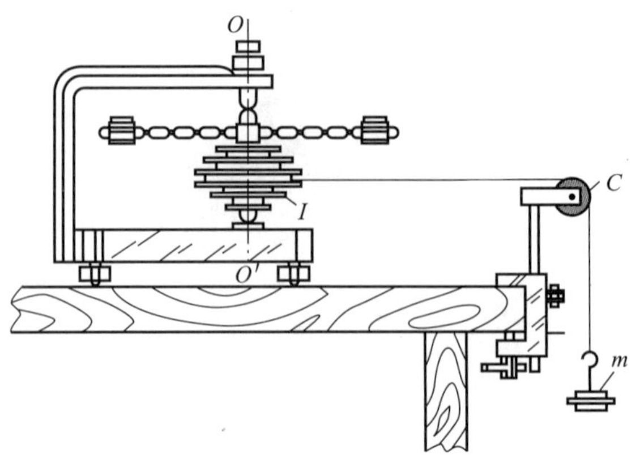

图 8　刚体转动惯量测量

表 2　改变砝码质量 m，测量下落时间 t 的实验数据

m/g	5.00	10.00	15.00	20.00	25.00	30.00
t/s	16.70	11.37	9.26	7.89	7.02	6.37

C1. 对表 2 测量结果进行数据处理，计算不同 m 下的$\frac{1}{t^2}$，将结果填入表 3 中.

表 3

m/g	5.00	10.00	15.00	20.00	25.00	30.00
t/s	16.70	11.37	9.26	7.89	7.02	6.37
$\frac{1}{t^2}/(10^{-3}\,\mathrm{s}^{-2})$						
$\sigma_{\frac{1}{t^2}}/(10^{-3}\,\mathrm{s}^{-2})$						

C2. 用最小二乘法对$\frac{1}{t^2}$和 m 的关系做线性拟合，计算拟合斜率 k 和截距 b，并通过相关系数计算斜率 k 的拟合不确定度 σ_k. 不需求 b 不确定度，直接保留两位有效数字.

C3. 通常情况，用最小二乘法拟合的前提假设之一是各数据点的 y_i 精度相等，利用所有数据点相对拟合直线的 y 残差平方和$Q^2=\sum_{i=1}^{n}(y_i-b-kx_i)^2$ 取最小值为判据，得出 k 和 b 的表达式. 本实验中，假设不同 m 下测得的时间 t 具有相同的不确定度 $\sigma_t=0.03$ s，请计算不同 m 下$\frac{1}{t^2}$的不确定度，并填入表 3 中，不难看出各$\frac{1}{t^2}$的不确定度不同. 对于这种不等精度的情况，为了更合理地衡量 y 方向不同精度的数据点对拟合结果的贡献，需要按不同的权重对残差平方求和，以 $Q'^2=\sum_{i=1}^{n}\left(\frac{y_i-b-kx_i}{\sigma_{y_i}}\right)^2$ 取最小值为判据，得出 k 和 b 的表达式. 为方便计算，设 $A=\sum_{i=1}^{n}\frac{x_i}{\sigma_{y_i}^2}$，$B=\sum_{i=1}^{n}\frac{1}{\sigma_{y_i}^2}$，$C=\sum_{i=1}^{n}\frac{y_i}{\sigma_{y_i}^2}$，$D=\sum_{i=1}^{n}\frac{x_i^2}{\sigma_{y_i}^2}$，$E=\sum_{i=1}^{n}\frac{x_iy_i}{\sigma_{y_i}^2}$，$F=\sum_{i=1}^{n}\frac{y_i^2}{\sigma_{y_i}^2}$，请给出 Q'^2 用 A,B,C,D,E,F 表示的表达式，并根据 Q'^2 取最小值这一条件，给出 k 和 b 用 A,B,C,D,E,F 表示的表达式. 根据表 1 中的数值(以表 1 中给定的单位为准)，计算出 A,B,C,D,E 的数值(不要求不确定度和单位，保留到个位)，并由此求出 k 和 b 的结果(均不要求不确定度. 最终结果 k 有效数字按 C2 问中 σ_k 保留，b 保留两位有效数字).

C4. 给出转动惯量 I 和摩擦力矩 M_μ 用 C3 问中的斜率 k 和截距 b 表示的表达式，并用 C3 问中拟合结果计算 I 和 M_μ(不要求不确定度，I 和 M_μ 的有效数字根据 k 和 b 的有效数字保留).

实验二　测试同轴电缆的等效电路参数

【实验题目】

在普通电路中，当电流或电压信号的频率较低时，电信号基本上是沿着导线回路传输的. 如果信号频率高达 10^5 Hz 以上，即是所谓的射频信号，普通导线就会像天线一样向空间发射电磁波，因而不能成为电信号传输的有效通道. 为了传输射频信号，通常采用一类特殊结构的传输线，如同轴电缆. 同轴电缆的形状和结构如图 1 所示，中心导体通常为铜质导线，中心导体外面有一层电介质绝缘层，绝缘层外面是外层导体，外层导体外面是塑料护套. 使用时，一端接信号源，另一端接负载. 输入射频信号时，由于同轴电缆内、外导体上的电流方向相反，二者的电磁场在同轴电缆外部大致抵消，仅在同轴电缆内部以横波模式沿着中心导体上的电流方向传播，随之传播的是同轴电缆中内、外导体之间的电压.

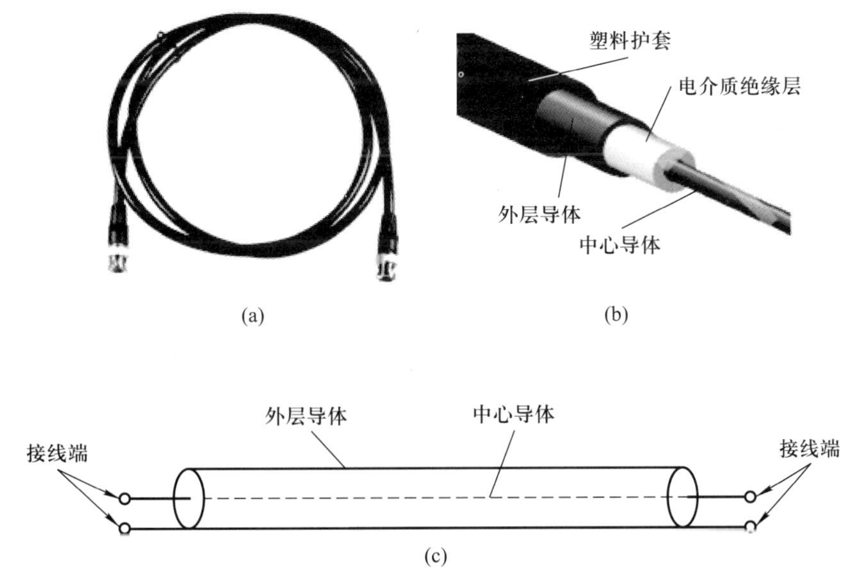

图 1　同轴电缆(a)及其结构(b)和示意图(c). 为简便起见，示意图(c)中只画出了中心导体和外层导体. 在同轴电缆两端，中心导体和外层导体都可与导线、负载等相连接.

本实验用不同的方法测量同一根均匀同轴电缆的多个特征参数. 忽略同轴电缆的损耗. 所有结果都不评估不确定度.

【实验装置】

长度为 5.00 m 的待测同轴电缆、信号源(内阻为 R_0,可以产生不同频率、不同波形的信号)、交流电压表(可以测量交流电压的有效值)两台、双通道数字示波器、电阻、导线等.

【实验内容】

A. 用低频正弦信号测量同轴电缆的等效电容与等效电感

当正弦信号的频率 f_0 很低、波长远大于待测同轴电缆的长度时,待测同轴电缆可近似用图 2 所示电路等效,其中 C_1,L_1 分别是低频条件下整条待测同轴电缆的等效电容和等效电感,且满足

$$\frac{1}{2\pi f_0 C_1} \gg 2\pi f_0 L_1. \quad ①$$

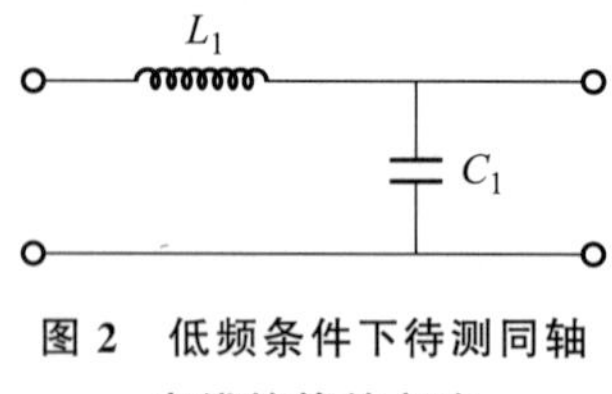

图 2 低频条件下待测同轴电缆的等效电路

问题 A1. 参考图 2,将图 3 中仪器和待测同轴电缆连起来,用于测试待测同轴电缆的等效电容 C_1. 所用仪器包括:信号源(内阻为 R_0、产生频率为 f_0 的低频正弦信号)、交流电阻 R_1、交流电压表 1(用于测量电阻 R_1 的交流电压 U_{R1} 的有效值)和交流电压表 2(用于测量待测电缆上的交流电压 U_{C1} 的有效值).

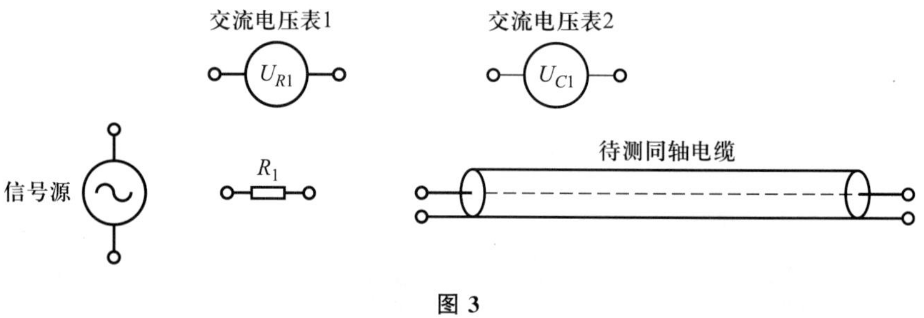

图 3

问题 A2. 根据图 3 中连成的电路,写出待测同轴电缆的等效电容 C_1 的表达式,用 f_0,R_1,U_{R1},U_{C1} 表示.

问题 A3. 参考图 2,将图 4 中仪器和待测同轴电缆连起来,用于测试待测同轴电缆的等效电感 L_1. 所用仪器包括:信号源(内阻为 R_0、产生频率为 f_0 的低频正弦信号)、交流电阻 R_2、交流电压表 1(用于测量电阻 R_2 上的交流电压 U_{R2} 的有效值)和交流电压表 2(用于测量待测电缆上的交流电压 U_{L1} 的有效值).

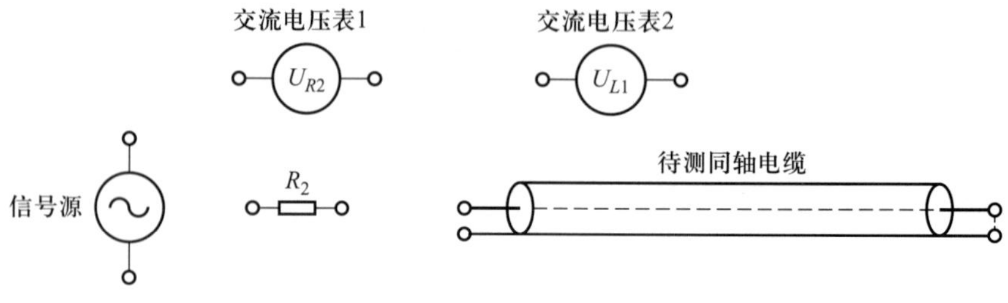

图 4

问题 A4. 根据图 4 中连成的电路，写出待测同轴电缆的等效电感 L_1 的表达式，用 f_0，R_2，U_{R2}，U_{L1} 表示.

B. 用脉冲方波信号测量同轴电缆的特征阻抗、波速、单位长度的等效电容和等效电感

当信号频率较高、波长接近或远小于同轴电缆的长度时，流过中心导体的电流和内外导体间的电压沿电缆呈现波动性变化. 如果将同轴电缆分成若干小段，使得每一小段的长度 Δx 都远小于其传输的电磁波波长(即流动在电缆上的电流波长)，则每一小段 Δx 内各处的电流近似相等，这一小段同轴电缆就可以用一个等效电感 $L\Delta x$ 和一个等效电容 $C\Delta x$ 来表示，其中 L 和 C 分别为同轴电缆单位长度的等效电感和等效电容. 一条长的同轴电缆可以等效成图 5 所示的电路模型. 电磁波在同轴电缆中可以以波速 v_p 沿 $+x$ 和 $-x$ 两个相反的方向传输. 对于沿每一个方向传输的电磁波，中心导体上一点相对于外层导体的电压与流经此处的电流之比为一个常数：

$$Z_0=\frac{V^+(x)}{I^+(x)}=\frac{V^-(x)}{I^-(x)}, \qquad ②$$

其中 $V^+(x)$ 和 $I^+(x)$ 为沿 $+x$ 方向传输的电压、电流，$V^-(x)$ 和 $I^-(x)$ 为沿 $-x$ 方向传输的电压、电流，Z_0 被称为同轴电缆的特征阻抗，可以证明 $Z_0=\sqrt{L/C}$. 由同轴电缆中电压或者电流的波动方程可以得到波速 $v_p=1/\sqrt{LC}$.

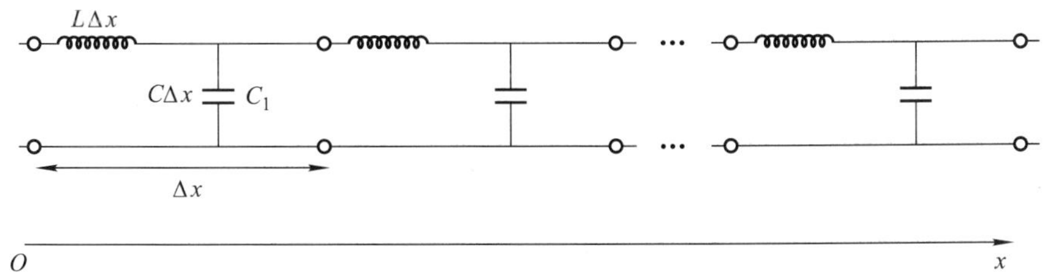

图 5　高频条件下同轴电缆的等效电路

特征阻抗是同轴电缆的一个基本参数. 如果将两根特征阻抗分别为 Z_0 和 Z_1 的同轴电缆连接在一起，如图 6(a)所示，则在连接两者的界面上会发生透射和反射. 设输入信号通过特征阻抗为 Z_0 的同轴电缆到达界面处的电压为 V_i. 之后，部分信号透射到第二根同轴电缆中继续向前传输，透射信号在界面处的电压为 V_t；部分信号可能被反射，在第一根同轴电缆中反向传输，反射信号在界面处的电压为 V_r. 在界面处，两根同轴电缆上的电压应连续，即 $V_i+V_r=V_t$. 此外，电流在界面处满足：$V_i/Z_0=V_r/Z_0+V_t/Z_1$. 由这两式可得界面处的电压反射系数 Γ 和透射系数 T 为：

$$\Gamma=\frac{V_r}{V_i}=\frac{Z_1-Z_0}{Z_1+Z_0}, \qquad ③$$

$$T=\frac{V_t}{V_i}=\frac{2Z_1}{Z_1+Z_0} \qquad ④$$

可以证明，将图 6(a)中任意一段同轴电缆替换为一个电阻后，例如将特征阻抗为 Z_1 的同轴电缆替换为电阻 R_3 之后，如图 6(b)所示，③和④式仍适用(需将式中的 Z_1 替换为 R_3).

以下利用脉冲方波信号测量电磁波在同轴电缆中传输的波速 v_p 和同轴电缆的特征阻抗 Z_0. 测试电路如图 7 所示，待测同轴电缆长为 $l=5.00$ m，末端开路，始端的中心导体与交流电

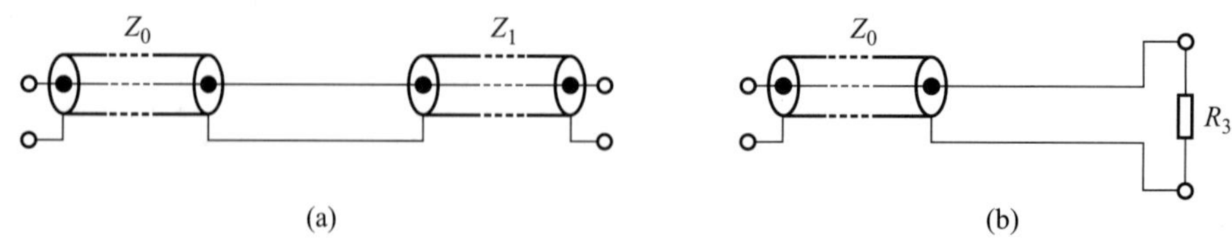

图 6　(a)特征阻抗分别为 Z_0 和 Z_1 的同轴电缆的连接,(b)特征阻抗为 Z_0 的同轴电缆与电阻 R_3 的连接. 图中连接线的长度被放大了,实际的连接线很短、长度可忽略不计.

阻 $R_g=1000\ \Omega$ 相连. 信号源内阻 $R_0=50.0\ \Omega$,可产生幅度 $V_0=10.0$ V、脉宽 $\tau=50.0\ \mu$s、频率为 100 Hz 的脉冲信号. 脉冲信号的脉宽远大于信号在同轴电缆中往返一次的时间,即 $\tau \gg 2l/v_p$. 设图 7 中连接电路所用导线很短、长度可忽略不计.

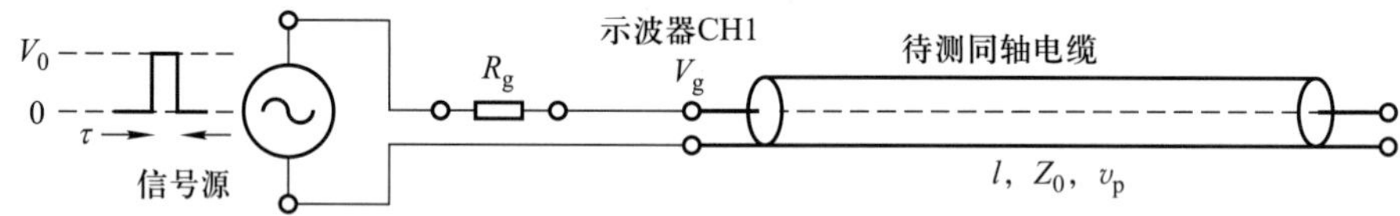

图 7　测试电路

用示波器的通道 1(CH1)测试同轴电缆始端的电压波形 V_g,结果如图 8 所示.

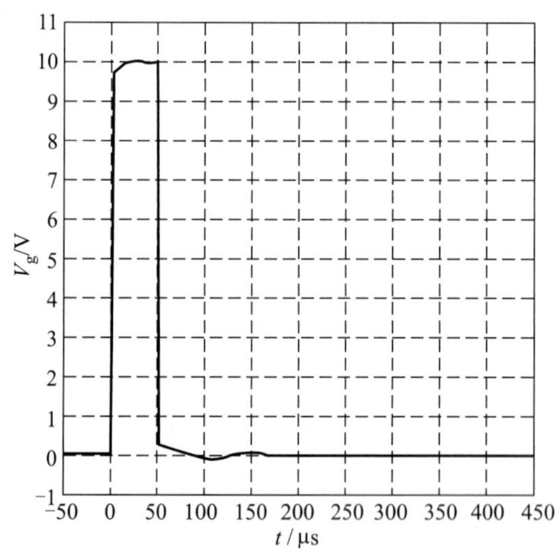

图 8　示波器测试到的脉冲信号的波形

问题 B1. 在使用示波器进行测试时,需对其触发功能进行设置. 测试图 8 所示波形时,示波器的触发源设置为 CH1、触发类型为上升沿触发,耦合选项为直流,触发模式为正常. 在该模式下当待测信号的幅度越过所设置的触发电平时示波器被触发.

为了使示波器被触发、并显示稳定的波形,触发电平可设置为________(请填写所有正确的选项).

a. −1 V　　b. 1 V　　c. 5 V　　d. 8 V　　e. 11 V

将图8中$-0.1\sim1.0\ \mu s$范围内上升沿波形展开放大，得到图9所示的台阶状波形. 对该波形的说明如下：

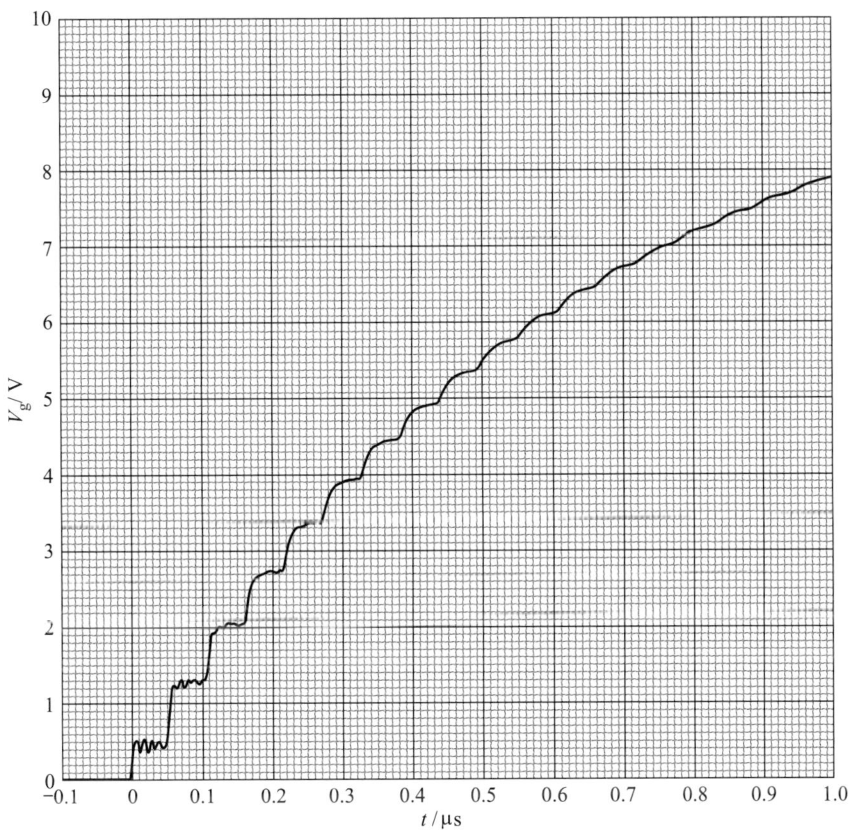

图9　脉冲信号的上升沿波形

(1) 第一个台阶电压V_{g1}，为信号源幅度V_0在同轴电缆特征阻抗Z_0上的分压，即

$$V_{g1}=V_0\cdot Z_0/(R_0+R+Z_0).$$

(2) 幅度为V_{g1}的信号进入同轴电缆后，沿同轴电缆$+x$方向(图7中沿同轴电缆向右)无损耗地传输至末端. 在末端反射后沿$-x$方向传输. 由于同轴电缆末端开路，相当于末端负载为无穷大，由③式可知对应的反射系数为1. 末端反射的信号沿$-x$方向传输至始端后，透射出去的部分被信号源内阻R_0和交流电阻R_g消耗，反射的部分在同轴电缆中沿$+x$方向传输. 由③式可知，此时始端的反射系数Γ_1为

$$\Gamma_1=\frac{(R_0+R_g)-Z_0}{(R_0+R_g)+Z_0}. \quad ⑤$$

所以，第二个台阶电压$V_{g2}=V_{g1}+V_{g1}+V_{g1}\Gamma_1$，其中第一个$V_{g1}$仍为信号源幅度在同轴电缆特征阻抗$Z_0$上的分压，这是由于脉冲方波信号的脉宽远大于信号在同轴电缆中往返一次的时间，此时信号源仍在输出信号并进入同轴电缆；第二个V_{g1}是第一个台阶电压传输至同轴电缆末端被反射后又传输到同轴电缆始端的幅度；$V_{g1}\Gamma_1$为第二个V_{g1}在同轴电缆始端被反射后的幅度.

(3) 后续的台阶电压可以依此类推得到.

由以上说明可知,图 9 所示波形中相邻台阶的时间间隔与同轴电缆的长度 l 和波速 v_{p} 有关,相邻两个台阶的电压之差与始端反射系数 Γ_1 有关.

问题 B2. 写出相邻台阶的电压差($\Delta V_{\mathrm{g},N}=V_{\mathrm{g},N}-V_{\mathrm{g},N-1}$)与反射系数 Γ_1 的关系表达式.

问题 B3. 求波速 v_{p}. 从图 9 读取所需的数据,记录在表 1 中. 通过作图和必要的计算求同轴电缆中的波速 v_{p}. 写出计算 v_{p} 需要的表达式及其结果.

问题 B4. 构建一线性函数,利用线性拟合求始端反射系数 Γ_1. 写出你使用的函数. 从图 9 读取所需的数据,记录在表 1 中. 对读取的数据做必要的处理,也记录在表 1 中,利用线性拟合求始端反射系数 Γ_1.

问题 B5. 利用已获得的结果计算同轴电缆的特征阻抗 Z_0 和单位长度的等效电感 L、等效电容 C.

表 1

实验部分参考解答

实验一

【A 部分】

A1. 读得的伏特表电压：4.485(或 4.480，4.490，4.48，4.49)V；

读得的毫安表电流：61.1(或 61.0，61.2)mA.

待测电阻的阻值：74.5(或 74.3，74.4，74.6，74.7)Ω.

A2. CH1 通道信号电压峰峰值：6.0 (5.9～6.1)V；

CH2 通道信号电压峰峰值：1.85(1.80～1.90)V.

两路信号之间的相位差：72°(69°～75°)；

待测元件 X 复阻抗实部：0(−20 ～20)Ω；虚部：−308(−330～−290)Ω；类型：电容.

A3. 经验规律：每一压强下功率随工作电流变化存在一极值；上述功率极值随压强变化亦存在一极值；极值功率对应的电流随压强下降而上升；功率随电流变化关系随压强下降而趋于平缓.

气体纯度为 d.

A4. 满足条件时 100℃下 U_T 应为 100.00 mV，此时 $R_1=14\ 749.0\ \Omega$；$R_3=100.0\ \Omega$.

【B 部分】

B1. 读数不同，原因是：转轮变换方向转动有回程差. 干涉条纹会变粗、变疏

B2. c，a. M_1 镜远离观察者，圆环条纹吞吐情况为先吞进后吐出，两臂之间的光程差增大. 若反方向大范围移动 M_1 镜，圆环条纹吞吐情况为吐出，两臂之间的光程差先减小后增大

B3. n 的表达式：$\dfrac{t}{t-\Delta}$或$\dfrac{1}{1-\dfrac{\Delta}{t}}$；

n 的不确定度公式：$\dfrac{1}{(t-\Delta)^2}\sqrt{(t\sigma_\Delta)^2+(\Delta\sigma_t)^2}$或$\dfrac{t\Delta}{(t-\Delta)^2}\sqrt{\left(\dfrac{\sigma_\Delta}{\Delta}\right)^2+\left(\dfrac{\sigma_t}{t}\right)^2}$；

平板玻璃厚度的测量结果 $t=(7.9657\pm0.0023)$mm 或者 $t=(7.966\pm0.002)$ mm；

折射率的测量结果 $n=1.5349\pm0.0015$ 或者 $n=1.535\pm0.001$(或 0.002).

【C 部分】

C1

m/g	5.00	10.00	15.00	20.00	25.00	30.00
t/s	16.70	11.37	9.26	7.89	7.02	6.37
$\frac{1}{t^2}/(10^{-3}\ \mathrm{s}^{-2})$	3.586	7.735	11.66	16.06	20.29	24.64
$\sigma_{\frac{1}{t^2}}/(10^{-3}\mathrm{s}^{-2})$ (或保留一位)	0.013 0.01	0.04 0.04	0.08 0.08	0.12 0.1	0.17 0.2	0.23 0.2

C2. 拟合斜率 $k=(0.842\pm0.007)\times10^{-3}\,\text{s}^{-2}\cdot\text{g}^{-1}$；截距 $b=-0.74\times10^{-3}\,\text{s}^{-2}$.

C3. $Q'^2=k^2D+2kbA+b^2B-2kE-2bC+F$；$k=\dfrac{BE-AC}{BD-A^2}$，$b=\dfrac{CD-AE}{BD-A^2}$.

A,B,C,D,E 分别为 41 001，6821，30 158，312 003，235 598，$k=0.829\times10^{-3}\,\text{s}^{-2}\cdot\text{g}^{-1}$，$b=-0.56\times10^{-3}\,\text{s}^{-2}$.

按不确定度保留一位则 A，B，C，D，E 分别为 61 969，10 931，45 246，425 781，318 253，k，b 不变.

C4. $I=\dfrac{gr^2}{2hk}$，$M_\mu=-\dfrac{2hIb}{r}$或$-\dfrac{grb}{k}$；计算结果 $I=4.31\,\text{g}\cdot\text{m}^2$，$M_\mu=0.17\,\text{g}\cdot\text{m}^2\cdot\text{s}^{-2}$.

实验二 测试同轴电缆的等效电路参数

A1.

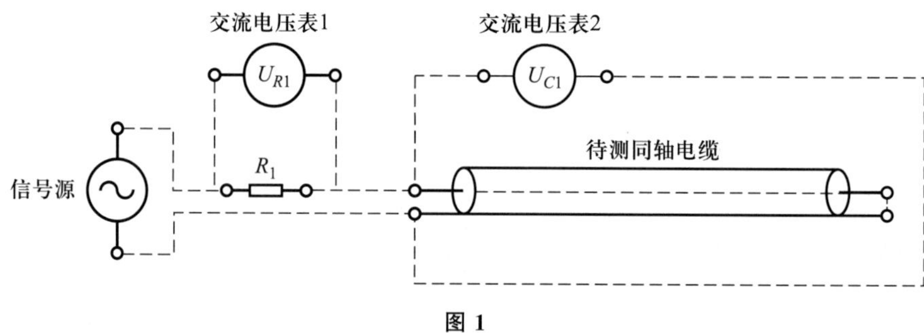

图 1

A2. $C_1=\dfrac{U_{R1}}{2\pi f_0R_1U_{C1}}$.

A3.

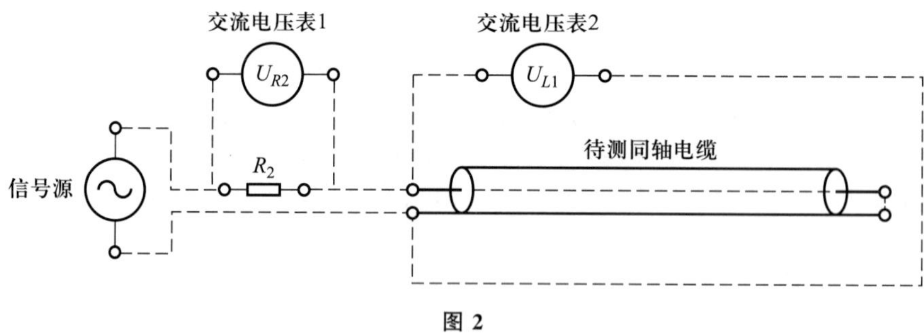

图 2

A4. $L_1=\dfrac{U_{L1}R_2}{2\pi f_0U_{R2}}$.

B1. b，c，d.

B2. 推导过程如下：

$$V_{g1}=V_0\,\frac{Z_0}{Z_0+R_0+R_g},$$

$V_{g2}=V_{g1}+V_{g1}(1+\Gamma_1)$,

$V_{g3}=V_{g1}+V_{g1}(1+\Gamma_1)+V_{g1}\Gamma_1(1+\Gamma_1)$,

$V_{g4}-V_{g1}+V_{g1}(1+\Gamma_1)+V_{g1}\Gamma_1(1+\Gamma_1)+V_{g1}\Gamma_1^2(1+\Gamma_1)$,

…

$\Delta V_{g,N}=V_{g,N}-V_{g,N-1}=V_{g1}\Gamma_1^{N-2}(1+\Gamma_1)$ 或 $\Delta V_{g,N}=\frac{1-\Gamma_1^2}{2}\Gamma_1^{N-2}V_0(N\geqslant 2)$.

B3.

表 1

N	$t/\mu s$	$V_{g,N}/V$	$\Delta V_{g,N}/V$	$\ln(\Delta V_{g,N})/\ln(V)$
1	0.053	0.45		
2	0.109	1.30	0.85	−0.1625
3	0.164	2.06	0.76	−0.2744
4	0.221	2.74	0.68	−0.3857
5	0.278	3.37	0.63	−0.4620
6	0.334	3.94	0.57	−0.5621
7	0.388	4.46	0.52	−0.6539
8	0.446	4.90	0.44	−0.8210
9	0.505	5.35	0.45	−0.7985
10	0.565	5.75	0.40	−0.9163
11	0.620	6.10	0.35	−1.0498
12	0.675	6.41	0.31	−1.1712
13	0.724	6.70	0.29	−1.2379
14	0.790	6.97	0.27	−1.3093

作 t-N 图如图 3 所示，对数据进行最小二乘法直线拟合得：$t=0.0566N-0.0049$.

斜率$=2l/v_p=$ 0.0566 μs.

由 $l=5.00$ m，得 $v_p=1.77\times10^8$ m/s $=0.590c$.

B4. 由

$$\Delta V_{g,N}=\frac{1-\Gamma_1^2}{2}\Gamma_1^{N-2}V_0=\frac{1-\Gamma_1^2}{2\Gamma_1^2}\Gamma_1^N V_0(N\geqslant 2),$$

得

$$\ln(\Delta V_{g,N})=\ln\left(\frac{1-\Gamma_1^2}{2\Gamma_1^2}V_0\right)+N\ln\Gamma_1.$$

B5. $Z_0=(R_0+R_g)\frac{1-\Gamma_1}{1+\Gamma_1}=50.1\ \Omega$,

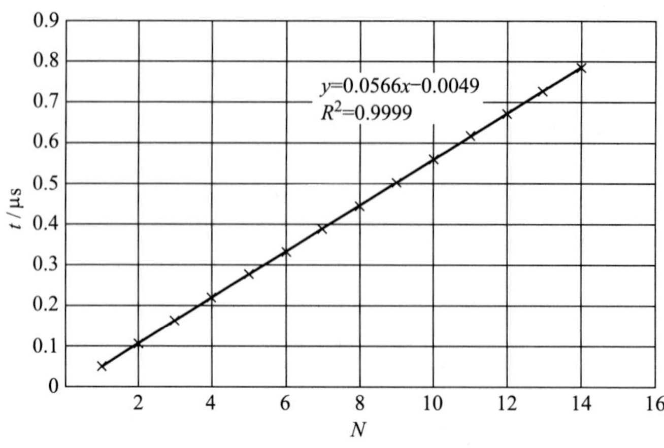

图 3　*t*-*N* 关系图

$L = Z_0 / v_p = 0.283\ \mu H/m$，

$C = 1/(Z_0 v_p) = 113\ pF/m$.

附录一　历届全国中学生物理竞赛及我国参加的国际物理奥林匹克竞赛基本情况

第 1～38 届全国中学生物理竞赛的基本情况见表 A-1.

表 A-1　第 1～38 届全国中学生物理竞赛的基本情况

届次	预赛		决赛		
	时间	参赛人数	时间	地点	参赛人数
1	1984 年 11 月 18 日	43 079	1985 年 2 月 26 日至 3 月 2 日	北京	76
2	1985 年 1 月 26 日	52 925	1986 年 4 月 1 日至 5 日	上海	104
3	1986 年 11 月 16 日	58 766	1987 年 2 月 22 日至 25 日	天津	105
4	1987 年 10 月 25 日	57 523	1988 年 1 月 6 日至 10 日	兰州	101
5	1988 年 10 月 23 日	55 855	1989 年 1 月 6 日至 10 日	广州	106
6	1989 年 10 月 8 日	53 096	1989 年 12 月 10 日至 14 日	长春	127
7	1990 年 10 月 21 日	54 393	1990 年 12 月 23 日至 27 日	福州	105
8	1991 年 6 月 30 日	73 806	1991 年 9 月 8 日至 13 日	桂林、南宁	104
9	1992 年 9 月 6 日	60 617	1992 年 10 月 12 日至 15 日	合肥	101
10	1993 年 9 月 5 日	46 843	1993 年 10 月 8 日至 11 日	长沙	105
11	1994 年 9 月 4 日	65 146	1994 年 10 月 9 日至 12 日	西安	109
12	1995 年 9 月 3 日	55 867	1995 年 10 月 8 日至 11 日	太原	112
13	1996 年 9 月 8 日	86 173	1996 年 10 月 19 日至 22 日	杭州	114
14	1997 年 9 月 8 日	90 067	1997 年 10 月 18 日至 22 日	南昌	118
15	1998 年 9 月 6 日	134 599	1998 年 10 月 21 日至 25 日	大庆	121
16	1999 年 9 月 5 日	169 282	1999 年 10 月 16 日至 21 日	南京	126
17	2000 年 9 月 3 日	225 683	2000 年 10 月 21 日至 25 日	武汉	143
18	2001 年 9 月 9 日	267 363	2001 年 10 月 20 日至 24 日	海口	145
19	2002 年 9 月 8 日	322 043	2002 年 10 月 19 日至 23 日	郑州	146
20	2003 年 9 月 7 日	359 835	2003 年 10 月 18 日至 22 日	济南	170
21	2004 年 9 月 5 日	328 134	2004 年 10 月 16 日至 20 日	重庆	173
22	2005 年 9 月 4 日	363 139	2005 年 10 月 15 日至 19 日	沈阳	167
23	2006 年 9 月 2 日	426 673	2006 年 11 月 4 日至 9 日	深圳	173
24	2007 年 9 月 2 日	411 350	2007 年 11 月 3 日至 8 日	宁波	177
25	2008 年 9 月 7 日	452 967	2008 年 10 月 18 日至 23 日	北京	210
26	2009 年 9 月 6 日	437 840	2009 年 10 月 31 日至 11 月 5 日	上海	280

续表

届次	预赛		决赛		
	时间	参赛人数	时间	地点	参赛人数
27	2010 年 9 月 5 日	443 327	2010 年 10 月 30 日至 11 月 4 日	厦门	280
28	2011 年 9 月 4 日	484 301	2011 年 10 月 29 日至 11 月 3 日	西安	280
29	2012 年 9 月 8 日	485 193	2012 年 11 月 1 日至 8 日	吉林	279
30	2013 年 9 月 8 日	474 345	2013 年 10 月 26 日至 31 日	大连	320
31	2014 年 9 月 8 日	521 322	2014 年 11 月 1 日至 6 日	杭州	360
32	2015 年 9 月 5 日	559 475	2015 年 10 月 31 日至 11 月 5 日	长沙	360
33	2016 年 9 月 3 日	626 370	2016 年 10 月 29 日至 11 月 3 日	武汉、黄冈	360
34	2017 年 9 月 2 日	714 948	2017 年 10 月 28 日至 11 月 2 日	重庆	364
35	2018 年 9 月 8 日	880 179	2018 年 10 月 27 日至 11 月 1 日	上海	365
36	2019 年(各省自行组织)	357 426	2019 年 10 月 26 日至 31 日	杭州	370
37	2020 年 9 月 5 日	659 810	2020 年 10 月 24 日至 29 日	长沙	365
38	2021 年 9 月 4 日	880 351	2021 年 12 月 12 日至 16 日	分省进行	483
合计		11 840 111			7704

1986 年 7 月,我国首次参加了在英国伦敦举行的第 17 届国际物理奥林匹克竞赛(International Physics Olympiad,IPhO).在以后的历届国际物理奥林匹克竞赛中,我国每年选派 5 名学生参加,至今共派出 173 人.历届参赛的基本情况见表 A-2.

表 A-2 我国参加第 17～52 届国际物理奥林匹克竞赛的基本情况

届次	时间	地点	参赛学生姓名	获奖数据				
				金牌	银牌	铜牌	表扬奖	合计
17	1986 年	英国伦敦	林晨、卫星、张明		1	1	1	3
18	1987 年	德国耶拿	陈恂、黎锦晖、唐鹏飞、吴爱华、张燕平		2	3		5
19	1988 年	奥地利伊施尔	陈岩松、徐剑波、陈丰、丁爱东、陈建	1	2	1	1	5
20	1989 年	波兰华沙	燕京、毛甬、邱东昱、葛宁、林晓帆		4	1		5
21	1990 年	荷兰格罗宁根	吴明扬、周纲、杨巍、陈伯友、段志勇	2	1	2		5
22	1991 年	古巴哈瓦那	王泰然、任宇翔、宣佩琦、夏磊、吕强	5				5
23	1992 年	芬兰赫尔辛基	陈涵、李翌、石长春、张霖涛、罗卫东	5				5
24	1993 年	美国威廉斯堡	张俊安、李林波、贾占峰、韦韬、黄稚宁	2	2	1		5
25	1994 年	中国北京	杨亮、韩岩、田涛、饶京翔、黄英	4	1			5
26	1995 年	澳大利亚堪培拉	淤海涛、毛蔚(女)、谢小林、倪彬、蒋志	5				5
27	1996 年	挪威奥斯陆	刘雨润、张蕊(女)、徐开闻、陈汇钢、倪征	5				5
28	1997 年	加拿大萨德伯里	赖柯吉、王晨扬、连乔、王新元、倪欣来	3	2			5

续表

届次	时　间	地　点	参赛学生姓名	获奖数据				
				金牌	银牌	铜牌	表扬奖	合计
29	1998 年	冰岛雷克雅未克	邓志峰、陈宇翱、刘媛(女)、吴欣安、李啸峰	5				5
30	1999 年	意大利帕多瓦	蒋良、季焘、段学峰、贾珣、张志鹏	2	3			5
31	2000 年	英国莱斯特	吕莹、陈晓升、宋均亮、张弛、肖晶	5				5
32	2001 年	土耳其安塔利亚	施陈博、戚扬、刘彦、魏轶旻、吴彬	4	1			5
33	2002 年	印度尼西亚巴厘	樊向军、杨桓、顾春辉、陈阳、高俊	4	1			5
34	2003 年	中国台湾	—					
35	2004 年	韩国浦项	李真、缪亚立、施烨明、郎瑞田、高亢	5				5
36	2005 年	西班牙萨拉曼卡	戴明劼、余江雷、李晗晗、李安、黄武杰	5				5
37	2006 年	新加坡	杨硕龙、王星泽、朱力、张鸿凯、裴东斐	5				5
38	2007 年	伊朗伊斯法罕	彭星月、胡嘉仲、钱秉玺、简超明、李骜西	4	1			5
39	2008 年	越南河内	谭隆志、廉骉、周权、贺卓然、毕震	5				5
40	2009 年	墨西哥梅里达	史寒朵、林倩、雷进、熊照熙、管紫轩	5				5
41	2010 年	克罗地亚萨格勒布	俞颐超、吴俊东、于乾、靖礼、张涌良	5				5
42	2011 年	泰国曼谷	李蓝青、向重远、易可欣、王逸飞、杨帆	5				5
43	2012 年	爱沙尼亚塔林和塔尔图	周恒昀、姜一君、舒驰、卫斯远、黄文卓	5				5
44	2013 年	丹麦哥本哈根	张成锴、张正兴、于跃、王思真、蒋嘉麒	5				5
45	2014 年	哈萨克斯坦阿斯塔那	胥晓宇、郭浩宇、石子金、戴嘉为、李嘉宇	5				5
46	2015 年	印度孟买	赵靖宇、潘登、张晨星、王心宇、祝令邦	5				5
47	2016 年	瑞士苏黎世	栾弘义、王子豪、陈宇翔、毛晨恺、王威	5				5
48	2017 年	印度尼西亚日惹	洪千坦、高昊阳、王准、郑希诠、汪品源	5				5
49	2018 年	葡萄牙里斯本	杨天骅、陈世祺、薛泽洋、李星桥、董泽昊	5				5
50	2019 年	以色列特拉维夫	孙向恺、孙毅凡、贡晓荀、李永康、陈俊豪	5				5
51	2020 年	分考场:中国北京	张意飞、孙睿、李世昌、韩永焱、欧阳霄宇	5				5
52	2021 年	分考场:中国北京	马英豪、简铭、李享、史景喆、张致涵	5				5
累计				141	21	9	2	173

附录二　2021 年国际物理奥林匹克竞赛试题①

英文试题

THEORETICAL COMPETITION

1. Planetary Physics

This problem consists of two independent problems related to the interior of planets. The effects of the surface curvature of the planets can be neglected. You might need to use the formula

$$(1+x)^{\varepsilon} \approx 1+\varepsilon x, \quad \text{when} |x| \ll 1. \tag{1}$$

Part A. Mid-ocean ridge

Consider a large vessel of water that is situated in a uniform gravitational field with free-fall acceleration g. Two vertical rectangular plates parallel to each other are fitted into the vessel so that the vertical edges of the plates are in a tight gapless contact with the vertical walls of the vessel. Length h of each plate is immersed in water (Fig.1). The width of the plates along the y-axis is w, water density is ρ_0.

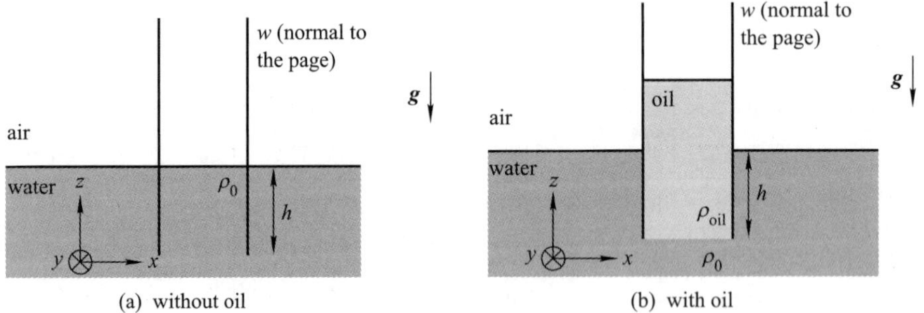

Figure 1　Parallel plates in water.

Oil of density ρ_{oil} ($\rho_{oil} < \rho_0$) is poured into the space between the plates until the lower level of the oil has reached the lower edges of the plates. Assume that plates and vessel edges are high enough for oil not to overflow them. Surface tension and mixing of fluids can be

① 原试卷彩印，本书为黑白印制.英文试题及解答可从官网 https://www.ipho2021.lt/下载.

neglected.

A.1　What is the x-component of the net force F_x acting on the right plate (magnitude and direction)?

Fig.2 shows a cross-section of a mid-ocean ridge. It consists of overlaying layers of mantle, crust and ocean water. The mantle is composed of rocks that we assume can flow in geological timescales and therefore, in this problem will be treated as a fluid. The thickness of the crust is much smaller than the characteristic length scale in the x-direction, hence, the crust behaves as a freely bendable plate. To high accuracy, such a ridge can be modeled as a two-dimensional system, without any variation of variables along the y-axis, which is perpendicular to the plane of Fig.2. Assume that the ridge length L along the y-axis is much larger than any other length introduced in this problem.

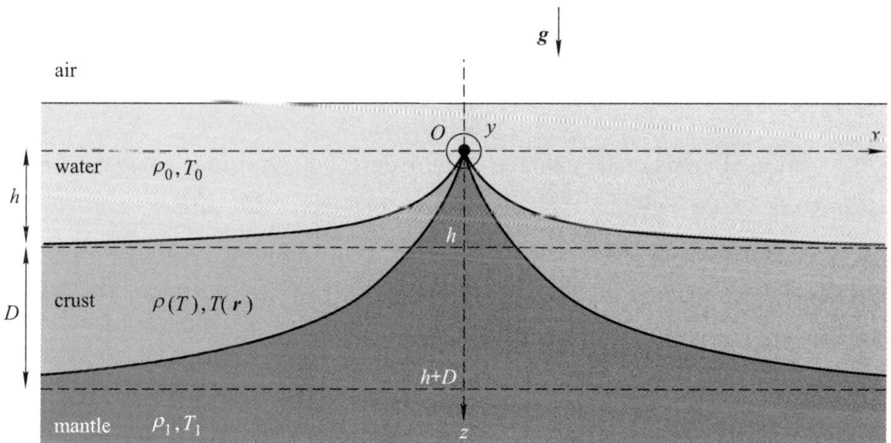

Figure 2　Mid-ocean ridge. Note that the z-axis is pointing downwards.

At the centre of the ridge the thickness of the crust is assumed to be zero. As the horizontal distance x from the centre increases, the crust gets thicker and approaches a constant thickness D as $x \to \infty$. Correspondingly, the ocean floor subsides by a vertical height h below the top of the ridge O, which we define as the origin of our coordinate system (see Fig.2). Water density ρ_0 and temperature T_0 can be assumed to be constant in space and time. The same can be assumed for mantle density ρ_1 and its temperature T_1. The temperature of the crust T is also constant in time but can depend on position.

It is known that, to high accuracy, the crustal material expands linearly with temperature T. Since water and mantle temperatures are assumed to be constant, it is convenient to use a rescaled version of the thermal expansion coefficient. Then $l(T)=l_1[1-k_l(T_1-T)/(T_1-T_0)]$, where l is the length of a piece of crustal material, l_1 is its length at temperature T_1, and k_l is the rescaled thermal expansion coefficient, which can be assumed to be constant.

A.2　Assuming that the crust is isotropic, find how its density ρ depends on its temperature T. Assuming that $|k_l| \ll 1$, write your answer in the approximate form

$$\rho(T) \approx \rho_1\left[1+k\,\frac{T_1-T}{T_1-T_0}\right], \tag{2}$$

where terms of order k_i^2 and higher are neglected. Then, identify constant k.

It is known that $k>0$. Also, thermal conductivity of the crust κ can be assumed to be constant. As a consequence, very far away from the ridge axis the temperature of the crust depends linearly with depth.

A.3 By assuming that mantle and water each behave like an incompressible fluid at hydrostatic equilibrium, express the far-distance crust thickness D in terms of h, ρ_0, ρ_1, and k. Any motion of the material can be neglected.

A.4 Find, to the leading order in k, the net horizontal force F acting on the right half ($x>0$) of the crust in terms of ρ_0, ρ_1, h, L, k and g.

Suppose that crust is thermally isolated from the rest of the Earth. As a result of heat conduction, the temperatures of the upper and lower surfaces of the crust are going to get closer to each other until the crust reaches thermal equilibrium. Specific heat of the crust is c and can be assumed to be constant.

A.5 By using dimensional analysis or order-of-magnitude analysis, estimate the characteristic time τ in which the difference between the upper and lower surface temperatures of the crust far away from the ridge axis is going to approach zero. You can assume that τ does not depend on the two initial surface temperatures of the crust.

Part B. Seismic waves in a stratified medium

Suppose that a short earthquake happens at the surface of some planet. The seismic waves can be assumed to originate from a line source situated at $z=x=0$, where x is the horizontal coordinate and z is the depth below the surface (Fig.3). The seismic wave source can be assumed to be much longer than any other length considered in this question.

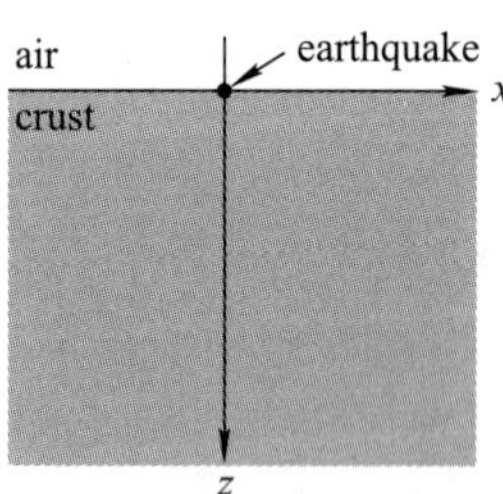

Figure 3 Coordinate system used in part B.

As a result of the earthquake, a uniform flux of the so-called longitudinal P waves is emitted along all the directions in the x-z plane that have positive component along the z-axis. Since the wave theory in a solid is generally complicated, in this problem we neglect all the other waves emitted by the earthquake. The crust of the planet is stratified so that the P-wave speed v depends on depth z according to $v=v_0(1+z/z_0)$, where v_0 is the speed at the surface and z_0 is a known positive constant.

B.1 Consider a single ray emitted by the earthquake that makes an initial angle $0<\theta_0<\pi/2$ with the z-axis and travels in the x-z plane. What is the horizontal coordinate $x_1(\theta_0)\neq 0$ at which this ray can be detected at the surface of the planet? It is known that the ray path is an arc of a circle. Write your answer in the form $x_1(\theta_0)=A\cot(b\theta_0)$, where A and b are constants to be found.

If you were unable to find A and b, in the following questions you can use the result $x_1(\theta_0)=A\cot(b\theta_0)$ as given. Suppose that total energy per unit length of the source released as P waves into the crust during the earthquake is E. Assume that waves are completely absorbed when they reach the surface of the planet from below.

B.2 Find how the energy density per unit area $\varepsilon(x)$ absorbed by the surface depends on the distance along the surface x. Sketch the plot of $\varepsilon(x)$.

From now on, assume that the waves are instead fully reflected when reaching the surface. Imagine a device positioned at $z=x=0$ that has the same geometry as the previously considered earthquake source. The device is capable of emitting P waves in a freely chosen angular distribution. We make the device emit a signal with a narrow range of emission angles. In particular, the initial angle the signal makes with the vertical belongs to the interval $\left[\theta_0-\frac{1}{2}\delta\theta_0,\theta_0+\frac{1}{2}\delta\theta_0\right]$, where $0<\theta_0<\pi/2$, $\delta\theta_0\ll 1$ and $\delta\theta_0\ll\theta_0$.

B.3 At what distance x_{max} along the surface from the source is the furthest point that the signal does not reach? Write your answer in terms of θ_0, $\delta\theta_0$ and other constants given above.

2. Electrostatic Lens

Consider a uniformly charged metallic ring of radius R and total charge q. The ring is a hollow toroid of thickness $2a\ll R$. This thickness can be neglected in parts A, B, C, and E. The xy plane coincides with the plane of the ring, while the z-axis is perpendicular to it, as shown in Figure 1. In parts A and B you might need to use the formula (Taylor expansion)

$$(1+x)^{\varepsilon}\approx 1+\varepsilon x+\frac{1}{2}\varepsilon(\varepsilon-1)x^2,\quad \text{when } |x|\ll 1.$$

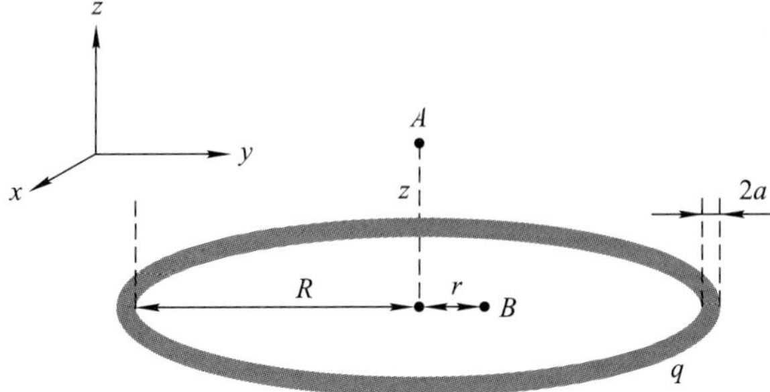

Figure 1 A charged ring of radius R.

Part A Electrostatic potential on the axis of the ring

A.1 Calculate the electrostatic potential $\Phi(z)$ along the axis of the ring at a z distance from its center (point A in Figure 1).

A.2 Calculate the electrostatic potential $\Phi(z)$ to the lowest non-zero power of z, assuming $z \ll R$.

A.3 An electron (mass m and charge $-e$) is placed at point A (Figure 1, $z \ll R$). What is the force acting on the electron? Looking at the expression of the force, determine the sign of q so that the resulting motion would correspond to oscillations. The moving electron does not influence the charge distribution on the ring.

A.4 What is the angular frequency ω of such harmonic oscillations?

Part B. Electrostatic potential in the plane of the ring

In this part of the problem you will have to analyze the potential $\Phi(r)$ in the plane of the ring ($z=0$) for $r \ll R$ (point B in Figure 1). To the lowest non-zero power of r the electrostatic potential is given by $\Phi(r) \approx q(\alpha+\beta r^2)$.

B.1 Find the expression for β. You might need to use the Taylor expansion formula given above.

B.2 An electron is placed at point B (Figure 1, $r \ll R$). What is the force acting on the electron? Looking at the expression of the force, determine the sign of q so that the resulting motion would correspond to harmonic oscillations. The moving electron does not influence the charge distribution on the ring.

Part C. The focal length of the idealized electrostatic lens: instantaneous charging

One wants to build a device to focus electrons - an electrostatic lens. Let us consider the following construction. The ring is situated perpendicularly to the z-axis, as shown in Figure 2. We have a source that produces on-demand packets of non-relativistic electrons. Kinetic energy of these electrons is $E=mv^2/2$ (v is velocity) and they leave the source at precisely controlled moments. The system is programmed so that the ring is charge-neutral most of the time, but its charge becomes q when electrons are closer than a distance $d/2$ ($d \ll R$) from the plane of the ring (shaded region in Figure 2, called "active region"). In part C assume that charging and de-charging processes are instantaneous and the electric field "fills the space" instantaneously as well. One can neglect magnetic fields and assume that the velocity of electrons in the z-direction is constant. Moving electrons do not perturb the charge distribution on the ring.

C.1 Determine the focal length f of this lens. Assume that $f \gg d$. Express your answer in terms of the constant β from question B.1 and other known quantities. Assume that before reaching the "active region" the electron packet is parallel to the z-axis and $r \ll R$. The sign of q is such so that the lens is focusing.

In reality the electron source is placed on the z-axis at a distance $b > f$ from the center of the ring. Consider that electrons are no longer parallel to the z-axis before reaching the

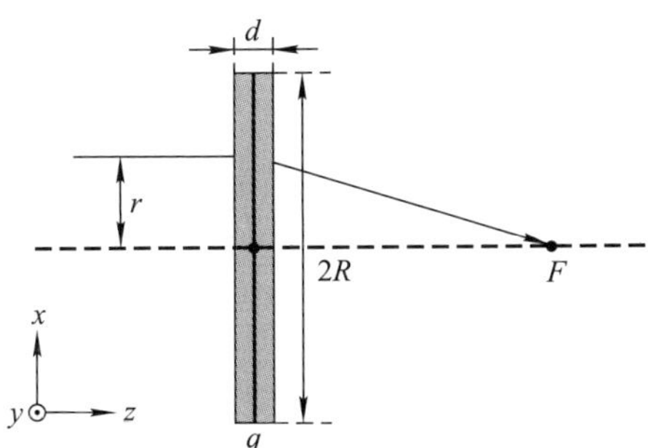

Figure 2 A model of an electrostatic lens.

"active region", but are emitted from a point source at a range of different angles $\gamma \ll 1$ rad to the z-axis. Electrons are focused in a point situated at a distance c from the center of the ring.

C.2 Find c. Express your answer in terms of the constant β from question B.1 and other known quantities.

C.3 Is the equation of a thin optical lens

$$\frac{1}{b}+\frac{1}{c}=\frac{1}{f}$$

fulfilled for the electrostatic lens? Show it by explicitly calculating $1/b+1/c$.

Part D. The ring as a capacitor

The model of considered above was idealized and we assumed that the ring charged instantaneously. In reality charging is non-instantaneous, as the ring is a capacitor with a finite capacitance C. In this part we will analyze the properties of this capacitor. You might need the following integrals:

$$\int \frac{\mathrm{d}x}{\sin x}=-\ln\left|\frac{\cos x+1}{\sin x}\right|+\text{const}$$

and

$$\int \frac{\mathrm{d}x}{\sqrt{1+x^2}}=\ln\left|x+\sqrt{1+x^2}\right|+\text{const}.$$

D.1 Calculate the capacitance C of the ring. Consider that the ring has a finite width $2a$, but remember that $a \ll R$.

When electrons reach the "active region", the ring is connected to a source of voltage V_0 (Figure 3). When electrons pass the "active region", the ring is connected to the ground. The resistance of contacts is R_0 and the resistance of the ring itself can be neglected.

D.2 Determine the dependence of the charge on the ring as a function of time, $q(t)$, and make a schematic plot of this dependence. $t=0$ corresponds to a time moment when electrons are in the plane of the ring. What is the charge on the ring q_0 when the absolute value $q(t)$ is maximum? The capacitance of the ring is C (i.e., you do not have to use the actual expression found in D.1).

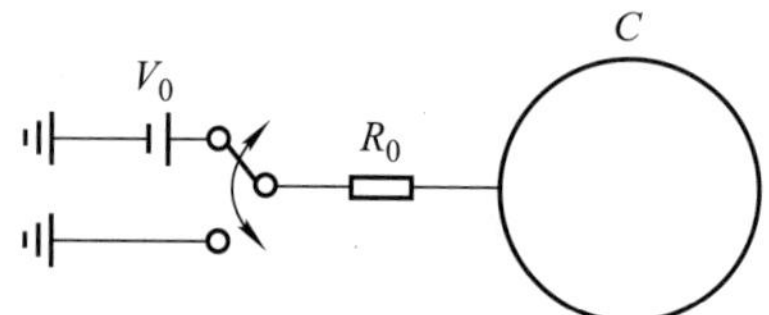

Figure 3 Charging of the electrostatic lens.

Remark: the drawn polarity in Figure 3 is for indicative purposes only. The sign should be chosen so that the lens is focusing.

Part E. Focal length of a more realistic lens: non-instantaneous charging

In this part of the problem, we will consider the action of this more realistic lens. Here we will again neglect the width of the ring $2a$ and will assume that electrons travel parallel to the z-axis before reaching the "active region". However, the charging of the ring is no longer instantaneous.

E.1 Find the focal length f of the lens. Assume that $f/v \gg R_0 C$, but d/v and $R_0 C$ are of the same order of magnitude. Express your answer in terms of the constant β from part B and other known quantities.

E.2 You will see, that the result for f is similar to that obtained in part C, whereby the value q is substituted with q_{eff}. Find the expression for q_{eff} in terms of quantities given in formulation of the problem.

3. Particles and Waves

Wave-particle duality, which states that each particle can be described as a wave and vice versa, is one of the central concepts of quantum mechanics. In this problem, we will rely on this notion and just a few other basic assumptions to explore a selection of quantum phenomena covering the two distinct types of particles of the microworld – fermions and bosons.

Part A. Quantum particle in a box

Consider a particle of mass m moving in a one-dimensional potential well, where its potential energy $V(x)$ is given by

$$V(x)=\begin{cases}0, & 0\leqslant x\leqslant L;\\ \infty, & x<0 \text{ or } x>L.\end{cases} \tag{1}$$

While classical particle can move in such a potential having any kinetic energy, for quantum particle only some specific positive discrete energy levels are allowed. In any such allowed state, the particle can be described as a standing de Broglie wave with nodes at the walls.

A.1 Determine the minimal possible energy $E_{\min}$ of the quantum particle in the well. Express your answer in terms of m, L, and the Planck's constant h.

The particle's state with minimal possible energy is called the ground state, and all the rest allowed states are called excited states. Let us sort all the possible energy values in the increasing order and denote them as E_n, starting from E_1 for the ground state.

A.2 Find the general expression for the energy E_n (here $n=1,2,3,\cdots$).

A.3 Particle can undergo instantaneous transition from one state to another only by emitting or absorbing a photon of the corresponding energy difference. Find the wavelength λ_{21} of the photon emitted during the transition of the particle from the first excited state (E_2) to the ground state (E_1).

Part B. Optical properties of molecules

In this part, we will study several optical properties of the cyanine Cy5 molecule – a widely used dye molecule, schematically shown in Fig. 1 (a). Its optical properties are determined mainly by the carbon backbone, composed of the alternating single and double bonds between carbon atoms, shown in Fig.1(b), while the influence of the rings at the molecule's ends as well as radicals R is much smaller. Three of the four valence electrons of each C atom (and of N atoms) in the backbone form the chemical bonds, while the remaining valence electrons are "shared" and can move along the whole backbone. The net potential energy of each such electron is shown with oscillating thin line in Fig.1(c), with minima corresponding to the positions of the C and N atoms.

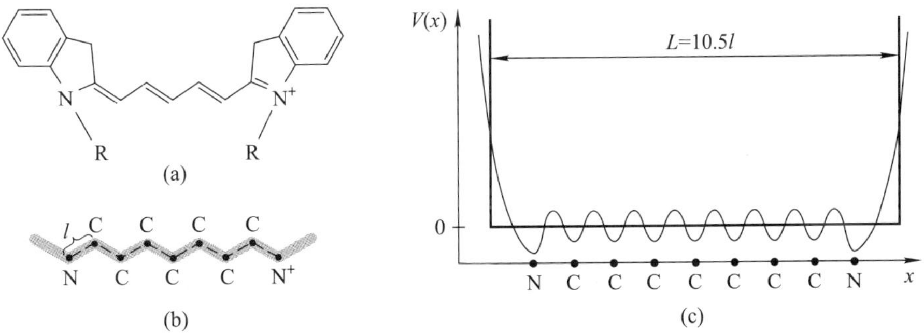

Figure 1 (a) Chemical structure of the cyanine Cy5 molecule (for simplicity, hydrogen atoms are not shown, and R denote some radicals). (b) The backbone of the Cy5 molecule, with mean inter-atomic distance l. (c) Potential energy of the electron along the backbone (thin line) and its approximation by the step function given by Eq. (1) (thick line).

For simplicity, we will approximate this potential energy profile by a simple function given in Eq. (1) with the width $L=10.5l$ (see thick line in Fig.1(c)), here $l=140$ pm is the mean inter-atomic distance (see also Fig.1(b)). As a result, we obtain the "electronic gas" composed of 10 electrons (7 from C atoms, 2 from the N atom, and 1 from the N^+ ion), moving in a one-dimensional potential well discussed in part A. In our evaluation, we can neglect the mutual interaction of these electrons; however, we should account for the fact that electrons are fermions and thus obey the Pauli exclusion principle. We also neglect the influence of other electrons as well as motion of the nuclei.

B.1 Evaluate the largest wavelength λ of the photon that can be absorbed by the Cy5 molecule assuming that the electron system is initially in its ground state. Express your answer in terms of l, physical constants and some numerical prefactor, and calculate the numerical value.

B.2 Another dye molecule Cy3 has similar structure, but its backbone is shorter by 2 carbon atoms. Is its absorption spectrum shifted to the bluer or to the redder spectral region compared to the Cy5 molecule? Evaluate numerically the magnitude $\Delta\lambda$ of this spectral shift. You can assume that removing two carbon atoms doesn't change the molecule shape and only makes the backbone length shorter by two inter-atomic distances.

Being in the excited state, molecule can undergo a spontaneous transition to the ground state while emitting photon. The mean rate K of such events (i.e. the relative decrease of the molecules being in the excited state, $\mathrm{d}N/N$, over time $\mathrm{d}t$, $K=\frac{1}{N}\frac{\mathrm{d}N}{\mathrm{d}t}$) is determined by the wavelength λ of the emitted photon, the transition electrical dipole moment d (which is of the order of $d\sim el$, here e is elementary charge) as well as vacuum permittivity ε_0 and Planck's constant h.

B.3 Using dimension analysis, determine the expression for the rate of spontaneous emission in terms of ε_0, h, λ, and d. The numerical prefactor for your expression is $k=\frac{16}{3}\pi^3$.

B.4 For Cy5 molecule, $d\approx 2.4el$. Evaluate the mean fluorescence lifetime of the lowest excited state of Cy5 molecule, τ_{Cy5}, which is reciprocal to the rate of its emissive transition to the ground state.

Part C. Bose-Einstein condensation

This part is not directly related to Parts A and B. Here, we will study the collective behaviour of bosonic particles. Bosons do not respect the Pauli exclusion principle, and – at low temperatures or high densities – experience a dramatic phenomenon known as the Bose-Einstein condensation (BEC). This is a phase transition to an intriguing collective quantum state: a large number of identical particles "condense" into a single quantum state and start behaving as a single wave. The transition is typically reached by cooling a fixed number of particles below the critical temperature. In principle, it can also be induced by keeping the temperature fixed and driving the particle density past its critical value.

We begin by exploring the relation between the temperature and the particle density at the transition. As it turns out, estimates of their critical values can be deduced from a simple observation: *Bose-Einstein condensation takes place when the de Broglie wavelength corresponding to the mean square speed of the particles is equal to the characteristic distance between the particles in a gas.*

C.1　Given a non-interacting gas of ^{87}Rb atoms in thermal equilibrium, write the expressions for their typical linear momentum p and the typical de Broglie wave-length λ_{dB} as a function of atom's mass m, temperature T and physical constants.

C.2　Calculate the typical distance between the particles in a gas, ℓ, as a function of particle density n. Hence deduce the critical temperature T_c as a function of atom's mass, their density and physical constants.

To realize BEC in the lab, the experimentalists have to cool gases to temperatures as low as $T_c = 100$ nK.

C.3　What is the particle density of the Rb gas n_c if the transition takes place at such a temperature? For the sake of comparison, calculate also the "ordinary" particle density n_0 of an ideal gas at the standard temperature and pressure (STP), i.e. $T_0 = 300$ K and $p_0 = 10^5$ Pa. How many times is the "ordinary" gas denser? You may assume that the mass of the atoms is equal to 87 atomic mass units (m_{amu}).

Part D. Three-beam optical lattices

The first Bose-Einstein condensates were produced back in 1995, and since then the experimental work has branched out in diverse directions. In this part, you will investigate one particularly fruitful idea to load the condensate into spatially periodic potentials created by interfering a number of coherent laser beams. Due to the periodic nature of the resulting interference patterns, they are referred to as *optical lattices*. The potential energy $V(\boldsymbol{r})$ of an atom moving in an optical lattice is proportional to the local intensity of the light, and in your calculations you may assume that

$$V(\boldsymbol{r}) = -\alpha\langle |\boldsymbol{E}(\boldsymbol{r},t)|^2\rangle. \tag{2}$$

Here, α is a *positive* constant, and the angle brackets indicate time-averaging which eliminates the rapidly oscillating terms. The electric field produced by the i-th laser is described by

$$\boldsymbol{E}_i = E_{0,i}\boldsymbol{\varepsilon}_i\cos(\boldsymbol{k}_i\cdot\boldsymbol{r} - \omega t), \tag{3}$$

with the amplitude $E_{0,i}$, the wave vector $\boldsymbol{k}_i$, and the unit-length polarization vector $\boldsymbol{\varepsilon}_i$.

Your task is to study *triangular optical lattices* that are produced by interfering three coherent laser beams of equal intensity. A typical setup is shown in Fig.2(a). Here, all three beams are polarized in the z direction, propagate in the xy plane and intersect at equal angles of 120°. Choose the direction of the x axis parallel to the wave vector $\boldsymbol{k}_1$.

D.1　Using Eqs. (2) and (3) obtain the expression for the potential energy $V(\boldsymbol{r})$ as a function of $\boldsymbol{r} = (x, y)$ in the plane of the beams.

Hint: the result can be neatly expressed as a constant term plus a sum of three cosine functions of arguments $\boldsymbol{b}_i\cdot\boldsymbol{r}$. Please write your result in this form and identify the vectors $\boldsymbol{b}_i$.

D.2　The resulting potential energy has a sixfold rotational symmetry axis, i.e., the potential distribution is invariant with respect to a rotation by a multiple of 60° around the origin. Provide a simple argument to prove that this is indeed the case.

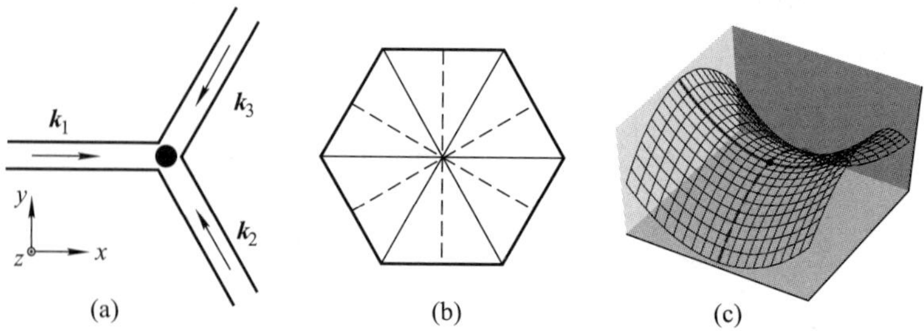

Figure 2 (a) Three-beam optical lattice: three plane waves with wave vectors $k_{1,2,3}$ and interfere in the area indicated by the grey circle. (b) Symmetries of a regular hexagon: solid and dashed lines show two sets of symmetry axes. (c) Saddle point: a point on a surface where the slopes in orthogonal directions are all zero, but which is not a local extremum of the plotted function. Travelling along the trajectory marked by the full line one encounters an apparent minimum. Additional analysis of the perpendicular direction (dashed line) is needed to distinguish a true minimum from a saddle point (shown).

The above observation of symmetry simplifies the analysis of the two-dimensional potential distribution $V(\boldsymbol{r})$. As shown in Fig.2(b), a regular hexagon has symmetry lines that, respectively, connect opposite vertices (solid lines) and midpoints of opposite edges (dashed lines). Therefore, in our situation one does not need to produce and study two-dimensional potential plots as many insights can be deduced by focusing on the coordinate axes x and y that run along the symmetry lines.

D.3 Derive the behavior of the potential $V(\boldsymbol{r})$ along the coordinate axes, i.e., determine the functions $V_X(x)\equiv V(x,0)$ and $V_Y(y)\equiv V(0,y)$. Identify the locations of the extrema of $V_X(x)$ and $V_Y(y)$ as functions of a single argument. As these functions are periodic, please include in your lists only one representative from each family of periodically repeated minima and maxima.

We are interested in determining the locations of so-called *lattice sites*, i.e., the minima of the full two-dimensional potential $V(\boldsymbol{r})$. The obtained minima of single-argument functions V_X and V_Y identify their suspected positions but still have to be checked to eliminate the saddle points. As shown in Fig.2(c), when studied along a single line, saddle points may disguise as minima but they are not.

D.4 Review your results in the previous question to determine actual minima of the optical lattice: identify all equivalent minima nearest to (but not coinciding with) the origin. What is the distance a between the nearest minima, in other words – the *lattice constant* of our optical lattice? Express the answer in terms of the laser wavelength λ_{las}.

Charge neutrality of ultracold atoms suggests that their interactions become relevant only when two or more atoms occupy the same site of an optical lattice. However, experimentalists are also able to explore setups that sustain long-range atomic interactions. A possible approach relies on creation of the so-called *Rydberg atoms* that are physically large and feature other exaggerated properties. Rydberg atoms are excited atoms with one electron promoted to a state with a very high principal quantum number n. The size of a Rydberg atom can be estimated by calculating the radius of the classical circular orbit of that electron with the orbital angular momentum $n\hbar$, here $\hbar$ is the reduced Planck constant.

D.5 Calculate the value of n that corresponds to the radius of the Rb Rydberg atom comparable to the wavelength of laser light $\lambda_{las}=380$ nm. Give your answer in terms of λ_{las} and physical constants and find its numerical value.

EXPERIMENTAL COMPETITION

Experimental Examination-Overall Guide

The experimental examination lasts 5 hours and consists of 2 separate experiments worth 10 points each. Equipment is partially shared between two experiments, so read these instructions carefully before starting your work.

Equipment list:

1. Measurement and sample board containing:

(a) +9 V and −9 V constant voltage source (two equivalent terminals available for each),

(b) Two equivalent ground terminals,

(c) Two equivalent capacitor terminals,

(d) Capacitor selection switch (can be set to C1[①] or C2),

(e) Voltmeter with low input current (in the board),

(f) Thermostat with heater and temperature sensor (in the board),

(g) Sample capacitors C1 and C2,

(h) LED connected to a constant current source and voltmeter,

(i) RESET button,

(j) USB power port,

(k) 6-PIN data port for connecting to the tablet.

2. Power source for the board with USB Micro-B plug.

3. Jumper wires-W1 (with 100 MΩ resistor R1 inside) and W2 (0 Ω).

4. Heat insulating material for the thermostat.

5. Connector cable between the board and tablet, with USB Micro-B plug on the tablet side.

6. Touchscreen tablet running IPhO 2021 Experiments app (app user manual provided below).

7. Thermometer (available in examination hall).

Thermostat's temperature is measured using NTC (Negative Temperature Coefficient) thermistor, its resistance depends on absolute temperature T (in Kelvin) as follows:

① 参见 142 页注②.

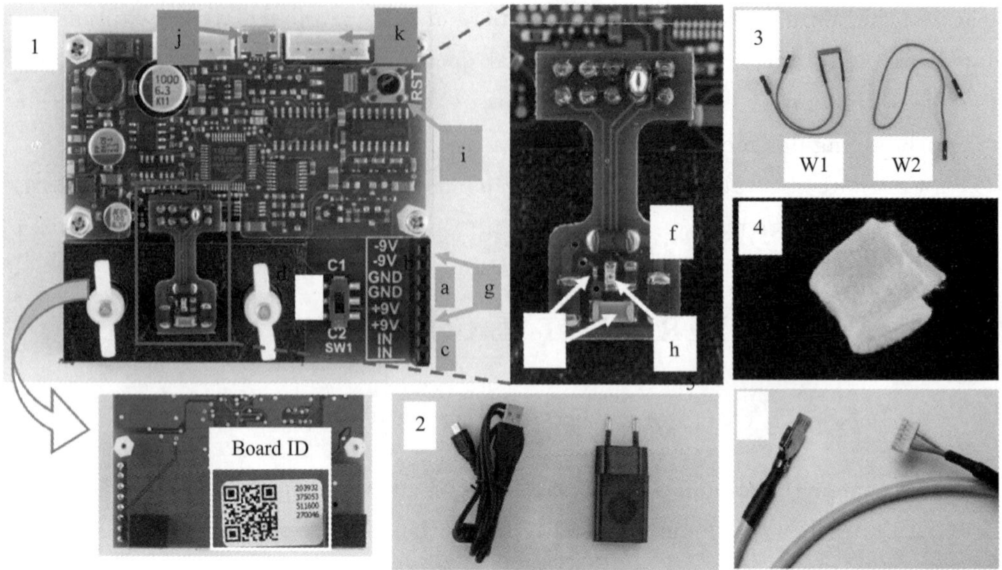

$$R(T)=R_0 e^{B/T},\tag{1}$$

$B=3500$ K, R_0- constant, has to be calculated from the known environment temperature before turning on the heating. The value of this constant is necessary for both experiments. The temperature of the thermostat can be controlled by changing the heating current (via the app). After changing the heating current, it is necessary to wait to let system reach a stable temperature. On the other hand, the thermal equilibrium between the components (capacitors, NTC and LED) is assumed to happen "instantly", and no significant delay is observed.

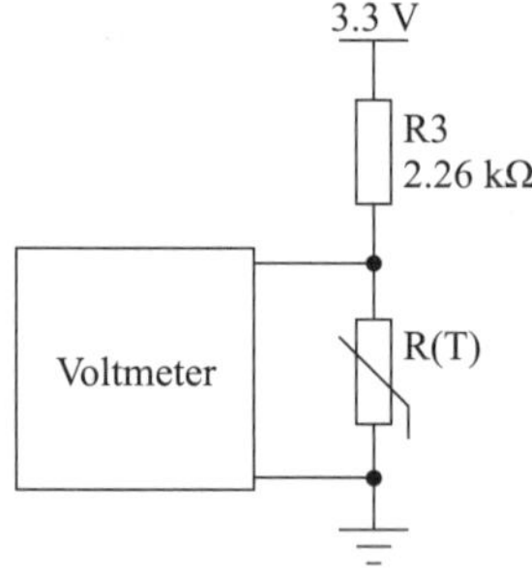

To ensure more stable thermal conditions, a layer of insulating material has been placed

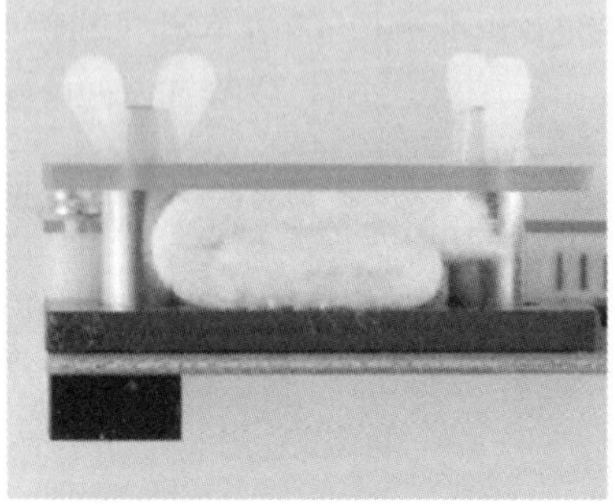

over thermostat and pressed onto it using a small plastic plate held by two screws.

Caution:

Avoid damaging the board and sockets on it, make sure you're plugging everything correctly without excessive force.

Liquids do not mix well with electronics, so be careful while handling liquids (like drinking water) near the experimental setup. Don't accidentally spit on it.

IPhO 2021 Experiments app user manual

IPhO 2021 Experiments software can be launched from tablet's home screen (or from an app drawer, accessible by swiping screen from bottom to top) by tapping on IPhO icon.

In order to get values measured on the board to the tablet:

1. power the board using USB charger;

2. connect the board and the tablet using the connector cable (*6-PIN on the board side and Micro-USB on the tablet side*);

3. confirm the USB access and reset the board in 10 seconds when the app asks you to do so.

Caution: if at some moment

- the board stops responding and returns no measurements (in either "Check state" or measurement mode),
- heating / LED current has no change (thermistor voltage does not change and LED does not glow even at maximum LED current),

press RESET button on the board and do the step 3 "confirm the USB access …".

If it does not help:

- exit the app by tapping the Back button twice,
- unplug the board,
- open the app again,
- reconnect the board again and do the step 3 described above.

Controls and fields are (the numbers will be used as references later):

- **1**-Tapping this toggle starts a measurement session. Tapping it again stops it.
- **2**-When this toggle is selected, the screen shows the live values of the measurements.
- **3**-Opens settings.
- **4**-Pops up short summary of settings.
- **5**-Measurement title to be saved or deleted.
- **6**-Saves a newly measured or selected measurement under a new name.

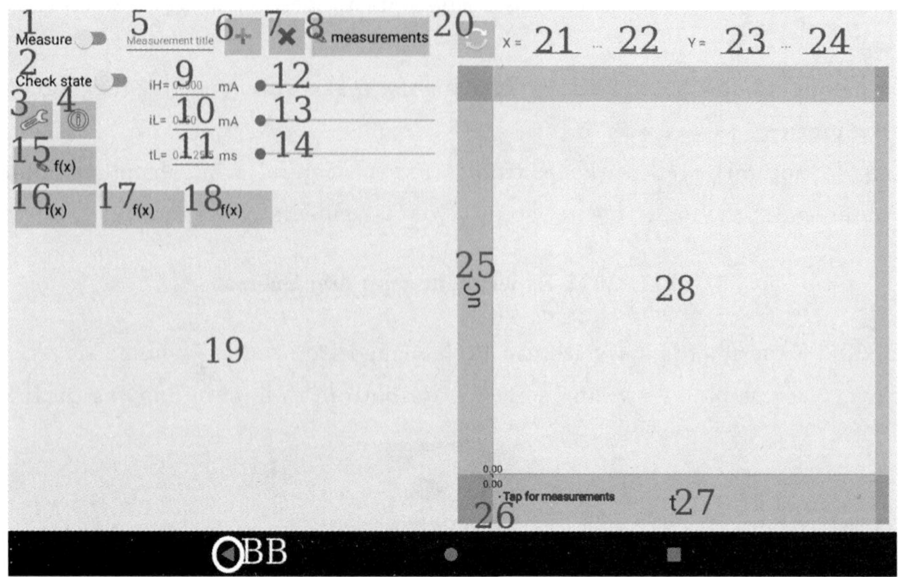

The main window of the app.

- **7**-Deletes selected measurement.
- **8**-Selects a previously saved measurement.
- **9, 10, 11**-Text fields to manually enter heating current (9), LED current (10), LED current pulse duration (11) values. Empty values mean 0. tL (LED current pulse duration)=0 means constant direct current.
- **12, 13, 14**-Seek bars to change the corresponding values (*LED current changes exponentially*!).
- **15**-Opens functions editor.
- **16, 17, 18**-Selects variables or functions for measurement table columns.
- **19**-Measurement table area.
- **20**-Manually replots measurements in a chart.
- **21, 22**-*X* axis min and max limits (can be entered manually and replot button pressed).
- **23, 24**-*Y* axis min and max limits.
- **25, 27**-selects *Y* and *X* axes of the chart.
- **26**-selects measurements to be plotted on the chart.
- **28**-chart area.
- **BB**-the Android OS Back button (tap twice to close the app).

Setting up a sweep *I*-*V* curve mearsurement

Additional LED controls are available for the LAB 2 by tapping the settings button (3) of the main window. **In the window that opens select:**

- "LAB 2" or "ANY LAB" in the "**Show controls for**" section.

• activate the "**Sweep measurement**" option.

Other settings are:

• "**Minimum...**" and "**Maximum sweep measurement current**" set the starting value and the last value of LED current during sweep measurement respectively.

• "**Number of steps of sweep measurement**" means how much measurement steps will be made.

• choose "**Increase current according to geometric progression**" if you want current to increase exponentially.

• choose "**Set pulsed current**" and set "**Current pulse width**" if you want each value to be measured using limited time pulse of LED current.

E.g., if the number of steps is 51, "Increase current according to geometric progression" is off, LED current changes from 0 mA to 50 mA respectively, the LED current during measurement will be 0 mA, 1 mA, ... 49 mA and 50 mA.

Now you can start measuring *I-V* curve after returning back to the main window by pressing the Back button.

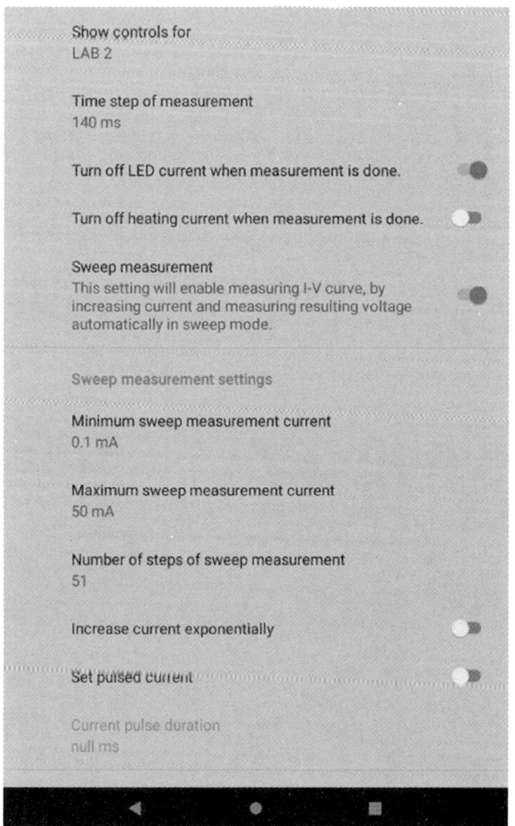

Editing functions

Tapping the (**15**) button of the main window opens functions editing window.

The functions created can accept some of the variables (and their derivatives) directly measured on the board.

They are:

- voltages (in V):

-uC-at the selected capacitor (C1 or C2);

-uT-at the thermistor;

-uL-at the LED;

- their derivatives with respect to time (dy/dt) (in V/s):

-duC

-duT

-duL

- the currents (in mA):

-iL-at LED (in mA);

-iH-heating current (in mA);

- time t (in s).

It is possible to enter a custom function using these variables and mathematical functions (using helper buttons or a standard Android keyboard) of your choosing and save it by pressing agreen + button afterwards. The saved functions can be used as the graph axes or as the measurement table columns. The pencil button selects existing functions. The selected functions can be deleted by pressing red x button.

Both casual decimal format (e.g. 25.02) and scientific format (e.g. 2.502e+1) are acceptable for numbers.

- * is multiplication operator,
- / is division operator,
- ^ is power operator.

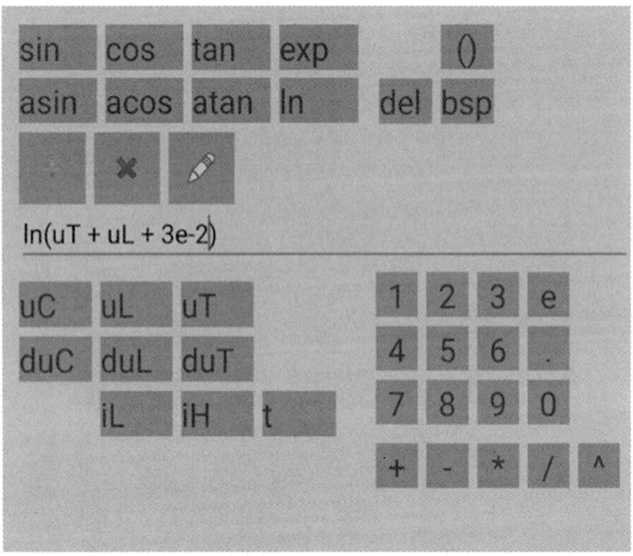

Viewing measurements

The finished measurement can be saved by entering its name into the (**5**) field in the main window and pressing a **green** + button (**6**) nearby. The raw measurement data is saved, which can be displayed on any other axes later. The saved measurements can be displayed on the chart by tapping area near the corner of the chart (**26**).

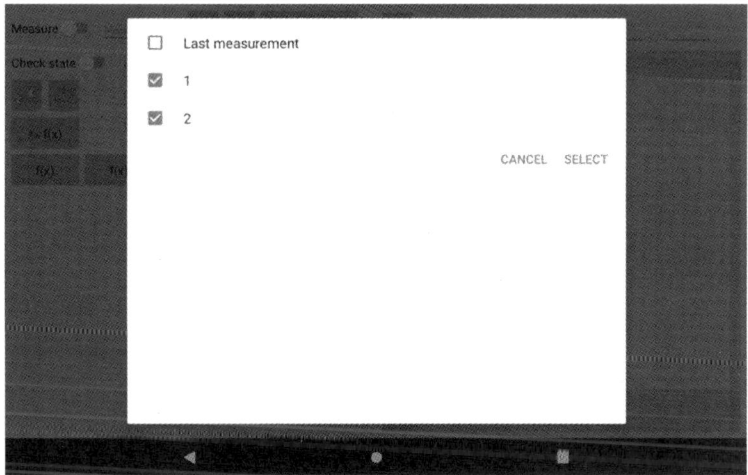

You can pan/zoom the chart, and if you tap it at the exact point, either the closest point of the measurement (if no close measurement points to the tapped exist) or the point itself will be marked and its coordinates displayed.

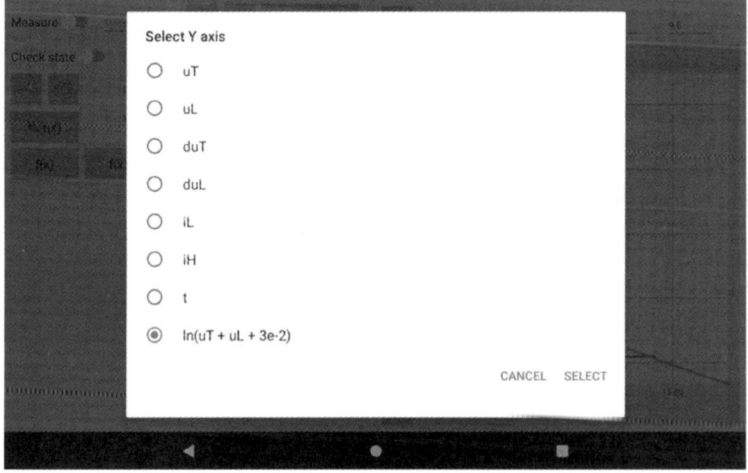

Axis can be chosen by tapping existing axis labels (chart areas **25** and **27**).

1. Non-ideal Capacitors

This experiment is designed to investigate the properties of capacitors.

Capacitor's capacitance (which always means differential capacitance in this text) can be found based on its charging graph of its voltage $U(t)$ via the resistor R_1. Depending on the circuit, it is necessary to find the relation of capacitor's charging current vs voltage $I(U)$ and use it to determine capacitance:

$$C(U)=\frac{\mathrm{d}q}{\mathrm{d}U}=\frac{I\,\mathrm{d}t}{\mathrm{d}U}=\frac{I(U)}{\mathrm{d}U/\mathrm{d}t}. \tag{1}$$

The electric circuit implemented in this experiment is shown in Fig.1.1. Switch S1 on the board can be used to switch between capacitors C1 and C2. The middle position of the switch does not play any role in this experiment and should never be used.

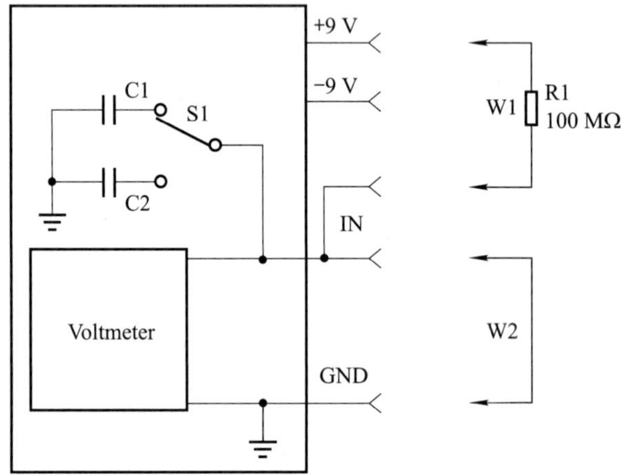

Figure 1.1 Electric circuit for the experiment.

Caution: one of the sample capacitors contains a dielectric with dielectric permittivity that depends on the capacitor voltage change rate. To keep this rate as stable as possible, when measuring at the positive voltages, the capacitor should be charged from 9 V down to −9 V, while measurements at the negative voltages should be done when capacitor is charged from −9 V towards 9 V. The measured capacitance can be influenced by the previous state of the capacitor, thus capacitor should be kept at the starting voltage for at least 10 s before the measurement.

Part A. Capacitors at room temperature

Measure and graph the capacitance of the capacitors C1 and C2 versus the voltage at room temperature (draw all graphs together on the same axes).

A.1 Measure and graph $C_1(U)$ and $C_2(U)$ in range from −7 V to 7 V. In the answer sheet write C_1 and C_2 values at 0 V, 3 V, and 6 V. Write down the formula used for calculating capacitance from raw measurements. Also write Board ID and room temperature.

A.2 Find the voltage $U_{\text{max change}}$, at which the capacitance of capacitor exhibits the fastest relative change versus the voltage $\left(\frac{\mathrm{d}C(U)}{C(U)\mathrm{d}U}\right)$. In the answer sheet write, which capacitor (C1 or C2) exhibits the fastest change and the voltage, at which it is observed.

A.3 What are the charges q_1 and q_2 of capacitors C1 and C2 at 6 V?

Part B. Calibrating NTC thermistor

Measure the NTC (Negative Temperature Coefficient) thermistor voltage at a known room temperature (from examination hall thermometer). The formula (1) for its resistance vs temperature and its circuit is shown in "Experimental Examination-Overall Guide".

B.1 Find the NTC thermistor constant R_0.

Part C. Capacitors at different temperatures

C.1 Measure and graph $C_1(U)$ and $C_2(U)$ in range from −7 V to 7 V at temperatures of 40 ℃, 65 ℃ and 85 ℃.

C.2 Graph $C_1(T)$ and $C_2(T)$ at 0 V and 6 V versus temperature from room temperature up to 85 ℃.

C.3 In the answer sheet write the ratio $C(85\ ℃)/C(40\ ℃)$ for both capacitors C1 and C2 at 0 V and 6 V.

Part D. Sources of measurement errors

The previous tasks in this experiment were done in conditions of long initial charge. When looking at shorter recharging times (0.1 − 10 s) there can be multiple sources of errors:

1. Leakage current.

2. Polarization properties of the capacitor's dielectric media that can be expressed as the dielectric permittivity that depends on process time scale.

Caution: heat-insulating material may absorb air moisture and become conductive. Remove it when doing leakage measurements.

Determine the main source of error for measuring C1 and C2, since capacitor leakage and voltmeter input currents depend on the voltage, estimate these errors at voltage close to 9 V. Decide, which auxiliary measurements and under what conditions should be taken in order to answer these questions. In your answers to the following D.1 and D.2 questions, you might indicate the conditions of your measurements, which quantities you measure and what conclusions you make based on your measurements, as exemplified in the tables below.

Note: these are just the examples how to describe schematically your measurements; you need determine the relevant conditions of your measurements by yourself.

Examples of how answers to questions D.1 and D.2 should be written:

Example 1.

Showing that voltage change rate of C1 connected to the measuring circuit is faster at 9 V than at 0 V.

Possible S1 positions: C1, C2

Possible IN connection: +9 V, −9 V, GND, Free

Initial settings:

S1 position	IN connection
C1	9V

Process:

Step number	S1 position	IN connection	Duration, s	Measured variable
1	C1	Free		$\lvert du_C(t)\rvert/dt$
2	C1	GND		
3	C1	Free		$\lvert du_C(t)\rvert/dt$

Verification: $(\lvert du_C(t)\rvert/dt)_1 > (\lvert du_C(t)\rvert/dt)_3$

Example 2.

Showing that voltage change rate of C1 at 9 V is larger than the average voltage change rate starting at 0 V over 1000 seconds.

Possible S1 positions: C1, C2

Possible IN connection: +9 V, −9 V, GND, Free

Initial settings:

S1 position	IN connection
C1	9 V

Process:

Step number	S1 position	IN connection	Duration, s	Measured variable
1	C1	Free		$\lvert du_C(t)\rvert/dt$
2	C1	GND		
3	C1	Free		u_C
4	C1	Free	1000	
5	C1	Free		u_C

Verification: $(\lvert du_C(t)\rvert/dt)_1 > (u_C\rvert_3 - u_C\rvert_5)/1000$

D.1 What is the main source of error for measuring $C_1(9V)$? Write the measurement steps in the tables.

D.2 What is the main source of error for measuring $C_2(9V)$? Write the measurement steps in the tables.

2. Light Emitting Diodes (LEDs)

This experiment is designed to investigate the electrical and thermal properties of LEDs. For the temperature measurements of the PCB you should use coefficients, obtained in Experiment - 1 B.1 section. The electric circuit used in this experiment is shown in Fig.2.1. For equipment guide see description for question 1.

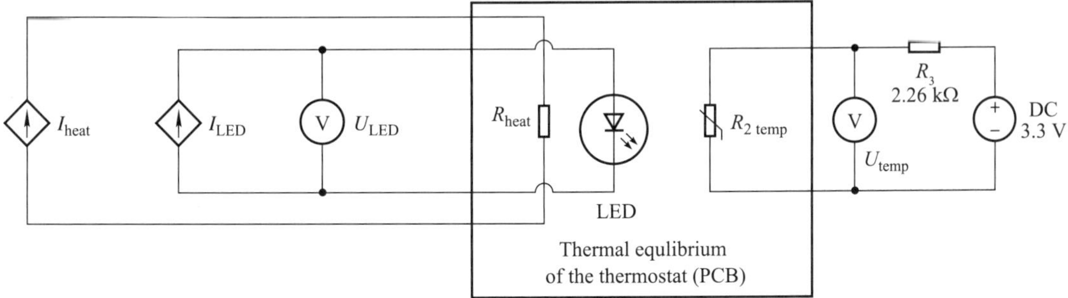

Figure 2.1 Experimental setup of the LED investigation experiment. LED is driven by the constant current (continuous or pulsed mode) and forward voltage measured by high impedance voltmeter. Heating and temperature measurement parts are the same as in Experiment 1. Thermal equilibrium is maintained between all components on printed circuit board (PCB).

The LEDs typically are driven by the constant current in contrast to constant voltage used for incandescent lamps. The measured voltage of the LEDs depends on set current and temperature of the semiconductor die. The mathematical expression of volt-ampere characteristics is complicated and depends on physical and technological parameters, which are usually not known. Therefore, in this experiment the two-dimensional dependence of the voltage vs LED current and LED die temperature T_J will have to be investigated:

$$U_{LED} = \text{function}(I_{LED}, T_J).$$

The thermal resistance between the LED semiconductor die and the PCB is related to electrical power P as follows (at several values of the current (I_{LED})):

$$\frac{\Delta T}{P} = \frac{T_J - T_{PCB}}{P}.$$

Caution: LED can be driven at continuous current or short current pulses. In the latter case it is assumed that the duration of the pulse is short enough to avoid the LED self-heating (for example 1 ms pulse duration with measurements spaced at least 100 ms apart), and to assume that $T_J = T_{PCB}$ at such driving regime. During the continuous operation $T_J > T_{PCB}$ and thermal resistance $\frac{\Delta T}{P}$ can be calculated.

Part A. Volt-ampere characteristics at different temperatures

The physical mechanisms of the heating in both Experiment 1 and 2 are the same. Hence, you can use the result you obtained earlier in Experiment 1 to relate thermistor voltage with its temperature. Alternatively, you can use this explicit approximate relation:

$$T(U)=\frac{3500}{9.9-\ln\left(\frac{1}{U}-0.3\right)},$$

where T is temperature of the thermistor, expressed in kelvins, and U is voltage on the thermistor, expressed in volts.

Measure and graph the Current vs Voltage of the LED at temperatures ranging from room temperature to 80 ℃ in pulsed mode.

A.1 Measure and graph $I_{\text{LED\_pulsed}}(U_{\text{LED\_pulsed}}, T)$ dependence in the range from 3 mA to 50 mA at the room temperature, and 40, 60, and 80 ℃. Draw all curves on the same graph.

A.2 In the answer sheet, fill the table with $U_{\text{LED\_pulsed}}$ values at 3, 10, 20, and 40 mA driving currents $I_{\text{LED\_pulsed}}$ at room temperature, 40, 60, and 80 ℃.

A.3 Graph main points of $U_{\text{LED\_pulsed}}(I_{\text{LED\_pulsed}}, T)$ (those listed in question A.2) and calculate (approximate graphically) the linear voltage dependence on the temperature coefficient $(\Delta U(I)/\Delta T)$ at 3, 10, 20, and 40 mA.

Part B. Measurement of the LED volt-ampere characteristics at continuous driving current

B.1 Measure and graph the $I_{\text{LED\_continuous}}(U_{\text{LED\_continuous}})$ dependence in the range from 3 mA to 50 mA with the heater turned off in the continuous driving regime. In the answer sheet, also write down the values of $U_{\text{LED\_continuous}}$, PCB (thermostat) temperature T_{PCB}, and the difference $\Delta U=U_{\text{LED\_pulsed}}-U_{\text{LED\_continuous}}$ at 3, 10, 20, and 40 mA.

B.2 Since the resistance of the LEDs is not constant (depends on current), the term Dynamic Resistance is used and expressed as $\frac{\mathrm{d}U}{\mathrm{d}I}$. Using graph (B.1), estimate the reciprocal of the LED dynamic resistance $1\Big/\left(\frac{\mathrm{d}U}{\mathrm{d}I}\right)=\frac{\mathrm{d}I}{\mathrm{d}U}$. In the answer sheet, write the values of $\frac{\mathrm{d}I}{\mathrm{d}U}$ at 3, 10, 20, and 40 mA. Draw tangents $\frac{\mathrm{d}I}{\mathrm{d}U}$ at these points on the graph.

B.3 Calculate and graph the difference $\Delta T(P)$ between the temperature of continuously operating semiconductor die (T_{J}) and temperature of the PCB (T_{PCB}) as a function of electrical power (at 3, 10, 20, and 40 mA). Calculate (approximate graphically) the linear LED thermal resistance $\frac{\Delta T}{P}$, and write it in the answer sheet.

Note: Assume that all electrical energy consumed by LED is converted into the heat and the energy emitted as light can be ignored.

Part C. Calculation of the LED current drift due to the temperature

In the Introduction, it was mentioned that LEDs are typically driven by the constant current, but not constant voltage. Assume that one decided to drive the LED at nominal current value of 20 mA with constant voltage value you have measured for 20 mA current in the task B.1.

C.1 Using the LED characteristics calculated in section B, estimate the actual current flowing through LED, if voltage is kept constant (voltage measured in B.1, U (20 mA)), but PCB temperature is at 0 ℃ and 40 ℃.

附：中译文

理论题[①]

1. 行星物理学

本题由两个与行星内部相关的独立问题组成. 行星表面曲率的效应可以忽略. 你可能用到以下公式

$$(1+x)^{\varepsilon} \approx 1+\varepsilon x, \quad 当 |x| \ll 1. \tag{1}$$

A 部分. 海洋中脊

考虑一个大型储有水的容器，位于具有自由落体加速度 g 的均匀重力场中. 两个相互平行的长方形板竖直插入容器中并与容器壁无间隙地紧密接触，每块板浸入水中部分的长度为 h（图 1). 每块板沿 y 轴方向的宽度为 w，水密度为 ρ_0.

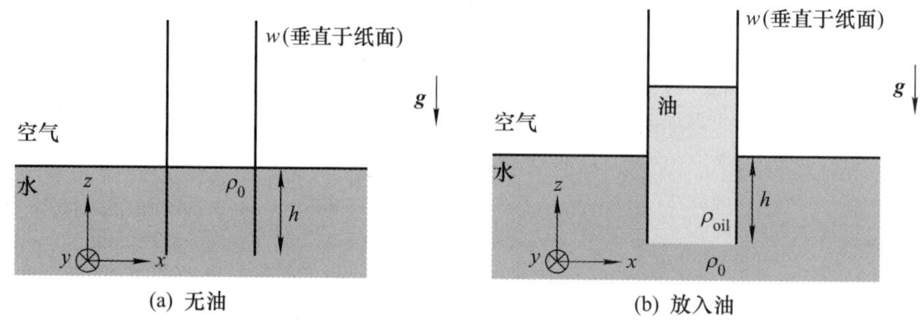

图 1 水中的平行板

将密度为 ρ_{oil}（$\rho_{oil}<\rho_0$）的油倒入两板之间的空隙中，直到油的最下方达到板的下边缘为止（即两板之间的空隙中没有水了）. 假设两块板和容器壁都足够高，以致油不会溢出它们. 可以忽略流体的表面张力和流体间的混合.

A.1 作用在右板上的合力的 x 分量 F_x 是多少（大小与方向）？

图 2 显示了海洋中脊的一个横截面. 它由层状结构的地幔、地壳和海水组成. 地幔是由岩石构成的，在地质时间尺度内它们可以流动，因此在本题中作为流体处理. 地壳的厚度远小于 x 方向特征长度具有的尺度，因此其行为可视为能自由弯曲的薄板. 这样的脊可以在高精度下建模为二维系统，即沿 y 轴方向变量不发生任何变化，y 轴在图 2 中垂直于纸面并指向纸外. 假设沿 y 轴方向的脊长 L 比本题中其他任何长度都大得多.

在脊的中心（O 点，设为坐标原点)，地壳的厚度设为零. 随着水平距离 x 从中心 O 开始增加，地壳变得越来越厚，并当 $x\to\infty$ 时，地壳的厚度趋于常数 D. 相应地，洋底从脊的顶部 O 逐渐下降到垂直深度 h（按图 2 设定的坐标系). 可以假设海水的密度 ρ_0 和温度 T_0 在空间和时

① 安宇、蒋硕、张留碗、郭旭波、阮东译.

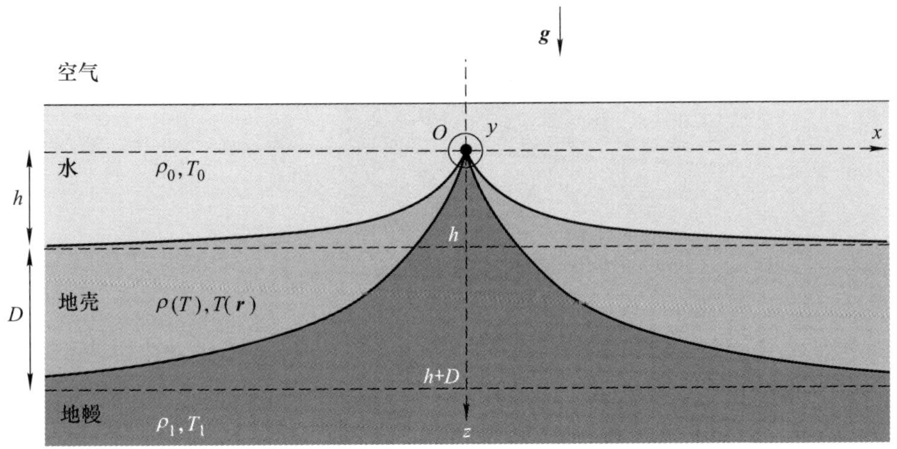

图 2　海洋中脊. 注意图中 z 轴朝下

间上都是恒定的. 对地幔也一样,其密度 ρ_1 和温度 T_1 都是恒定的. 地壳的温度 T 依赖于位置,但与时间无关.

已知地壳物质在高精度下随温度 T 线性膨胀. 由于假设了海水温度和地幔温度是恒定的,所以使用重新标度的热膨胀系数是很方便的. 这样有 $l(T)=l_1[1-k_l(T_1-T)/(T_1-T_0)]$,其中 l 是一块地壳物质的长度,l_1 是该地壳物质在温度 T_1 时的长度,k_l 是重新标度的热膨胀系数,可以假设为常数.

A.2　假设地壳各向同性,求出地壳密度 ρ 与温度 T 的依赖关系. 假设 $|k_l|\ll 1$,把结果写成近似的形式

$$\rho(T)\approx\rho_1\left[1+k\,\frac{T_1-T}{T_1-T_0}\right],\tag{2}$$

其中忽略了 2 阶项 k_l^2 和更高阶项. 由此确定常数 k.

已知 $k>0$. 此外可以假设地壳的热导率 κ 是恒定的. 所以远离脊轴(z 轴)的地壳的温度线性依赖于深度.

A.3　假设地幔和海水在流体静力学平衡下都表现为不可压缩流体,用 h,ρ_0,ρ_1 和 k 表示出远距离处的地壳厚度 D. 忽略地幔的任何运动.

A.4　求出作用在地壳右半边($x>0$)的水平方向上的合力 F,精确到 k 的主要阶项,并用 ρ_0,ρ_1,h,L,k 和 g 表达出来.

假设地壳与地球其他部分隔热. 由于热传导,地壳的上下两个表面的温度将会越来越接近,直到地壳达到热平衡. 地壳的比热是 c,且可假定为常数.

A.5　通过量纲分析或者量级分析(估算),估计特征时间 τ,即远离脊轴处地壳上下表面之间的温度差趋于零的时间. 你可以假设 τ 不依赖于地壳两个表面的初始温度.

B 部分. 分层介质中的地震波

假设在某个行星的表面发生了一次短暂的地震. 假设地震波从位于 $z=x=0$ 处的一个线源发出,这里 x 是水平坐标,z 是表面以下的深度(图 3). 假设地震波的线源长度比本问题中的任何其他的长度都长得多.

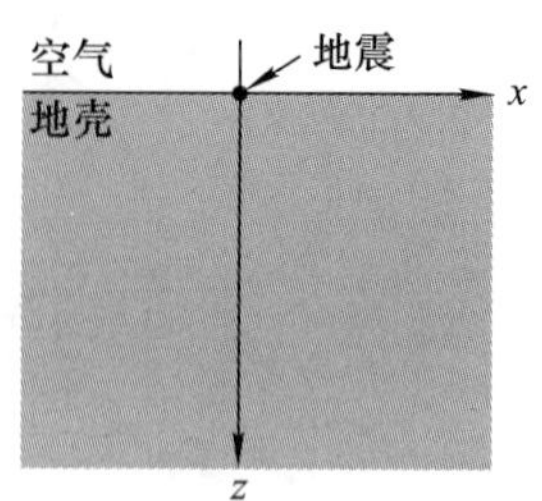

图 3　B 部分使用的坐标系

作为地震的结果，一个均匀通量的纵波 P 波，在 $z>0$ 的 xz 半平面内向各个方向发射. 由于固体中的波动理论通常很复杂，在本问题中我们忽略地震发出的所有其他波. 这个行星的地壳具有分层结构，因此 P 波速度 v 依赖于深度 z，$v=v_0(1+z/z_0)$，其中 v_0 是 P 波在表面处的速度，z_0 是已知的正的常数.

B.1　地震发出的一个单波束(a single ray)在 xz 平面内传播，它与 z 轴的初始角度为 θ_0，$0<\theta_0<\pi/2$. 若在行星表面位于横坐标 $x_1(\theta_0)\neq 0$ 处能检测到该波束，那么该横坐标是多少？已知波束的路径是一段圆弧. 以 $x_1(\theta_0)=A\cot(b\theta_0)$ 的形式写出你的答案，其中 A 和 b 是待定常数.

如果无法确定 A 和 b，在下面的问题中你可以将 $x_1(\theta_0)=A\cot(b\theta_0)$ 作为已知结果使用. 假设在地震中，单位长度的震源以 P 波的形式释放到地壳的总能量为 E. 假设波从下方到达行星表面时被完全吸收.

B.2　找出行星表面所吸收的单位面积的能量密度 $\varepsilon(x)$ 与沿表面的距离 x 之间的关系. 画出 $\varepsilon(x)$ 的草图.

从现在开始，假设波在到达行星表面时被完全反射. 想象一个位于 $z=x=0$ 的设备，它与之前考虑的地震震源具有相同的几何形状. 该设备能够以任意选择的角分布发射 P 波. 我们让此设备发射一个具有窄角度范围的信号. 特别地，使信号相对垂直方向的初始角度处于区间 $\left[\theta_0-\frac{1}{2}\delta\theta_0,\theta_0+\frac{1}{2}\delta\theta_0\right]$，其中 $0<\theta_0<\pi/2$，$\delta\theta_0\ll 1$，$\delta\theta_0\ll\theta_0$.

B.3　沿星球表面离开震源为多远的 $x_{\max}$ 处，是信号到达不了的最远点？用 θ_0，$\delta\theta_0$ 和上面给出的其他常数写出你的答案.

2. 静电透镜

考虑一个半径为 R、均匀带电的金属环，总电荷为 q. 环是由空心管做成的，厚度 $2a\ll R$. 这个厚度在 A,B,C 和 E 部分中，可以忽略. 环平面为 xy 平面，z 轴垂直于环平面，如图 1 所示. 在 A 和 B 部分中，你可能需要使用下面的公式(泰勒展开)

$$(1+x)^{\varepsilon}\approx 1+\varepsilon x+\frac{1}{2}\varepsilon(\varepsilon-1)x^2,\quad 当|x|\ll 1.$$

A 部分. 圆环轴上的静电势

A.1　计算环的轴线上、离圆环中心距离为 z 处(图 1 中的 A 点)的静电势 $\Phi(z)$.

A.2　假设 $z\ll R$，将静电势 $\Phi(z)$ 表达式展开至 z 的最低非零幂指数.

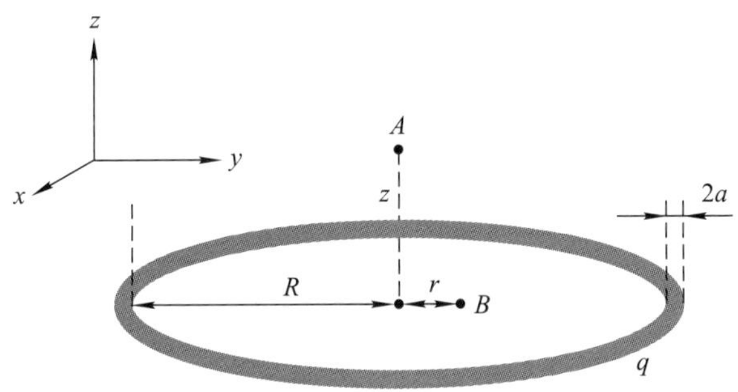

图 1　半径为 R 的带电环

A.3　一个电子(质量 m,电荷 $-e$)被置于图中 A 点(图 1,$z \ll R$). 作用于电子上的力是多少? 观察该力的表达式,确定 q 的正负使得电子的运动是一个简谐振动. 运动中的电子不影响环上的电荷分布.

A.4　该简谐振动的角频率 ω 是多少?

B 部分. 圆环平面上的静电势

在本部分,你要分析圆环平面内($z=0$)当 $r \ll R$ 时(图 1 中的 B 点)的静电势 $\Phi(r)$. $\Phi(r)$ 表达式展开至 r 的最低的非零幂指数形式是 $\Phi(r) \approx q(\alpha + \beta r^2)$.

B.1　求 β 的表达式,可能用到上面给出的泰勒展开.

B.2　一个电子被放在 B 处(图 1,$r \ll R$). 作用于电子上的力是多少? 观察该力的表达式,确定电荷 q 的正负,使得电子的运动为简谐振动. 运动中的电子不影响环上的电荷分布.

C 部分. 理想静电透镜的焦距:瞬时充电

有人打算制造一种装置来聚焦电子,也就是静电透镜. 考虑以下的结构:圆环垂直 z 轴放置,如图 2 所示. 我们有一个电子源,可以产生需要的非相对论电子束. 电子的动能是 $E = mv^2/2$(v 是速度),离开电子源的时刻可精确控制. 系统通过编程控制,使圆环在大多数时间呈电中性,但当电子离圆环平面的距离小于 $d/2$($d \ll R$)时(图 2 中的阴影区域,称为"活动区"(active region)),圆环充电至电量 q. 在 C 部分中,我们假设充电和放电过程是瞬时的而且电场瞬时充满空间. 我们也忽略磁场的影响,并假设电子沿 z 方向的速度是恒定的. 运动中的电子不影响环上的电荷分布.

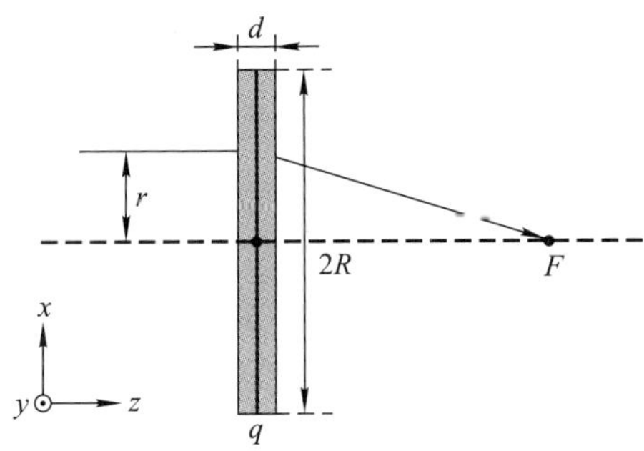

图 2　静电透镜的模型

C.1　确定透镜焦距 f,假设 $f \gg d$,用 B.1 题的常数 β 和其他已知量表示. 假设电子束在到达“活动区”前平行于 z 轴，且 $r \ll R$. 应该选择电荷 q 的正负使得透镜聚焦.

实际中，电子源放在 z 轴上，距圆环中心的距离 $b > f$. 考虑电子在到达“活动区”前不再平行于 z 轴，而是从一个点源，相对于 z 轴以不同的角度 γ 发射，角度 γ 的范围满足 $\gamma \ll 1$ rad. 电子将会聚焦于一点，该点离圆环中心的距离为 c.

C.2　求 c. 用问题 B.1 题的常数 β 和其他已知量表示.

C.3　静电透镜满足以下光学薄透镜方程吗？

$$\frac{1}{b}+\frac{1}{c}=\frac{1}{f}$$

通过明确地计算 $1/b+1/c$ 来回答.

D 部分. 圆环电容器

上面考虑的模型是理想化的，我们假设圆环是瞬间带电的. 实际上，充电并不是瞬时，因为圆环是一个电容器，有一个有限的电容 C. 在本部分我们将分析这种电容器的特性. 你可能需要以下积分：

$$\int \frac{\mathrm{d}x}{\sin x}=-\ln\left|\frac{\cos x+1}{\sin x}\right|+\text{const}$$

和

$$\int \frac{\mathrm{d}x}{\sqrt{1+x^2}}=\ln\left|x+\sqrt{1+x^2}\right|+\text{const}.$$

D.1　计算圆环的电容 C. 考虑圆环有一个有限宽度 $2a$，但记住 $a \ll R$.

当电子到达“活动区”时，圆环连接到一个恒压源 V_0 上(图 3). 当电子通过“活动区”后，将圆环接地. 接触电阻为 R_0，圆环自身的电阻可以忽略.

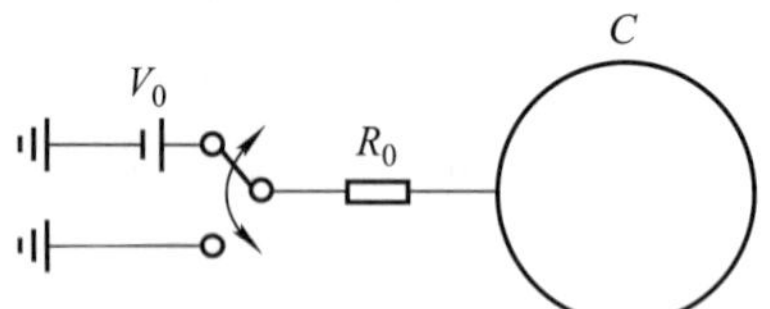

图 3　静电透镜充电

D.2　确定环上电荷与时间的关系 $q(t)$，并画出这种依赖关系的示意图. 设 $t=0$ 对应于电子在环平面上的时刻. 当环上电荷 $q(t)$ 绝对值最大时环上电荷 q_0 是多少？圆环的电容为 C(也就是说，你不是必须使用 D.1 题中电容 C 的实际表达式).

注意：图 3 所示极性仅用于示意. 应该根据实际选择正负极性使得透镜聚焦.

E 部分. 更真实的透镜的焦距：非瞬时充电

在本部分，我们将考虑这一更真实的透镜的行为. 我们将再次忽略环的宽度 $2a$，同时假设电子到达“活动区”前平行于 z 轴运动，然而，环的充电不再是瞬时的.

E.1　求透镜的焦距 f. 假设 $f/v \gg R_0C$，但是 d/v 和 R_0C 有相同的数量级. 用 B 部分中的常数 β 和其他已知量表示你的答案.

E.2　你会发现上问中的 f 与 C 部分中求得的相似，只需将 C 部分的 q 用 q_{eff} 代替. 用题中给定的量来表达 q_{eff}.

3. 粒子与波

波粒二象性，即每个粒子都可以被描述为一个波，反之亦然，是量子力学的核心概念之一.在本题中我们将利用这一概念以及其他几个基本假设，来探究微观世界中两类不同粒子——费米子和玻色子——的一系列量子现象.

A 部分. 箱中的量子粒子

考虑在一维势阱中运动的粒子，粒子质量为 m，其势能 $V(x)$ 表达式为：

$$V(x)=\begin{cases}0, & 0\leqslant x\leqslant L;\\ \infty, & x<0 \text{ 或 } x>L.\end{cases} \tag{1}$$

经典粒子在该势阱中的动能可以为任意值，而量子粒子的能级只允许取一些特定的分立的正数值. 在任一这种量子态中，粒子可被描述成具有驻波形式的德布罗意波，势阱的边界为波节.

A.1 确定势阱中量子粒子可取的最低能量值 $E_{\min}$. 用 m，L 和普朗克常数 h 来表示.

粒子的最低能量态被称为基态，其他更高的能量状态都称为激发态. 将所有的能量按升序排列(能级)，用 E_n 表示，E_1 代表基态.

A.2 写出 E_n 的表达式(这里 $n=1,2,3,\cdots$).

A.3 粒子从一个能量态瞬间跃迁到另一个态，须通过吸收或发射一个能量等于两能级间的能量差的光子而实现. 写出粒子从第一激发态(E_2)跃迁到基态(E_1)时所发射的光子的波长 λ_{21} 的表达式.

B 部分. 分子的光学性质

在这一部分，我们将研究花青 Cy5 分子的几种光学特性. Cy5 分子是一种广泛使用的染料分子，其示意图见图 1(a). 它的光学性质主要由碳骨架决定，骨架上的碳原子之间的化学键由交替排列的单键和双键构成，见图 1(b). 分子两端的环和自由基 R 对光学性质的影响相对小得多. 骨架中每个 C 原子(也包括 N 原子)中的 4 个价电子中的 3 个电子用来形成化学键，剩余的价电子被“共享”从而可在整个骨架上自由运动. 每个“共享”电子感受到的净势能用图 1(c)中的振荡细线表示，最低点对应于 C 原子和 N 原子的位置.

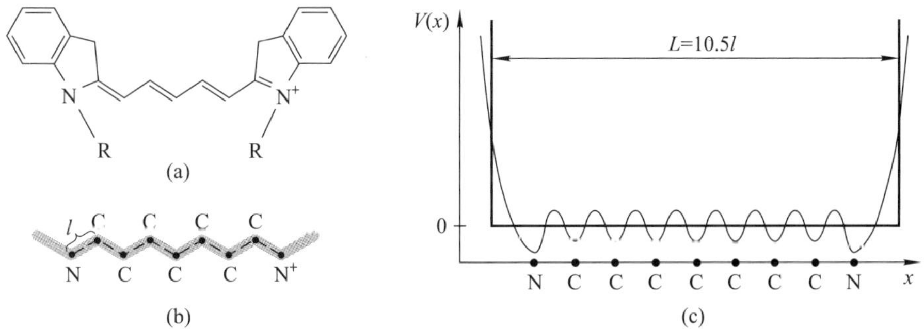

图 1 (a) 花青 Cy5 分子的化学结构(为简化起见，氢原子未画出，R 代表某种自由基). (b) Cy5 分子的骨架，其原子间的平均距离为 l. (c) 骨架上的电子势能(细线)和势能的近似形式(粗线)，该近似形式出自公式(1)给出的阶跃函数

为简化起见，我们用公式(1)中的函数来近似描述电子的势能，势阱宽度为 $L=10.5l$(见

图 1(c)中的粗线),这里 $l=140$ pm 是原子间的平均距离(参见图 1(b)). 于是,我们得到 10 个电子(7 个来自 C 原子,2 个来自 N 原子,1 个来自 N^+ 离子)构成的"电子气体",它们在 A 部分已讨论过的一维势阱内运动. 在计算中可以忽略这些电子间的相互作用;但是,必须考虑到电子是费米子,需遵循泡利不相容原理. 我们还忽略其他电子和原子核运动的影响.

B.1 计算可被 Cy5 分子吸收的光子的最长波长 λ. 假定系统中的电子开始处在基态. 用 l,物理常数和一些常数因子写出表达式,并计算数值结果.

B.2 另一种 Cy3 染料分子有相似的结构,但它的骨架减少了 2 个 C 原子. 它的吸收光谱与 Cy5 分子相比,会红移还是蓝移? 计算光谱移动 $\Delta\lambda$ 的数值. 你可假定移除 2 个 C 原子不影响分子形状而只是将骨架长度缩减两个原子间间距.

在激发态时,分子可辐射光子而自发跃迁至基态. 这种辐射的平均速率 K(即:在时间 dt 内,处在激发态的分子数的相对减少 dN/N,$K=\frac{1}{N}\frac{dN}{dt}$)由下列因素决定:辐射光子的波长 λ,跃迁电偶极矩 d(数量级为 $d\sim el$,这里 e 是基本电荷),真空介电常数 ε_0 和普朗克常量 h.

B.3 通过量纲分析,用 ε_0,h,λ 和 d 来确定自发辐射速率的表达式. 表达式中的常数因子可取 $k=\frac{16}{3}\pi^3$.

B.4 对于 Cy5 分子,$d\approx 2.4el$. 估算 Cy5 分子最低激发态的平均荧光寿命 τ_{Cy5},它是向基态辐射跃迁速率的倒数.

C 部分. 玻色-爱因斯坦凝聚

本部分与 A,B 部分不直接相关,我们在这里将研究玻色子的集体行为. 玻色子不遵循泡利不相容原理,并在低温或高密度下,经历戏剧性的玻色-爱因斯坦凝聚(BEC)现象. 这是达到一有趣的量子集体态的一种相变:大量的全同粒子"凝聚"到一个量子态并表现如同一个单波. 实现相变的一种典型手段是将固定数目的粒子冷却至临界温度之下. 原则上,也可以通过固定温度,让数密度超过临界密度以达成相变.

我们从探究相变时温度与数密度之间的关系开始. 人们发现,对它们临界数值的估计可从如下一个简单的观察得出:当对应于粒子方均根速率的德布罗意波长与气体中粒子间的特征距离相当时,BEC 就会发生.

C.1 对于无相互作用的热平衡 ^{87}Rb 气体原子,写出它们典型的线性动量 p 和典型的德布罗意波长 λ_{dB} 的表达式,用原子质量 m,温度 T 和物理常数表示.

C.2 计算气体中粒子之间的典型距离 ℓ 与粒子数密度 n 之间的函数关系. 进而推导出临界温度 T_c 表达式,用原子质量、数密度和物理常数表示.

为了在实验室中实现 BEC,实验者们需要将气体的温度降至 $T_c=100$ nK.

C.3 若在此温度发生 BEC,Rb 气体的数密度 n_c 是多少? 为方便比较,也请计算普通的理想气体在标准温度和气压(STP),即 $T_0=300$ K 和 $p_0=10^5$ Pa 时的数密度 n_0. 普通气体的密度 n_0 是 n_c 多少倍? 你可以假定原子的质量等于 87 个原子质量单位(m_{amu}).

D 部分. 三光束光学晶格

BEC 于 1995 年被首次实现. 其后,实验工作向着多个方向发展. 在这部分你将研究一个成果尤为丰富的方向:将凝聚态物质装入由几个相干激光束干涉所产生的空间周期性势场中.

由于所得干涉图样的周期性，也被称为光学晶格. 在光学晶格中运动的一个原子感受到的势能 $V(\boldsymbol{r})$ 与局域光强成正比，计算中可设其表达式为：

$$V(\boldsymbol{r})=-\alpha\langle|\boldsymbol{E}(\boldsymbol{r},t)|^2\rangle. \tag{2}$$

其中 α 为正的常数；尖括号表示时间平均，取平均消除了高频振荡项. 设第 i 束激光产生的电场为

$$\boldsymbol{E}_i=E_{0,i}\boldsymbol{\varepsilon}_i\cos(\boldsymbol{k}_i\cdot\boldsymbol{r}-\omega t), \tag{3}$$

其中 $E_{0,i}$ 为振幅，$\boldsymbol{k}_i$ 为波矢量，$\boldsymbol{\varepsilon}_i$ 为偏振方向的单位矢量.

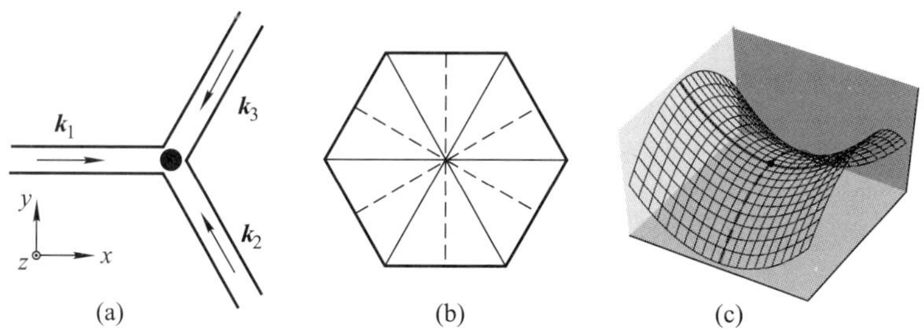

图 2　(a) 三光束光学晶格：三束波矢量为 $k_{1,2,3}$ 的平面波在灰色圆圈所示的区域内干涉. (b) 正六边形对称性：实线和虚线表示两组对称轴. (c) 鞍点：即表面上的一个点，在该点两个正交方向的斜率都为零，但它不是所绘函数的局域极值. 实线所示方向有一个表观的极小值.（如图所示）为区分真正的极小值和鞍点，还需对与之垂直的方向（虚线所示）进行额外分析

你的任务是研究三束相同强度的相干激光干涉所产生的三角形光学晶格. 典型装置如图 2(a)所示，其中三束光的偏振方向均为 z 方向，都在 xy 平面中传播，并以 120°的相等角度相交. 设 x 轴平行于波矢 $\boldsymbol{k}_1$.

D.1　由(2)式和(3)式求势能 $V(\boldsymbol{r})$ 的表达式，表示为光束所在平面 $\boldsymbol{r}=(x,y)$ 的函数.

提示：结果可以很好地用一个常数项和三个余弦函数之和（余弦函数的变量用 $\boldsymbol{b}_i\cdot\boldsymbol{r}$ 表达）来表示. 请将答案写成这种形式，并写出向量 $\boldsymbol{b}_i$ 的表达式.

D.2　所求势能具有六重旋转对称轴，即绕原点旋转 60°的整数倍时，势能分布不变. 对此结论提供一个简洁的论证.

上述对称性可简化对二维势场分布 $V(\boldsymbol{r})$ 的分析. 如图 2(b)所示，正六边形具有对称轴，分别为连接相对的顶点（实线）和相对边的中点（虚线）. 因此，在这种情况下，不需要画出二维的势场分布图就可通过研究 x 轴和 y 轴（它们是沿着对称轴的）而推断出很多结论.

D.3　推导沿坐标轴的势场 $V(\boldsymbol{r})$ 的分布，即函数 $V_X(x)\equiv V(x,0)$ 和 $V_Y(y)\equiv V(0,y)$ 的表达式. 求单变量函数 $V_X(x)$ 和 $V_Y(y)$ 的极值的位置. 由于这两个函数是周期性的，对于周期性重复的极小值和极大值的位置，每类仅需写出一个代表的值即可.

我们希望确定所谓的格座的位置，即二维势能 $V(\boldsymbol{r})$ 的极小值的位置. 前面得到的单变量函数 V_X 和 V_Y 的极小点表明了它们可能的位置，但仍须检查排除掉鞍点. 如图 2(c)所示，当沿某一直线研究时，鞍点可能似乎是极小点而实际不是.

D.4　回顾你上题中的结果，确定光晶格中实际的极小点：定出所有最接近原点（不包含原点）的同等的极小点. 最近邻的极小点之间的距离 a，换言之，光学晶格的晶格常数，为多少？用激光波长 λ_{las} 表达结果.

超冷原子是电中性的，意味着它们之间的作用只有当两个或以上的原子占据一个光学晶格的同一个格座时才显著. 但是，实验物理学者也探索了维持原子间长程相互作用的装置. 一种可能的方法有赖于生成所谓的里德伯原子，它们体型较大并有其他夸张的性质. 里德伯原子处在激发态，它的一个电子被激发到主量子数 n 很大的量子态. 里德伯原子的大小可通过计算具有轨道角动量 $n\hbar$ 的电子在经典圆轨道模型中的半径来估计，$\hbar$ 是约化普朗克常量.

D.5　计算 Rb 里德伯原子半径与激光波长 $\lambda_{las}=380$ nm 相当时对应的 n 值. 用 λ_{las} 和物理常数表示 n，并计算其数值.

实验题[①]

实验考试指南

本次实验考试持续 5 小时，由两个单独的实验组成，每个实验 10 分.两个实验会共用部分实验设备.因此，在开始工作之前请仔细阅读这些说明.

设备列表：

1. 测量和样品电路板，其组件包含如下：

(a) +9 V 和 −9 V 恒压源(各有两个相同的接头)，

(b) 两个相同接地端(GND)，

(c) 两个相同的电容接线端，

(d) 电容器切换开关(可以设置为 C1[②] 或 C2)，

(e) 低输入电流的电压表(在电路板中)，

(f) 具有加热器和温度传感器的恒温器(在电路板中)，

(g) 样品电容器 C1 和 C2，

(h) 连接到恒流源和电压表的发光二极管(LED)，

(i) 重启 RST(Reset)按钮，

(j) USB 供电端口，

(k) 用于连接平板电脑的六脚数据接头.

2. 具有 USB Micro-B 插头、用于电路板供电的电源.

3. 两根跳线：线 W1(内部具有 100MΩ 电阻 R1)和线 W2(0Ω).

4. 恒温器的绝热材料.

5. 用于连接电路板与平板电脑的数据线，具有 USB Micro-B 插头，可接在平板电脑侧边.

6.用于运行 IPhO 2021 实验应用程序的触摸屏平板电脑(后面会给出 APP 使用手册).

7. 温度计(由考试大厅提供).

恒温器的温度由负温度系数(negative temperature coefficient，NTC)的热敏电阻测量.该 NTC 热敏电阻的电阻值 R 与绝对温度 T(单位 K，开尔文)有关，关系式如下：

$$R(T)=R_0e^{B/T}, \tag{1}$$

① 张留碗、蒋硕、郭旭波、宋飞、安宇、阮东译.

② 原试卷中区分“C1”(侧重于表示器件，用于制图等)和“C_1”(侧重于表示物理量)两种形式，其他如“R1”与“R_1”等也是如此，实际所指的都是同一器件及其属性.——编者

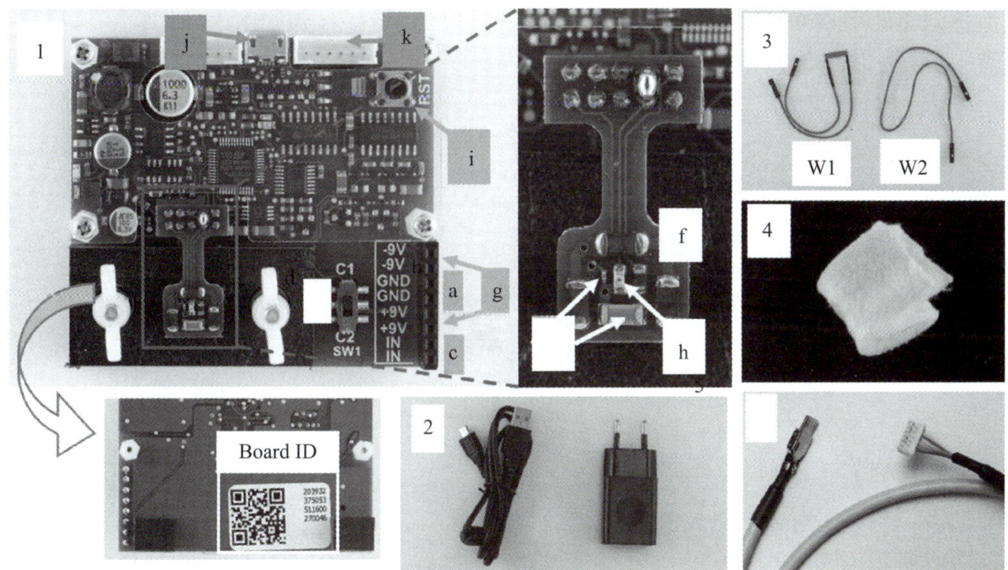

其中，$B=3500$ K，R_0 是常数，须在加热之前从已知的环境温度中计算出该常数，这个常数的值对于两个实验都是必需的.恒温器的温度可以通过调节加热电流进行控制（通过 APP 设置）.一旦改变加热电流，需要等待一段时间，让系统达到稳定的温度.另一方面，我们假设电路元件之间（电容器，NTC 和 LED）的热平衡是“瞬时的”，没有观察到显著的延迟.

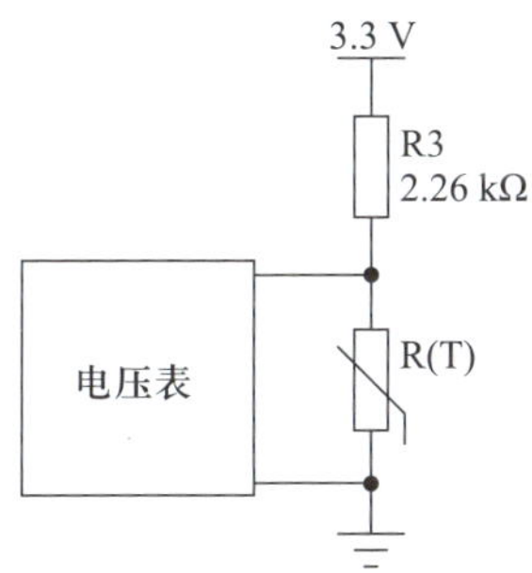

为确保更稳定的热状态，一层绝热材料已置于恒温器上.用一个小塑料板压在上面，并用两个螺钉固定.

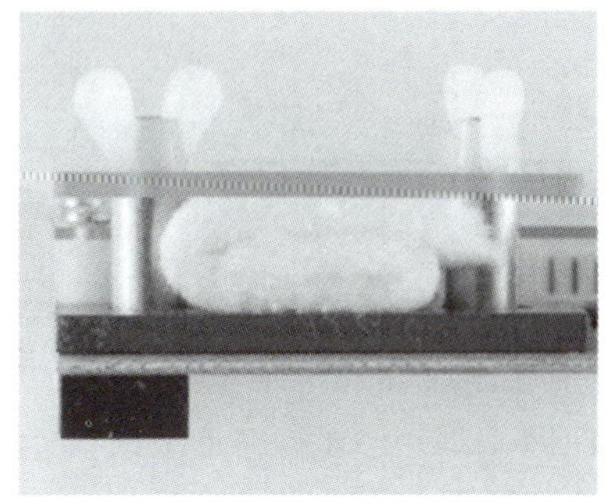

小心：

请避免损坏电路板和上面的插座，确保您在没有过度用力的情况下正确插入所有的东西.

液体对电子设备可不友好，所以在实验装置附近处理液体（如饮用水）时要小心，避免溅落到仪器上面.

IPhO 2021 实验 APP 使用手册

IPhO 2021 实验软件可以从平板电脑的主屏幕（或者通过从下向上滑动屏幕，调用应用程序主选列表）点击 IPhO 图标启动.

为了将电路板上测量的值传输到平板电脑：

1. 使用 USB 充电器对电路板供电；
2. 使用数据线连接电路板和平板电脑（六脚插头接电路板，Micro-USB 插头接平板电脑）；
3. 确认 USB 连接，并在应用程序请求下于 10 s 内重置电路板.

注意：如果在某些情况下

- 电路板停止响应，不返回任何测量值（处在“Check state”或测量模式），
- 加热/LED 的电流没有变化（热敏电阻电压没有变化，LED 即使在最大 LED 电流下也不发光），

请按下电路板上的重启按键，然后按照上面步骤 3“确认 USB 连接……”进行操作.

如果上述操作仍然不能起作用：

- 通过点击两次“Back”按钮退出应用程序，
- 拔下电路板上的接头，
- 再次打开应用程序，
- 重新连接电路板，并执行上面的步骤 3.

控件和区域（图片中的这些数字稍后将用于引用）：

- **1**：点击此切换键将启动测量，再点击一下它就会停下来.
- **2**：当此切换键被选择，屏幕将会显示实时的测量值.
- **3**：打开“设置”.
- **4**：弹出设置的简短摘要.
- **5**：保存或删除测量的标题.
- **6**：将新的测量或选中的测量用新的名称保存.
- **7**：删除所选测量.
- **8**：选择先前保存的测量.
- **9，10，11**：在文字区域，手动输入加热电流（9）、LED 电流（10）、LED 电流脉冲持续时间（11）.无输入表示 0. tL=0（tL 即 LED 电流脉冲持续时间）表示恒定直流电.
- **12，13，14**：拖动条，拖动按钮用来更改相应的数值（LED 电流呈指数变化！）.
- **15**：打开函数编辑器.
- **16，17，18**：为测量表的列选择变量或函数.

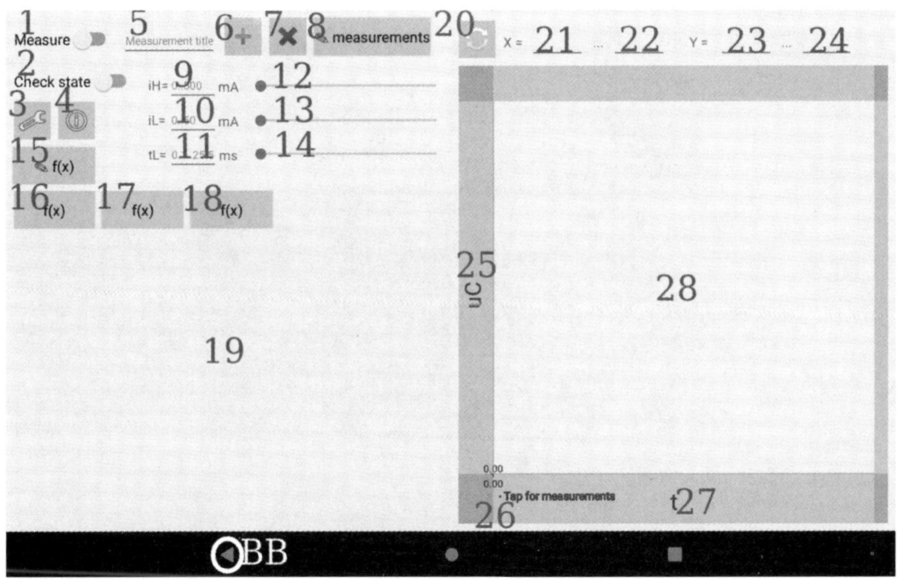

APP 程序的主窗口

- **19**:测量表格的区域.
- **20**:更新按钮,可手动在图表区中重新绘制测量数据.
- **21**, **22**:X 轴的最小值和最大值设置(可手动输入数值,按下更新按钮 20).
- **23**, **24**:Y 轴最小值和最大值设置.
- **25**,**27**:选择图表中的 Y 和 X 轴.
- **26**:选择要在图表上绘制的测量值.
- **28**:图表区.
- **BB**:Android 操作系统返回按钮(点击两次可关闭应用程序).

***I-V* 曲线扫描测量的设置**

通过点击主窗口的设置按钮(3),可为 LAB 2(第二个实验)提供额外的 LED 控制选项.在新打开的窗口中选择:

- "Show controls for"部分中的"LAB 2"或"ANY LAB".
- 激活"Sweep measurement"选项.

其他设置包括:

- "Minimum..."和"Maximum sweep measurement current"分别设置扫描测量期间 LED 电流的起始值和最后一个值.
- "Number of steps of sweep measurement"指将进行的测量数据步数.
- 如果希望电流呈指数增长,请选择"Increase current according to geometric progression".
- 如果希望使用 LED 有限时长脉冲电流对每个值进行测量,请选择"Set pulsed current"和设置"Current pulse width".

例如,如果测量数据步数为 51,"Increase current according to geometric progression"功能关闭,LED 电流从 0 mA 到 50 mA 变化.那么,LED 电流的测量值将为 0 mA,1 mA,…,

49 mA 和 50 mA.

通过按“Back”按钮返回到程序主窗口，现在你可以开始测量 I-V 曲线.

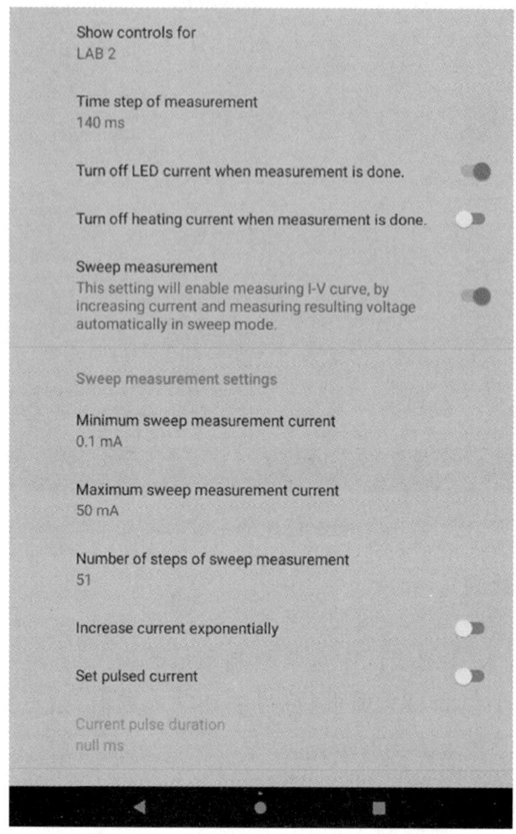

编辑函数

点击主窗口的按钮(15)打开函数编辑窗口.

所创建的函数可以使用一些直接在电路板上测量的变量(及其导数).

它们是：

- 电压(单位 V)：

uC：所选的电容器(C1 或 C2)的电压值；

uT：热敏电阻的电压值；

uL：LED 的电压值；

- 它们对时间的导数(dy/dt)对应如下(单位 V/s)：

duC

duT

duL

- 电流(单位 mA)：

iL：LED 电流(单位 mA)；

iH：加热电流(单位 mA)；

- 时间 t(单位 s)

可以使用这些变量和所选的数学函数输入自定义函数(使用"helper"按钮或标准的Android键盘).然后,按绿色"+"按钮保存.保存的函数可用作图形坐标轴或测量表的列.铅笔按钮用于选择已有的函数.按红色"x"按钮可以删除选定的函数.

数字记录可以采用普通十进制格式(如25.02)和科学记数格式(如2.502e+1).

- * 是乘法运算符,
- / 是除法运算符,
- ^ 是幂运算符.

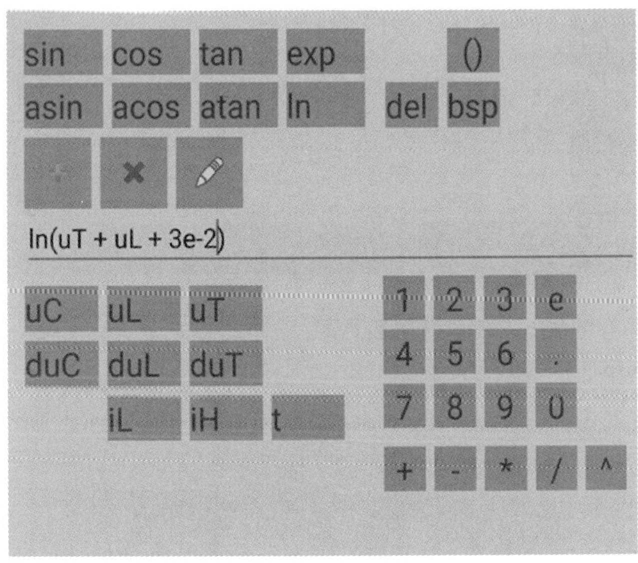

查看测量值

已完成的测量数据可以通过在主窗口的(5)区域中输入其名称,并按下附近的绿色"+"按钮(6)而得到保存.这些原始测量数据被保存之后,可以显示在任何其他轴上.通过点击图表(26)角落附近的区域,可以在图表上显示保存的测量值.

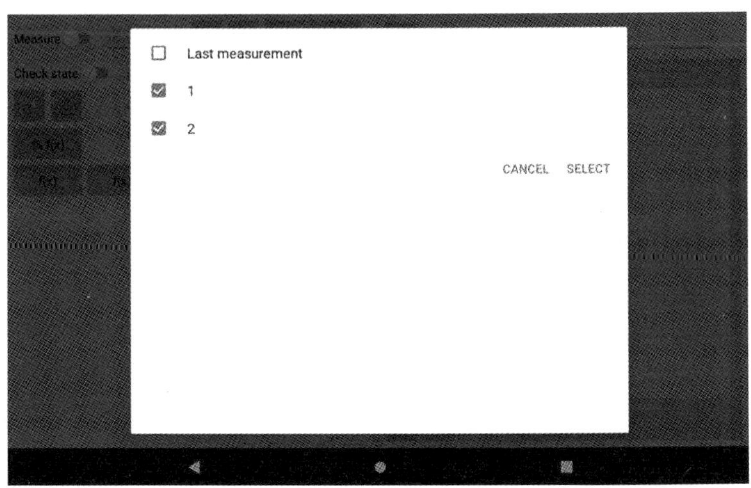

你可以对图表进行平移/缩放，如果你在确定点上点击它，则该点本身或最近的测量点(如果不存在与被点击点距离很近的测量点)将被标记并显示其坐标.

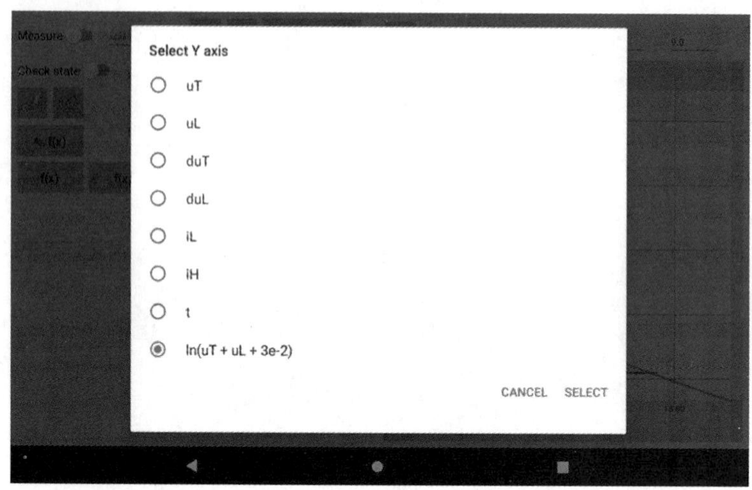

可以通过点击现有的坐标轴标签(图表区域 25 和 27)来选择坐标轴.

1. 非理想电容器

本实验旨在研究电容器的性质.

电容器的电容(在本实验中总是指微分电容)可在与电阻 R_1 相连的情况下由电容的充电曲线 $U(t)$ 来确定. 根据所用的电路，需要找出电容器的充电电流与电压的关系 $I(U)$ 并用于确定电容：

$$C(U)=\frac{\mathrm{d}q}{\mathrm{d}U}=\frac{I\,\mathrm{d}t}{\mathrm{d}U}=\frac{I(U)}{\mathrm{d}U/\mathrm{d}t}. \tag{1}$$

本实验的电路如图 1.1 所示. 电路板上的开关 S1 可用于在电容器 C1 和 C2 之间切换. 开关的中间位置在本实验中没有任何作用，不要去使用.

注意:其中一个样品电容器中包含有电介质，其介电常数依赖于电压变化率. 为了使电压变化率尽可能保持稳定，在测量正电压下的数据时，先让电容器充电至 9 V，然后在下降到 −9 V 的过程中进行测量；而在测量负电压下的数据时，先让电容器充电至 −9 V，然后在上升到 9 V 的过程中进行测量. 测量的电容值会受电容器以前状态的影响，所以，在测量之前，电容器应该在起始电压至少保持 10 s.

A 部分. 室温下的电容器

测量，并画出室温下电容器 C1 和 C2 的电容与电压的关系(所有曲线画在同一张图上，用相同的坐标轴).

A.1 测量，并在 −7 V 到 7 V 的电压范围内分别画出 $C_1(U)$ 和 $C_2(U)$. 在答题纸上写下 0 V，3 V 和 6 V 时的 C_1 和 C_2 值. 写出用原始测量数据计算电容的公式. 同时记下电路板号(Board ID)和室温数值.

A.2 求电压 $U_{\max\ \text{change}}$，在该电压时，电容器的电容随电压有最快的相对变化$\left(\frac{\mathrm{d}C(U)}{C(U)\,\mathrm{d}U}\right)$.

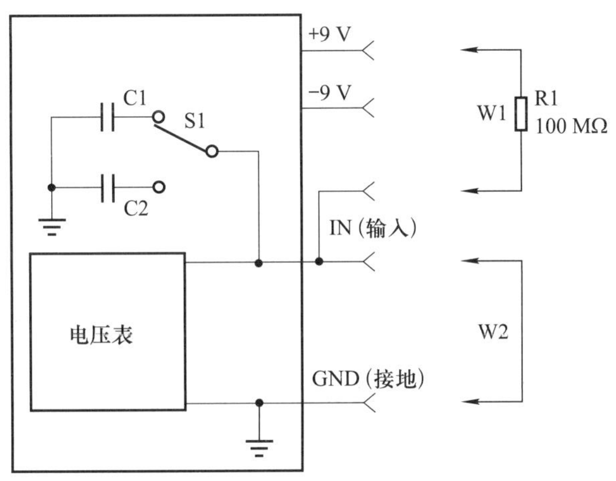

图 1.1 实验电路图

在答题纸上,写下哪个电容器(C1 或 C2)的变化最快,以及观察到最快变化时的电压 $U_{\text{max change}}$.

A.3 电容器 C1 和 C2 在 6V 时的电荷 q_1 和 q_2 是多少?

B 部分. 校准负温度系数(NTC)热敏电阻

测量在已知室温下 NTC 热敏电阻的电压(室温数值从考场的温度计上读取). 其电阻随温度变化的公式(1)及其电路图见"实验考试指南".

B.1 求 NTC 热敏电阻常数 R_0.

C 部分. 不同温度下的电容器

C.1 测量并绘制在 40 ℃,65 ℃和 85 ℃时,−7 V 至 7 V 电压范围内的 $C_1(U)$和$C_2(U)$.

C.2 对 0 V 和 6 V,绘制从室温到 85 ℃的 $C_1(T)$和 $C_2(T)$随温度变化的曲线.

C.3 在答题纸上写下电容器 C1 和电容器 C2 在 0 V 和 6 V 时,85 ℃下的电容相对于 40 ℃下的电容的比值 $C(85\ ℃)/C(40\ ℃)$.

D 部分. 测量误差的来源

在本实验之前的任务中,测量开始时需要长时间的充电. 当充电时间较短(0.1 s 至 10 s)时可能会有多种误差来源:

1. 漏电流.

2. 电容器中电介质的极化特性,该特性可以用依赖于过程时间尺度的介电常数来表示.

注意:隔热材料可能会吸收空气中的水分而导电. 在进行漏电测量时去掉它.

确定测量 C_1 和 C_2 的主要误差来源. 因电容器漏电和电压表输入电流依赖于电压,在电压接近 9 V 时估计这些误差. 为了解决这些问题,请确定该做哪些辅助测量,并确定在什么条件下进行这些测量. 回答 D.1 和 D.2 题时,可参考下面表格例子,指出你的测量条件、测量哪些量以及根据测量得出什么结论.

注意:下列只是如何描述你的测量的例子;你需要自行确定你的测量的相关条件.

应该如何书写问题 D.1 和 D.2 的答案的示例:

示例 1.

本示例显示连接到测量电路的 C1 的电压变化速率在 9 V 时比在 0 V 时更快.

开关 S1 可能的位置：C1，C2

IN（输入）接线端可能的连接：+9 V，−9 V，GND（接地），Free（空置）

初始设置：

开关 S1 位置	IN 端口连接
C1	9V

过程：

步骤	开关 S1 位置	IN 端口连接	持续时间/s	测量的量
1	C1	Free		$\lvert du_C(t)\rvert/dt$
2	C1	GND		
3	C1	Free		$\lvert du_C(t)\rvert/dt$

由数据可验证：$(\lvert du_C(t)\rvert/dt)_1 > (\lvert du_C(t)\rvert/dt)_3$

示例 2.

本示例显示 C1 在 9 V 时的电压变化速率大于从 0 V 开始持续 1000 s 的平均电压变化速率.

可能的开关 S1 位置：C1，C2

可能的 IN 端口连接：+9 V，−9 V，GND，Free

初始设置：

开关 S1 位置	IN 端口连接
C1	9 V

过程：

步骤	开关 S1 位置	IN 端口连接	持续时间/s	测量的量
1	C1	Free		$\lvert du_C(t)\rvert/dt$
2	C1	GND		
3	C1	Free		u_C
4	C1	Free	1000	
5	C1	Free		u_C

由数据可验证：$(\lvert du_C(t)\rvert/dt)_1 > [(u_C)_3 - (u_C)_5]/1000$

D.1　测量 C_1(9 V)的主要误差来源是什么？在表格中写下测量的步骤.

D.2　测量 C_2(9 V)的主要误差来源是什么？在表格中写下测量的步骤.

2. 发光二极管(LED)

本实验旨在研究发光二极管(LED)的电学和热学特性.测量印刷电路板(PCB)的温度时，你需要使用实验1的B.1部分得到的系数.本实验电路如图2.1所示.仪器指南请参照实验1的说明.

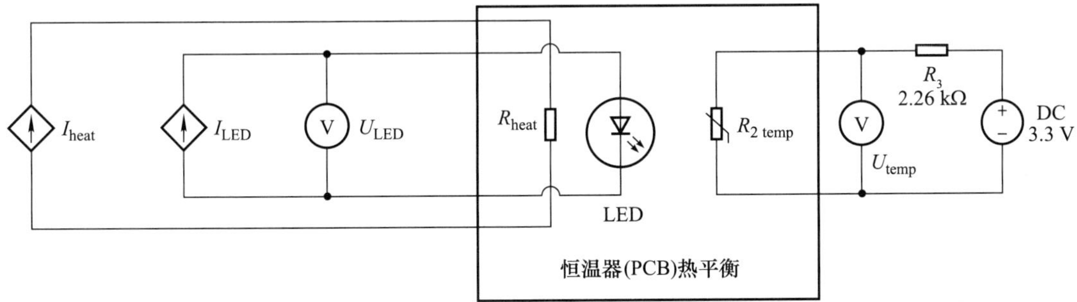

图2.1　LED研究实验的装置.LED由恒定电流(连续或脉冲模式)驱动,正向电压由高阻抗的电压表测量.加热和温度测量部分与实验1相同.印刷电路板(printed circuit board,PCB)上的所有部件之间都达到热平衡.

与白炽灯由恒定电压驱动不同,LED通常由恒定电流驱动.LED上测得的电压与工作电流以及LED半导体芯片的温度有关.LED的伏安特性的数学表达式很复杂,取决于物理和工艺参数(通常是未知的).因此,本实验将研究LED电压与LED电流以及LED芯片温度 T_J 这两个变量之间的关系：

$$U_{LED}=\text{function}(I_{LED},T_J).$$

在若干数值的电流(I_{LED})下,LED半导体芯片与PCB之间的热阻与电功率 P 有关：

$$\frac{\Delta T}{P}=\frac{T_J-T_{PCB}}{P}.$$

注意:LED可被连续电流或短电流脉冲驱动.在后一种情况下,假设脉冲持续时间足够短,从而避免LED的自热(例如脉冲持续时间为1 ms、测量的间隔时间为100 ms以上),并可假设在这种驱动模式下 $T_J=T_{PCB}$.而在连续模式下 $T_J>T_{PCB}$,可以计算出热阻 $\frac{\Delta T}{P}$.

A部分:不同温度下的伏安特性

实验2和实验1中加热的物理机制是一样的.因此,你可以用实验1中得到的结果将热电阻的电压与其温度联系起来.或者你可以用下面的近似关系式：

$$T(U)=\frac{3500}{9.9-\ln\left(\frac{1}{U}-0.3\right)},$$

其中,T 是热电阻的温度,单位为开尔文,U 是热电阻的电压,单位是伏特.

测量并画出脉冲模式下从室温至80 ℃的LED电流-电压关系.

A.1　测量并画出室温,40,60和80 ℃下3 mA至50 mA的 $I_{LED\_pulsed}(U_{LED\_pulsed},T)$ 关系.将所有曲线画在一幅图中.

A.2　在答题纸表格中，填写室温，40，60 和 80 ℃下，驱动电流 $I_{\text{LED\_pulsed}}$ 为 3，10，20 和 40 mA 时的 $U_{\text{LED\_pulsed}}$ 值.

A.3　由 $U_{\text{LED\_pulsed}}(I_{\text{LED\_pulsed}}, T)$ 关系的主要数据点（A.2 题中所列的）画图，并计算（从图上估算）3，10，20 和 40 mA 时电压随温度变化的线性系数 $\Delta U(I)/\Delta T$.

B 部分：在连续驱动电流下测量 LED 的伏安特性

B.1　加热器关闭，在连续驱动模式下测量并画出 3 mA 至 50 mA 的电流-电压关系 $I_{\text{LED\_continuous}}(U_{\text{LED\_continuous}})$. 同时在答题纸上还要写下 3，10，20，40 mA 时的 $U_{\text{LED\_continuous}}$，PCB（即恒温器）温度 T_{PCB} 以及电压差 $\Delta U = U_{\text{LED\_pulsed}} - U_{\text{LED\_continuous}}$ 的值.

B.2　由于 LED 的电阻不是常数（与电流有关），因而有动态电阻的说法，用 $\frac{\mathrm{d}U}{\mathrm{d}I}$ 来表示. 利用 B.1 题的图计算 LED 的动态电阻倒数 $1\bigg/\left(\frac{\mathrm{d}U}{\mathrm{d}I}\right) = \frac{\mathrm{d}I}{\mathrm{d}U}$. 在答题纸上写出 3，10，20 和 40 mA 时的 $\frac{\mathrm{d}I}{\mathrm{d}U}$ 值. 在 B.1 题的图上画出这些点处的切线 $\frac{\mathrm{d}I}{\mathrm{d}U}$.

B.3　计算并画出在连续驱动工作模式下半导体芯片的温度（T_{J}）与 PCB 的温度（T_{PCB}）的温差 $\Delta T(P)$ 作为电功率的函数（在电流为 3，10，20 和 40 mA 时）. 计算（从图上估算）LED 的线性热阻 $\frac{\Delta T}{P}$，并写在答题纸上.

注意：假设 LED 消耗的电能全部转化为热能，以光辐射形式消耗的能量可忽略不计.

C 部分：计算由温度导致的 LED 电流漂移

在引言中讲到 LED 通常由恒定电流驱动，而不是恒定电压. 在 B.1 题测得了 20 mA 电流时的电压，假定你决定以这个测量值作为恒定电压来驱动标称 20 mA 电流的 LED.

C.1　使用 B 部分计算得到的 LED 特性，计算在电压保持恒定（电压保持为 B.1 题中测得的电压 U(20 mA)），但 PCB 温度为 0 ℃和 40 ℃时 LED 中实际流过的电流值.

编 后 记

《全国中学生物理竞赛专辑》是由全国中学生物理竞赛委员会委托北京大学出版社出版的，是全国中学生物理竞赛指定的考试和培训用书. 出版社收到竞赛委员会提供的上届考试使用的试卷及标准答案，用于出版该年度的专辑. 这些试卷已经全国几十万名考生公开使用，答案也已公布过.

本书面向的读者是即将参加下届竞赛的学生及培训老师，因此本书在物理量符号、物理学名词、电路元件符号的使用上尽可能与老师的授课习惯、高中生的日常学习及考试内容相一致.

本着为读者服务的宗旨，只要不是错误，我们都尽量按照公开使用过的试卷和答案形式排录，以期给读者最接近原初试题的阅读体验.

编者

2022 年 6 月